前　言

自 2007 年 1 月 1 日开始，新企业会计准则率先在上市公司中实施。

表面上看，新准则的发布和应用是会计行业的一次制度变革，会计从业人员需要去理解和适应这次制度变革。但深层次的原因还是反映了目前会计从业人员的知识储备不足，知识更新跟不上时代的进步。并且从现实来看，很多会计从业人员在新会计准则面前普遍反映接受难度很大，这说明我国会计从业人员对国际财务报告准则的进展关注很少或者绝少关注。另外，对于新准则所引入的比如金融工具准则等新内容，会计从业人员也一时难以接受，在一定程度上说明了我国会计从业人员的知识体系单一，对跨学科的知识掌握不足。随着经济发展，还会出现新的经济业务，同时公允价值计量属性的引入使得传统会计人员所熟悉的会计理念和核算要求已经发生了重大变化，这些都对目前会计从业人员的知识提出重大挑战。因此，财务人员应不断接受后续教育，充实和更新知识，不但要学习会计专业知识，而且要加强对实务操作的理解，准确运用新会计准则的相关处理方法，使反映出的财务信息真实有效。

新准则的颁布与实施，是我国会计界的一件大事，其影响是深远的，特别是对企业及广大的会计人员将产生重大影响，同时也是对企业的财务人员和财务系统的适应能力的一次巨大考验。

缘由于此，《新会计准则变化点及案例说明》一书适时推出，其是根据企业信息需要准确反映的根本要求而编写的，这里将新旧会计准则相区别，将企业会计准则与企业具体实务处理相联系，在完全诠释最新会计准则的基础上，将企业的实务处理提到了新的高度。并且本书条理清晰，重点突出，读者在学习翻阅丰富案例的同时，可以方便快捷地查找出相关业务的会计处理方法，真正达到了实效性与实用性的兼顾。另外本书内容丰富，与国际接轨，有助于拓展读者的阅读视野，相信读者在不断领悟的过程中，可以获得更多的收益。

我国企业会计准则正处于一个不断丰富完善的过程，准则的实施也将有一个探索的过程。随着准则体系实施有关后续工作的展开，读者朋友将会发现，本书对于利用新会计准则处理会计业务、新旧准则内容区分的操作都有十分重要的参考价值。当然，由于编者的水平有限，疏漏之处在所难免，恳请广大的读者朋友给予批评和指正。

编　者

新会计准则
变化点及
案例说明

[新编版]

专家委员会主任　葛家澍

王亚卓　莫桂莉／编著

企业管理出版社

图书在版编目（CIP）数据

新会计准则变化点及案例说明/王亚卓，莫桂莉编著.
—北京：企业管理出版社，2010.4
ISBN 978 – 7 – 80255 – 460 – 3

Ⅰ.①新… Ⅱ.①王…②莫… Ⅲ.①会计制度—研究—中国
Ⅳ.①F233.2

中国版本图书馆 CIP 数据核字（2010）第 057426 号

书　　名：	新会计准则变化点及案例说明
作　　者：	王亚卓　莫桂莉
责任编辑：	启　烨
书　　号：	ISBN 978 – 7 – 80255 – 460 – 3
出版发行：	企业管理出版社
地　　址：	北京市海淀区紫竹院南路 17 号　　邮编：100048
网　　址：	http：//www. emph. cn
电　　话：	出版部 68414643　发行部 68467871　编辑部 68428387
电子信箱：	80147@ sina. com　zbs@ emph. cn
印　　刷：	北京东海印刷有限公司
经　　销：	新华书店
规　　格：	170 毫米×230 毫米　16 开本　29 印张　400 千字
版　　次：	2010 年 6 月第 1 版　2010 年 6 月第 1 次印刷
定　　价：	58.00 元

目　　录

第 1 章　财务报告相关准则的变化点及案例说明

第2章 资产、负债准则的变化点及案例说明

第3章　收入、费用、特殊交易准则的变化点及案例说明

第4章　合并报表相关准则的变化点及案例说明

第5章 所得税会计准则及税法差异的变化点及案例说明

第 1 章

财务报告相关准则的变化点及案例说明

内容提要

◎财务报告新旧准则内容比较

◎新准则与国际会计准则比较分析

◎财务报告新准则的主要内容

◎新准则案例运用及说明

◎财务报告新旧准则内容比较

※财务报表列报新旧准则内容比较

在新准则发布前，我国关于财务报告列报的规范，主要体现在《企业会计制度》和原会计准则中，比较分散。新准则主要是在原制度及准则的基础上，对部分内容进行了修改与删除，主要变化如下：

1. 财务报表定义的变化

原准则财务报表是反映企业财务状况和经营成果的书面文件；新准则财务报表是对企业财务状况、经营成果和现金流量的结构性表述。

2. 财务报表包含内容的变化

原准则财务报表包括资产负债表、利润表、财务状况变动表（现金流量表）、附表及附注和财务情况说明书；新准则至少应当包括资产负债表、利润表、现金流量表、所有者权益变动表和附注等。原准则主要规定应编制"财务状况变动表"；新准则强调了现金流量表的编制，取消了财务情况说明书，因为财务情况说明书涉及的企业生产经营基本情况等内容，不宜通过会计准则来规范。

3. 部分会计科目的变化

（1）新准则取消了主营业务与其他业务的划分，将这些业务产生的收入和发生的成本统一在"营业收入与营业成本"中反映。

（2）新准则取消了"营业外收入""营业外支出"综合列示的方法，改为按具体项目反映，例如：资产减值损失、非流动资产处置损益、公允价值变动损益。

4. 披露的变化

新准则附注更加重视信息的披露，要求披露的内容更加全面。

5. 少数股东权益的变化

少数股东权益由负债类变更为权益类。

※现金流量表新旧准则内容比较

新旧准则相比较，没有什么实质性变化，只是在某些环节上进行了较小的变动和简化，增加了应当在附注中披露的部分项目。旧准则中在附则部分介绍了"现金流量表的参考格式"，新准则中没有现金流量表的参考格式。

旧准则中，将"购买或处置子公司及其他营业单位"单独作为一部分内容进行规范，要求购买或处置子公司及其他营业单位产生的现金流量，应作为投资活动的现金流量。并单独列示；在新准则中没有提及到旧准则"购买或处置子公司及其他营业单位"中的"购买"。

1. 相关定义的变化

旧准则中对"现金""现金等价物""现金流量"进行了专门定义。新准则中取消了对"现金流量"的定义，增加了"现金流量表"的定义。

2. 适用范围的变化

新准则中在总则部分指出合并现金流量表的编制和列报，适用《企业会计准则第33号——合并财务报表》；旧准则中没有这方面的说明。

3. 列示现金流量方法的变化

新准则第八条中规定："企业应当采用直接法列示经营活动产生的现金流量"；旧准则中在第二十四条中规定："企业应当采用直接法报告经营活动的现金流量"。相互比较，规定的实质没有变化，新准则把旧准则中的"报告"更改为了"列示"。

4. 金融企业现金流量项目的列报变化

旧准则中，把"金融企业现金流量"单独作为一部分内容来详细规范，列举了金融企业应作为经营活动现金流量的现金收入和现金支出的项目；新准则中只在"经营活动现金流量"部分的最后一条对金融企业现金流量进行简单的说明，即："金融企业可以根据行业特点和现金流量实际情况，合理确定经营活动现金流量项目的类别。"

5. 披露部分的变化

新旧准则都要求企业应当在附注中披露将净利润调节为经营活动现金流量的信息，同时列举了须对净利润进行调节的项目。新准则在旧准则的基础上，增加了"公允价值变动损益"这个调整项目，把"递延税项"细分为"递延所得税资产"和"递延所得税负债"。

新准则在披露部分增加了企业应当在附注中披露与现金和现金等价物有关的信息。

※中期财务报告新旧准则内容比较

新准则共分为三章十四条，其中包括：总则、中期财务报告的内容、确认和计量。

1. 总则部分

在"总则"部分，规定了制定准则的目标、依据，明确了中期财务报告的定义。

（1）中期财务报告的制定目标。为了规范中期财务报告的内容和编制中期财务报告应当遵循的确认与计量原则。

（2）中期财务报告的制定依据。根据《企业会计准则——基本准则》，制定本准则。

（3）中期财务报告的定义。中期财务报告，是指以中期为基础编制的财务报告。中期，是指短于一个完整的会计年度的报告期间。

2. 中期财务报告的内容部分

在"中期财务报告"部分，规定了个别财务报表、合并财务报表、比较财务报表和财务报表附注的要求。

（1）个别财务报表。

中期财务报告至少应当包括资产负债表、利润表、现金流量表和附注。另外，对中期财务报告还有如下规定：

①中期资产负债表、利润表和现金流量表应当是完整报表，其格式和内容应当与上年度财务报表相一致。

②当年新施行的会计准则对财务报表格式和内容作了修改的，中期财务报表应当按照修改后的报表格式和内容编制，上年度比较财务报表的格式和内容，也应当作相应调整。

③基本每股收益和稀释每股收益应当在中期利润表中单独列示。

（2）合并财务报表。

①上年度编制合并财务报表的，中期期末应当编制合并财务报表。

②上年度财务报告除了包括合并财务报表，还包括母公司财务报表的，中期财务报告也应当包括母公司财务报表。

③上年度财务报告包括了合并财务报表，但报告中期内处置了所有应当纳入合并范围的子公司的，中期财务报告只需提供母公司财务报表，但上年度比较财务报表仍应当包括合并财务报表，上年度可比中期没有子公司的除外。

（3）比较财务报表。

中期财务报告应当按照下列规定提供比较财务报表：

①本中期末的资产负债表和上年度末的资产负债表。

②本中期的利润表、年初至本中期末的利润表以及上年度可比期间的利润表。

③年初至本中期末的现金流量表和上年度年初至可比本中期末的现金流量表。

④财务报表项目在报告中期作了调整或者修订的，上年度比较财务报表项目有关金额应当按照本年度中期财务报表的要求重新分类，并在附注中说明重新分类的原因及其内容，无法重新分类的，应当在附注中说明不能重新分类的原因。

（4）财务报表附注。

中期财务报告中的附注应当以年初至本中期末为基础编制，披露自上年度资产负债表日之后发生的，有助于理解企业财务状况、经营成果和现金流量变化情况的重要交易或者事项。

对于理解本中期财务状况、经营成果和现金流量有关的重要交易或者事项，也应当在附注中作相应披露。中期财务报告中的附注至少应当包括下列信息：

①中期财务报表所采用的会计政策与上年度财务报表相一致的声明。

会计政策发生变更的，应当说明会计政策变更的性质、内容、原因及其影响数；无法进行追溯调整的，应当说明原因。

②会计估计变更的内容、原因及其影响数；影响数不能确定的，应当说明原因。

③前期差错的性质及其更正金额；无法进行追溯调整的，应当说明原因。

④企业经营的季节性或者周期性特征。

⑤存在控制关系的关联方发生变化的情况；关联方之间发生交易的，应当披露关联方关系的性质、交易类型和交易要素。

⑥合并财务报表的合并范围发生变化的情况。

⑦对性质特别或者金额异常的财务报表项目的说明。

⑧证券发行、回购和偿还情况。

⑨向所有者分配利润的情况，包括在中期内实施的利润分配和已提出或者已批准但尚未实施的利润分配情况。

⑩根据《企业会计准则第35号——分部报告》规定应当披露分部报告信息的，应当披露主要报告形式的分部收入与分部利润（亏损）。

⑪中期资产负债表日至中期财务报告批准报出日之间发生的非调整事项。

⑫上年度资产负债表日以后所发生的或有负债和或有资产的变化情况。

⑬企业结构变化情况，包括企业合并，对被投资单位具有重大影响、共同控制或者控制关系的长期股权投资的购买或者处置，终止经营等。

⑭其他重大交易或者事项，包括重大的长期资产转让及其出售情况、重大的固定资产和无形资产取得情况、重大的研究和开发支出、重大的资产减值损失情况等。

3. 确认和计量部分

在"确认和计量"部分，规定了中期财务报告应使用的会计政策，季节性、周期性或者偶然性收入和在会计年度不均匀发生的费用的处理，中期发生会计政策变更的处理。

（1）中期财务报告应使用的会计政策。

①企业在中期财务报表中应当采用与年度财务报表相一致的会计政策。

②上年度资产负债表日之后发生了会计政策变更，且变更后的会计政策将在年度财务报表中采用的，中期财务报表应当采用变更后的会计政策。

③在同一会计年度内，以前中期财务报表项目在以后中期发生了会计估计变更的，以后中期财务报表应当反映该会计估计变更后的金额，但对以前中期财务报表项目金额不作调整。

（2）季节性、周期性或者偶然性收入和会计年度中不均匀发生的费用的处理。

①企业取得的季节性、周期性或者偶然性收入，应当在发生时予以确认和计量，不应在中期财务报表中预计或者递延，但会计年度末允许预计或者递延的除外。

②企业在会计年度中不均匀发生的费用，应当在发生时予以确认和计量，不应在中期财务报表中预提或者待摊，但会计年度末允许预提或者待摊的除外。

（3）企业在中期发生会计政策变更。

①企业在中期发生了会计政策变更的，应当按照《企业会计准则第28号——会计政策、会计估计变更和差错更正》处理，并按照本准则的相关规定在附注中作相应披露。

②会计政策变更的累积影响数能够合理确定、且涉及本会计年度以前中期财务报表相关项目数字的，应当予以追溯调整，视同该会计政策在整个会计年度一贯采用；同时，上年度可比财务报表也应当作相应调整。

◎ 新准则与国际会计准则比较分析

※ 财务报表列报新准则与国际会计准则比较分析

国际会计准则委员会原来有三个准则涉及到财务报表列报：《国际会计准则第 1 号——会计政策披露》《国际会计准则第 5 号——财务报表应提示的信息》《国际会计准则第 13 号——流动资产和流动负债的呈报》。1989 年国际会计准则委员会发布《编制财务报表的框架》后，对上述三个准则进行了融合，发布了现行的《国际会计准则第 1 号——财务报表列报》，规范了通用财务报表的编制基础。

我国的《企业会计准则第 30 号——财务报表列报》相当于国际会计准则中的《国际会计准则第 1 号——财务报表列报》，新准则与国际会计准则相比，主要差异见表 1－1：

表 1－1　　　　　　　　**新准则与国际会计准则差异对照表**

比较项目	《企业会计准则第 30 号——财务报表列报》	《国际会计准则第 1 号——财务报表列报》
资产负债表上资产的分类	新准则对流动资产与非流动资产进行划分。	国际会计准则规定既可以划分也可以不划分。
资产负债表上负债的分类	新准则要求对流动负债和非流动负债进行划分。	国际会计准则规定既可以划分也可以不划分。
利润表上费用的分类标准	新准则要求费用按功能分类。	国际会计准则规定按性质或功能分类。

续表

比较项目	《企业会计准则第30号——财务报表列报》	《国际会计准则第1号——财务报表列报》
可比信息的要求	新准则对上年的比较财务信息对财务报表有此要求，但对附注没有。证监会要求上市公司在附注中披露特定比较信息。	国际会计准则对上年的财务比较信息，对报表与附注都有要求。
会计准则的背离	新准则未涉及。	国际会计准则规定在"极少数情况下"，允许背离准则以"实现公允列报"。

※现金流量表新准则与国际会计准则比较分析

我国现金流量表准则的制定，基本上是参考《国际会计准则第7号——现金流量表》的相关规定进行的。因此，新准则和国际会计准则相比较，其内容基本一致，只在某些方面存在微小差异，主要差异见表1-2：

表1-2 　　　　　　　　　　新准则与国际会计准则差异对照表

比较项目	《企业会计准则第31号——现金流量表》	《国际会计准则第7号——现金流量表》
现金的定义	企业库存现金以及可以随时用于支付的存款。	库存现金和活期存款。
经营活动现金流量表的编制方法	我国采用直接法编制现金流量表，同时要求在附注中按间接法将净利润调节为经营活动现金流量的信息。	国际上要求采用"直接法"和"间接法"之一来报告来自企业经营活动的现金流量。

比较项目	《企业会计准则第31号——现金流量表》	《国际会计准则第7号——现金流量表》
税费	经营活动流出的现金包括支付的各项税费，并将与所得税有关的现金流量归为经营活动中。	来自于所得税的现金流量应该单独反映，并且应划归来自企业经营活动现金流量中，除非可以明确地认定其属于筹资和投资活动。
利息和股利	收到的利息和股利列为投资活动；支付的利息和股利列为筹资活动。	来自已收及已付利息和股利的现金流量应单独反映，分别归入经营活动、投资活动或筹资活动的现金流量，归属类别应当在前后各期保持一致。
套期合同	没有对相关内容进行规范。	投资活动形成的现金流量包括："根据期货合同、远期合同、期权合同和互换合同所获得的现金收入"，如果签订的合同是对可辨认头寸的套期，由此而形成的现金流量应按照被套期头寸的分类方法加以分类。

※中期财务报告新准则与国际会计准则比较分析

1998年，国际会计准则委员会发布了《国际会计准则第34号——中期财务报告》，自1999年1月1日起施行。

我国的《企业会计准则第32号——中期财务报告》参照国际会计准则第34号《中期财务报告》制定，新准则与国际会计准则的差异见表1-3：

表1-3 新准则与国际会计准则差异对照表

比较项目	《企业会计准则第32号——中期财务报告》	《国际会计准则第34号——中期财务报告》
报表的列报	新准则要求企业必须列报完整的财务报表。	企业可以列报完整的或简明的财务报表。
所有者权益变动表	新准则不要求中期必须提供所有者权益变动表。	要求提供所有者权益变动表。

◎财务报告新准则的主要内容

※新会计准则第30号——财务报表列报

1. 财务报告概述

（1）财务报表的概念。

财务报告（又称财务会计报告）包括财务报表和其他应当在财务报告中披露的相关信息和资料。财务报表是对企业财务状况、经营成果和现金流量的结构性表述。财务报表至少应当包括下列组成部分：

①资产负债表。

②利润表。

③现金流量表。

④所有者权益（或股东权益，下同）变动表。

⑤附注。

（2）财务报表列报的基本要求。

①企业应当以持续经营为基础，根据实际发生的交易和事项，按照企业会计准则的规定进行确认和计量，在此基础上编制财务报表。企业不应以附注披露代替确认和计量。

企业管理层应当评价企业的持续经营能力，对持续经营能力产生重大怀疑的，应当在附注中披露导致对持续经营能力产生重大怀疑的影响因素。

　　企业正式决定或被迫在当期或将在下一个会计期间进行清算或停止营业的，表明其处于非持续经营状态，应当采用其他基础编制财务报表，并在附注中声明财务报表未以持续经营为基础列报、披露未以持续经营为基础的原因和财务报表的编制基础。

　　②财务报表项目的列报应当在各个会计期间保持一致，不得随意变更，但下列情况除外：

　　● 会计准则要求改变财务报表项目的列报。

　　● 企业经营业务的性质发生重大变化后，变更财务报表项目的列报能够提供更可靠、更相关的会计信息。

　　（3）性质或功能不同的项目，应当在财务报表中单独列报，但不具有重要性的项目除外。性质或功能类似的项目，其所属类别具有重要性的，应当按其类别在财务报表中单独列报。

　　重要性，是指财务报表某项目的省略或错报会影响使用者据此作出经济决策的，该项目具有重要性。

　　判断项目的重要性，应当考虑该项目的性质是否属于企业日常活动等因素；判断项目金额大小的重要性，应当通过单项金额占资产总额、负债总额、所有者权益总额、营业收入总额、营业成本总额、净利润等直接相关项目金额的比重加以确定。

　　（4）财务报表中的资产项目和负债项目的金额、收入项目和费用项目的金额不得相互抵销，但满足抵销条件的除外。

　　资产项目按扣除减值准备后的净额列示，不属于抵销。

　　非日常活动产生的损益，以收入扣减费用后的净额列示，不属于抵销。

　　（5）当期财务报表的列报，至少应当提供所有列报项目上一可比会计期间的比较数据，以及与理解当期财务报表相关的说明，但其他会计准则另有规定的除外。

财务报表项目的列报发生变更的，应当对上期比较数据按照当期的列报要求进行调整，并在附注中披露调整的原因和性质，以及调整的各项目金额。对上期比较数据进行调整不切实可行的，应当在附注中披露不能调整的原因。不切实可行，是指企业在做出所有合理努力后仍然无法采用某项规定。

（6）企业应当在财务报表的显著位置至少披露下列各项：

①编报企业的名称。

②资产负债表日或财务报表涵盖的会计期间。

③人民币金额单位。

④财务报表是合并财务报表的，应当予以标明。

（7）企业至少应当按年编制财务报表。年度财务报表涵盖的期间短于一年的，应当披露年度财务报表的涵盖期间，以及短于一年的原因。

2. 资产负债表

（1）资产负债表的内容和格式。

①资产负债表的概念。

资产负债表是反映企业在某一特定日期财务状况的报表。它反映企业在某一特定日期所拥有或控制的经济资源、所承担的现时义务和所有者对净资产的要求权。

②资产负债表项目的列示。

资产和负债应当分别流动资产和非流动资产、流动负债和非流动负债列示。金融企业的各项资产或负债，按照流动性列示能够提供可靠且更相关信息的，可以按照其流动性顺序列示。

满足下列条件之一的资产，应当归类为流动资产：

• 预计在一个正常营业周期中变现、出售或耗用。

• 主要为交易目的而持有。

• 预计在资产负债表日起一年内（含一年）变现。

●自资产负债表日起一年内，交换其他资产或清偿负债的能力不受限制的现金或现金等价物。

流动资产以外的资产应当归类为非流动资产。其中，正常营业周期，通常是指企业从购买用于加工的资产起至实现现金或现金等价物的期间。正常营业周期通常短于一年，在一年内有几个营业周期。但是，也存在正常营业周期长于一年的情况，如房地产开发企业开发用于出售的房地产开发产品、造船企业制造用于出售的大型船只等，往往超过一年才变现、出售或耗用，仍应划分为流动资产。正常营业周期不能确定的，应当以一年（12个月）作为正常营业周期。

满足下列条件之一的负债，应当归类为流动负债：

●预计在一个正常营业周期中清偿。

●主要为交易目的而持有。

●自资产负债表日起一年内到期应予清偿。

●企业无权自主地将清偿推迟至资产负债表日后一年以上。

流动负债以外的负债应当归类为非流动负债。

对于在资产负债表日起一年内到期的负债，企业预计能够自主地将清偿义务展期至资产负债表日后一年以上的，应当归类为非流动负债；不能自主地将清偿义务展期的，即使在资产负债表日后、财务报告批准报出日前签订了重新安排清偿计划协议，该项负债仍应归类为流动负债。

企业在资产负债表日或之前违反了长期借款协议，导致贷款人可随时要求清偿的负债，应当归类为流动负债。贷款人在资产负债表日或之前同意提供在资产负债表日后一年以上的宽限期，企业能够在此期限内改正违约行为，且贷款人不能要求随时清偿，该项负债应当归类为非流动负债。

（2）资产负债表的编制。

企业应以日常会计核算记录的数据为基础进行归类、整理和汇总，加工成报表项目，形成资产负债表。

①"年初余额"的填列方法。

"年初余额"栏内各项目数字，应根据上年末资产负债表"期末余额"栏内所列数字填列。如果本年度资产负债表规定的各个项目的名称和内容同上年度不相一致，应对上年年末资产负债表各项目的名称和数字按本年度的规定进行调整，按调整后的数字填入本表"年初余额"栏内。

②"期末余额"的填列方法。

"期末余额"是指某一资产负债表日的数字，即月末、季末、半年末或年末的数字。资产负债表各项目"期末余额"的数据来源，可以通过以下几种方式取得：

- 直接根据总账科目的余额填列。
- 根据几个总账科目的余额计算填列。
- 根据有关明细科目的余额计算填列。
- 根据总账科目和明细科目的余额分析计算填列。
- 根据总账科目与其备抵科目抵销后的净额填列。

3. 利润表

（1）利润表的内容和格式。

利润表是反映企业在一定会计期间经营成果的报表。

在利润表中，费用应当按照其功能分类，分为从事经营业务发生的成本、管理费用、销售费用和财务费用等。

（2）利润表的编制。

①"本期金额"栏反映各项目的本期实际发生数。如果上年度利润表的项目名称和内容与本年度利润表不相一致，应对上年度利润表项目的名称和数字按本年度的规定进行调整，填入报表的"上期金额"栏。

②报表中各项目主要根据各损益类科目的发生额分析填列。

（3）每股收益。

企业应当在利润表中单独列示基本每股收益和稀释每股收益。

①基本每股收益。

企业应当按照归属于普通股股东的当期净利润，除以发行在外普通股的加权平均数计算基本每股收益。

发行在外普通股加权平均数 = 期初发行在外普通股股数 + 当期新发行普通股股数 × 已发行时间 ÷ 报告期时间 − 当期回购普通股股数 × 已回购时间 ÷ 报告期时间

已发行时间、报告期时间和已回购时间一般按照天数计算；在不影响计算结果合理性的前提下，也可以采用简化的计算方法。

②稀释每股收益。

企业存在稀释性潜在普通股的，应当分别调整归属于普通股股东的当期净利润和发行在外普通股的加权平均数，并据以计算稀释每股收益。

稀释性潜在普通股，是指假设当期转换为普通股会减少每股收益的潜在普通股。潜在普通股，是指赋予其持有者在报告期或以后期间享有取得普通股权利的一种金融工具或其他合同，包括可转换公司债券、认股权证、股份期权等。

• 计算稀释每股收益，应当根据下列事项对归属于普通股股东的当期净利润进行调整（应考虑相关的所得税影响）：当期已确认为费用的稀释性潜在普通股的利息；稀释性潜在普通股转换时将产生的收益或费用。

• 计算稀释每股收益时，当期发行在外普通股的加权平均数应当为计算基本每股收益时普通股的加权平均数与假定稀释性潜在普通股转换为已发行普通股而增加的普通股股数的加权平均数之和。

• 计算稀释性潜在普通股转换为已发行普通股而增加的普通股股数的加权平均数时，以前期间发行的稀释性潜在普通股，应当假设在当期期初转换；当期发行的稀释性潜在普通股，应当假设在发行日转换。

• 认股权证和股份期权等的行权价格低于当期普通股平均市场价格时，应当考虑其稀释性。计算稀释每股收益时，增加的普通股股数按下列

公式计算:

增加的普通股股数＝拟行权时转换的普通股股数－行权价格×拟行权时转换的

普通股股数÷当期普通股平均市场价格

• 稀释性潜在普通股应当按照其稀释程度从大到小的顺序计入稀释每股收益,直至稀释每股收益达到最小值。

③每股收益的列报。

发行在外普通股或潜在普通股的数量因派发股票股利、公积金转增资本、拆股而增加或因并股而减少,但不影响所有者权益金额的,应当按调整后的股数重新计算各列报期间的每股收益。上述变化发生于资产负债表日至财务报告批准报出日之间的,应当以调整后的股数重新计算各列报期间的每股收益。

按照企业会计准则的规定对以前年度损益进行追溯调整或追溯重述的,应当重新计算各列报期间的每股收益。

企业应当在利润表中单独列示基本每股收益和稀释每股收益,并在附注中披露下列相关信息:

• 基本每股收益和稀释每股收益分子、分母的计算过程。

• 列报期间不具有稀释性但以后期间很可能具有稀释性的潜在普通股。

• 在资产负债表日至财务报告批准报出日之间,企业发行在外普通股或潜在普通股股数发生重大变化的情况。

4. 现金流量表

(1) 现金流量表概述。

现金流量表,是反映企业在一定会计期间现金和现金等价物流入和流出的报表。

现金,是指企业库存现金以及可以随时用于支付的存款。不能随时用于支付的存款不属于现金。

现金等价物，是指企业持有的期限短、流动性强、易于转换为已知金额现金、价值变动风险很小的投资。期限短，一般是指从购买日起三个月内到期。现金等价物通常包括三个月内到期的债券投资等。权益性投资变现的金额通常不确定，因而不属于现金等价物。企业应当根据具体情况，确定现金等价物的范围，一经确定不得随意变更。

（2）现金流量的分类。

现金流量，是指现金和现金等价物的流入和流出，可以分为三类，即经营活动产生的现金流量、投资活动产生的现金流量和筹资活动产生的现金流量。

①经营活动产生的现金流量。

经营活动，是指企业投资活动和筹资活动以外的所有交易和事项，包括销售商品或提供劳务、购买商品或接受劳务、收到返还的税费、经营性租赁、支付工资、支付广告费用、交纳各项税款等。

②投资活动产生的现金流量。

投资活动，是指企业长期资产的购建和不包括在现金等价物范围内的投资及其处置活动，包括取得和收回投资、购建和处置固定资产、购买和处置无形资产等。

③筹资活动产生的现金流量。

筹资活动，是指导致企业资本及债务规模和构成发生变化的活动，包括发行股票或接受投入资本、分派现金股利、取得和偿还银行借款、发行和偿还公司债券等。

（3）现金流量表的内容和结构。

现金流量表采用报告式的结构，分类反映经营活动产生的现金流量、投资活动产生的现金流量和筹资活动产生的现金流量，最后汇总反映企业现金及现金等价物净增加额。在有外币现金流量及境外子公司的现金流量折算为人民币的企业，还应单设"汇率变动对现金及现金等价物的影响"项目。

企业应当在附注中披露与现金流量表有关的补充资料：

①将净利润调节为经营活动现金流量。

②不涉及现金收支的重大投资和筹资活动。

③现金及现金等价物净变动情况。

④现金流量表的编制。

企业可根据业务量的大小及复杂程度，选择采用工作底稿法、T形账户法，或直接根据有关科目的记录分析填列现金流量表。

5. 所有者权益变动表

（1）所有者权益变动表的内容。

所有者权益变动表应当反映构成所有者权益的各组成部分当期的增减变动情况。当期损益、直接计入所有者权益的利得和损失，以及与所有者（或股东，下同）的资本交易导致的所有者权益的变动，应当分别列示。

所有者权益变动表至少应当单独列示反映下列信息的项目：

①净利润。

②直接计入所有者权益的利得和损失项目及其总额。

③会计政策变更和差错更正的累积影响金额。

④所有者投入资本和向所有者分配利润等。

⑤按照规定提取的盈余公积。

⑥实收资本（或股本）、资本公积、盈余公积、未分配利润的期初和期末余额及其调节情况。

（2）所有者权益变动表格式见表1-4：

表 1-4 　　　　　　　　　　所有者权益变动表

编制单位　　　　　　　　　　××年度　　　　　　　　　　单位：元

项　　目	本年金额						上年金额					
	实收资本（或股本）	资本公积	减:库存股	盈余公积	未分配利润	所有者权益合计	实收资本(或股本)	资本公积	减:库存股	盈余公积	未分配利润	所有者权益合计
一、上年年末余额												
加：会计政策变更												
前期差错更正												
二、本年年初余额												
三、本年增减变动金额（减少以"-"号填列）												
(一)净利润												
(二)直接计入所有者权益的利得和损失												
1. 可供出售金融资产公允价值变动净额												
2. 权益法下被投资单位其他所有者权益变动的影响												

续表

项　目	本年金额						上年金额					
	实收资本（或股本）	资本公积	减:库存股	盈余公积	未分配利润	所有者权益合计	实收资本（或股本）	资本公积	减:库存股	盈余公积	未分配利润	所有者权益合计
3. 与计入所有者权益项目相关的所得税影响												
4. 其他												
上述（一）和（二）小计												
（三）所有者投入和减少资本												
1. 所有者投入资本												
2. 股份支付计入所有者权益的金额												
3. 其他												
（四）利润分配												
1. 提取盈余公积												
2. 对所有者(或股东)的分配												
3. 其他												
（五）所有者权益内部结转												

续表

项　目	本年金额						上年金额					
	实收资本（或股本）	资本公积	减:库存股	盈余公积	未分配利润	所有者权益合计	实收资本（或股本）	资本公积	减:库存股	盈余公积	未分配利润	所有者权益合计
1. 资本公积转增资本（或股本）												
2. 盈余公积转增资本（或股本）												
3. 盈余公积弥补亏损												
4. 其他												
四、本年年末余额												

※新会计准则第31号——现金流量表

新准则共分为六章十九条，主要包括总则、基本要求、经营活动现金流量、投资活动现金流量、筹资活动现金流量、披露六个部分。

（1）总则部分。

在"总则"部分，明确了制定新准则的目的、依据、适用范围、现金流量表的定义、现金及现金等价物的界定等内容。相关定义和界定如下：

①现金流量表，是指反映企业在一定会计期间现金和现金等价物流入和流出的报表。

②现金，是指企业库存现金以及可以随时用于支付的存款。

③现金等价物，是指企业持有的期限短、流动性强、易于转换为已知金额现金、价值变动风险很小的投资。

（2）基本要求部分。

在"基本要求"部分，主要明确了现金流量的分类、列报要求、特殊项目的列报要求和外币现金流量的计算与列报等。

①现金流量的分类。现金流量分为经营活动、投资活动和筹资活动所产生的现金流量三类。

②列报要求。现金流量应当分别按照现金流入和现金流出总额列报。但是，下列各项可以按照净额列报：

- 代客户收取或支付的现金。
- 周转快、金额大、期限短项目的现金流入和现金流出。
- 金融企业的有关项目，包括短期贷款发放与收回的贷款本金、活期存款的吸收与支付、同业存款和存放同业款项的存取、向其他金融企业拆借资金、以及证券的买入与卖出等。

③特殊项目的列报要求。自然灾害损失、保险索赔等特殊项目，应当根据其性质，分别归并到经营活动、投资活动和筹资活动现金流量类别中单独列报。

④外币现金流量的计算与列报。外币现金流量以及境外子公司的现金流量，应当采用现金流量发生日的即期汇率或按照系统合理的方法确定的、与现金流量发生日即期汇率近似的汇率折算。汇率变动对现金的影响额应当作为调节项目，在现金流量表中单独列报。

（3）经营活动现金流量部分。

在该部分，主要规范了经营活动现金流量的列报方法、现金流量信息的获取途径、需要列示的项目、金融企业现金流量的确定方法等。

①经营活动现金流量的列报方法是采用"直接法"列示经营活动产生的现金流量。

直接法，是指通过现金收入和现金支出的主要类别列示经营活动的现金流量。

②经营活动产生的现金流量信息的获取途径如下：

• 企业的会计记录。

• 根据下列项目对利润表中的营业收入、营业成本以及其他项目进行调整：当期存货及经营性应收和应付项目的变动；固定资产折旧、无形资产摊销、计提资产减值准备等其他非现金项目；属于投资活动或筹资活动现金流量的其他非现金项目。

③需要列示的项目。经营活动产生的现金流量至少应当单独列示反映下列信息的项目：

• 销售商品、提供劳务收到的现金。

• 收到的税费返还。

• 收到其他与经营活动有关的现金。

• 购买商品、接受劳务支付的现金。

• 支付给职工以及为职工支付的现金。

• 支付的各项税费。

• 支付其他与经营活动有关的现金。

④金融企业现金流量的确定方法。金融企业可以根据行业特点和现金流量实际情况，合理确定经营活动现金流量项目的类别。

（4）投资活动现金流量部分。

在该部分，明确了"投资活动"的定义和投资活动现金流量表需要列示的项目。

①投资活动，是指企业长期资产的购建和不包括在现金等价物范围的投资及其处置活动。

②需要列示的项目。投资活动产生的现金流量至少应当单独列示反映下列信息的项目：

• 收回投资收到的现金。

• 取得投资收益收到的现金。

- 处置固定资产、无形资产和其他长期资产收回的现金净额。
- 处置子公司及其他营业单位收到的现金净额。
- 收到其他与投资活动有关的现金。
- 购建固定资产、无形资产和其他长期资产支付的现金。
- 投资支付的现金。
- 取得子公司及其他营业单位支付的现金净额。
- 支付其他与投资活动有关的现金。

（5）筹资活动现金流量部分。

在该部分，明确了"筹资活动"的定义和筹资活动产生的现金流量需要列示的项目。

①筹资活动，是指导致企业资本及债务规模和构成发生变化的活动。

②需要列示的项目。筹资活动产生的现金流量至少应当单独列示反映下列信息的项目：

- 吸收投资收到的现金。
- 取得借款收到的现金。
- 收到其他与筹资活动有关的现金。
- 偿还债务支付的现金。
- 分配股利、利润或偿付利息支付的现金。
- 支付其他与筹资活动有关的现金。

（6）披露部分。

在"披露"部分，规定企业应在附注中披露将净利润调节为经营活动现金流量的信息；披露当期取得或处置子公司及其他营业单位的相关信息；披露不涉及当期现金收支，但影响企业财务状况或在未来可能影响企业现金流量的重大投资和筹资活动。另外，还规定了在附注中披露与现金和现金等价物有关的下列信息：

①现金和现金等价物的构成及其在资产负债表中的相应金额。

②企业持有但不能由母公司或集团内其他子公司使用的大额现金和现

金等价物金额。

※新会计准则第 32 号——中期财务报告

新准则共分为三章十四条，其中包括：总则、中期财务报告的内容、确认和计量。

（1）总则部分。

在"总则"部分，规定了制定准则的目标、依据，明确了中期财务报告的定义。

①中期财务报告的制定目标。

为了规范中期财务报告的内容和编制中期财务报告应当遵循的确认与计量原则。

②中期财务报告的制定依据。

根据《企业会计准则——基本准则》，制定本准则。

③中期财务报告的定义。

中期财务报告，是指以中期为基础编制的财务报告。中期，是指短于一个完整的会计年度的报告期间。

（2）中期财务报告的内容部分。

在"中期财务报告"部分，规定了个别财务报表、合并财务报表、比较财务报表和财务报表附注的要求。

①个别财务报表。

中期财务报告至少应当包括资产负债表、利润表、现金流量表和附注。另外，对中期财务报告还有如下规定：

● 中期资产负债表、利润表和现金流量表应当是完整报表，其格式和内容应当与上年度财务报表相一致。

● 当年新施行的会计准则对财务报表格式和内容作了修改的，中期财务报表应当按照修改后的报表格式和内容编制，上年度比较财务报表的格式和内容，也应当作相应调整。

● 基本每股收益和稀释每股收益应当在中期利润表中单独列示。

②合并财务报表。

● 上年度编制合并财务报表的，中期期末应当编制合并财务报表。

● 上年度财务报告除了包括合并财务报表，还包括母公司财务报表的，中期财务报告也应当包括母公司财务报表。

● 上年度财务报告包括了合并财务报表，但报告中期内处置了所有应当纳入合并范围的子公司的，中期财务报告只需提供母公司财务报表，但上年度比较财务报表仍应当包括合并财务报表，上年度可比中期没有子公司的除外。

③比较财务报表。

中期财务报告应当按照下列规定提供比较财务报表：

● 本中期末的资产负债表和上年度末的资产负债表。

● 本中期的利润表、年初至本中期末的利润表以及上年度可比期间的利润表。

● 年初至本中期末的现金流量表和上年度年初至可比本中期末的现金流量表。

● 财务报表项目在报告中期作了调整或者修订的，上年度比较财务报表项目有关金额应当按照本年度中期财务报表的要求重新分类，并在附注中说明重新分类的原因及其内容；无法重新分类的，应当在附注中说明不能重新分类的原因。

④财务报表附注。

中期财务报告中的附注应当以年初至本中期末为基础编制，披露自上年度资产负债表日之后发生的，有助于理解企业财务状况、经营成果和现金流量变化情况的重要交易或者事项。

对于理解本中期财务状况、经营成果和现金流量有关的重要交易或者事项，也应当在附注中作相应披露。中期财务报告中的附注至少应当包括下列信息：

  ●中期财务报表所采用的会计政策与上年度财务报表相一致的声明。

  会计政策发生变更的，应当说明会计政策变更的性质、内容、原因及其影响数；无法进行追溯调整的，应当说明原因。

  ●会计估计变更的内容、原因及其影响数；影响数不能确定的，应当说明原因。

  ●前期差错的性质及其更正金额；无法进行追溯重述的，应当说明原因。

  ●企业经营的季节性或者周期性特征。

  ●存在控制关系的关联方发生变化的情况；关联方之间发生交易的，应当披露关联方关系的性质、交易类型和交易要素。

  ●合并财务报表的合并范围发生变化的情况。

  ●对性质特别或者金额异常的财务报表项目的说明。

  ●证券发行、回购和偿还情况。

  ●向所有者分配利润的情况，包括在中期内实施的利润分配和已提出或者已批准但尚未实施的利润分配情况。

  ●根据《企业会计准则第 35 号——分部报告》规定应当披露分部报告信息的，应当披露主要报告形式的分部收入与分部利润（亏损）。

  ●中期资产负债表日至中期财务报告批准报出日之间发生的非调整事项。

  ●上年度资产负债表日以后所发生的或有负债和或有资产的变化情况。

  ●企业结构变化情况，包括企业合并，对被投资单位具有重大影响、共同控制或者控制关系的长期股权投资的购买或者处置，终止经营等。

  ●其他重大交易或者事项，包括重大的长期资产转让及其出售情况、重大的固定资产和无形资产取得情况、重大的研究和开发支出、重大的资产减值损失情况等。

（3）确认和计量部分。

在"确认和计量"部分，规定了中期财务报告应使用的会计政策，季节性、周期性或者偶然性收入和在会计年度不均匀发生的费用的处理，中期发生会计政策变更的处理。

①中期财务报告应使用的会计政策。

• 企业在中期财务报表中应当采用与年度财务报表相一致的会计政策。

• 上年度资产负债表日之后发生了会计政策变更，且变更后的会计政策将在年度财务报表中采用的，中期财务报表应当采用变更后的会计政策。

• 在同一会计年度内，以前中期财务报表项目在以后中期发生了会计估计变更的，以后中期财务报表应当反映该会计估计变更后的金额，但对以前中期财务报表项目金额不作调整。

②季节性、周期性或者偶然性收入和会计年度中不均匀发生的费用的处理。

• 企业取得的季节性、周期性或者偶然性收入，应当在发生时予以确认和计量，不应在中期财务报表中预计或者递延，但会计年度末允许预计或者递延的除外。

• 企业在会计年度中不均匀发生的费用，应当在发生时予以确认和计量，不应在中期财务报表中预提或者待摊，但会计年度末允许预提或者待摊的除外。

③企业在中期发生会计政策变更。

• 企业在中期发生了会计政策变更的，应当按照《企业会计准则第28号——会计政策、会计估计变更和差错更正》处理，并按照本准则的相关规定在附注中作相应披露。

• 会计政策变更的累积影响数能够合理确定、且涉及本会计年度以前中期财务报表相关项目数字的，应当予以追溯调整，视同该会计政策在整个会计年度一贯采用；同时，上年度可比财务报表也应当作相应调整。

◎ 新准则案例运用及说明

※ 资产负债表案例及说明

1. 资产负债表的编制方法

会计报表的编制，主要是通过对日常会计核算记录的数据加以归集、整理，使之成为有用的财务信息。我国企业资产负债表各项目数据的来源，主要通过以下几种方式取得：

（1）根据总账科目余额直接填列。

资产负债表各项目的数据来源，主要是根据总账科目期末余额直接填列，如"应收票据"项目，根据"应收票据"总账科目的期末余额直接填列；"短期借款"项目，根据"短期借款"总账科目的期末余额直接填列，等等。

（2）根据总账科目余额计算填列。

资产负债表某些项目需要根据若干个总账科目的期末余额计算填列，如"货币资金"项目，根据"库存现金""银行存款""其他货币资金"科目的期末余额的合计数填列。

（3）根据明细科目余额计算填列。

资产负债表某些项目不能根据总账科目的期末余额或若干个总账科目的期末余额计算填列，需要根据有关科目所属的相关明细科目的期末余额计算填列，如"应付账款"项目，根据"应付账款""预付账款"科目的所属相关明细科目的期末贷方余额计算填列。

（4）根据总账科目和明细科目余额分析计算填列。

资产负债表上某些项目不能根据有关总账科目的期末余额直接或计算填列，也不能根据有关科目所属相关明细科目的期末余额计算填列，需要根据总账科目和明细科目余额分析计算填列，如"长期借款"项目，根据"长期借款"总账科目余额扣除"长期借款"科目所属的明细科目中反映的将于一年内到期的长期借款部分分析计算填列。

（5）根据科目余额减去其备抵项目后的净额填列。

如"交易性金融资产"项目，由"可供出售金融资产"备抵科目余额后的净额填列。又如"无形资产"项目，按照"无形资产"科目的期末余额减去"无形资产减值准备"科目期末余额后的净额填列，以反映无形资产的期末可收回金额。

在我国，资产负债表的"年初数"栏各项目数字，应根据上年末资产负债表"期末数"栏内所列数字填列。如果本年度资产负债表规定的各个项目的名称和内容同上年度不相一致，应对上年年末资产负债表各项目的名称和数字按照本年度的规定进行调整，填入报表中的"年初数"栏内。资产负债表的"期末数"栏各项目主要根据有关科目记录编制。

2. 资产负债表的格式及各数据的填列

资产负债表中各数据的填列如下：

（1）本表"年初数"栏内各项数字，应根据上年末资产负债表"期末数"栏内所列数字填列。如果本年度资产负债表规定的各个项目的名称和内容同上年度不相一致，应对上年年末资产负债表各项目的名称和数字按照本年度的规定进行调整，填入本表"年初数"栏内。

（2）本表"期末数"各项目的内容和填列方法。

① "货币资金"项目，反映企业期末持有的现金、银行存款和其他货

币资金等总额。

②"交易性金融资产""应收票据""应收账款""预付款项""应收利息""应收股利""其他应收款""存货""可供出售金融资产""持有至到期投资""长期应收款""长期股权投资""投资性房地产""固定资产""在建工程""工程物资""固定资产清理""油气资产""无形资产""开发支出""商誉""长期待摊费用""递延所得税资产""其他非流动资产"等项目，反映企业期末持有的相应资产的账面余额扣减累计折旧（折耗）、累计摊销、累计减值准备后的账面价值。

③"存货"项目还反映建造承包商的"工程施工"期末余额大于"工程结算"期末余额的差额。

企业待摊费用有期末余额的，应在"预付款项"项目中反映。

"一年内到期的非流动资产"项目，反映长期应收款、持有至到期投资、长期待摊费用等资产中将于1年内到期或摊销完毕的部分。

"其他非流动资产"项目，反映企业期末持有的"衍生工具""套期工具""被套期项目"等。

融资租赁出租方以及分期收款销售且实质上具有融资性质的"长期应收款"项目，反映扣减相应的"未实现融资收益"后的净额（折现值）。

有公益性生物资产的企业，应增设"公益性生物资产"项目，列在"生产性生物资产"项目之后。

④"短期借款""交易性金融负债""应付票据""应付账款""预收款项""应付职工薪酬""应交税费""应付利息""应付股利""其他应付款""其他流动负债""长期借款""应付债券""长期应付款""专项应付款""递延所得税负债""预计负债"等项目，通常反映企业期末尚未偿还的各项负债的账面余额。

⑤"应付账款"项目还反映建造承包商的"工程施工"期末余额小于"工程结算"期末余额的差额。

"一年内到期的非流动负债"项目，反映长期应付款、长期借款、应付债券、预计负债等负债中将于 1 年内到期的部分。

"其他流动负债"项目，反映企业期末持有的"衍生工具""套期工具""被套期项目"以及"递延收益"中将于 1 年内到期的部分等。

"长期应付款"项目，反映企业除长期借款、应付债券外的其他各种长期应付款项。其中，融资租赁承租方以及分期付款购买固定资产且实质上具有融资性质的，反映扣减相应的"未实现融资费用"后的净额（折现值）。

⑥ "实收资本（或股本）""资本公积""库存股""盈余公积""未分配利润"等项目，通常应反映企业期末持有的接受投资者投入企业的实收资本、企业收购的尚未转让或注销的本公司股份金额、从净利润中提取的盈余公积余额等。

以人民币以外的货币作为记账本位币的企业，可以增设"外币报表折算差额"项目，列在"未分配利润"项目之后。

3. 资产负债表编制举例

【案例】A 公司某月科目余额见表 1-5，根据科目余额表编制该公司本月资产负债表。

表 1-5 科目余额表 单位：元

科目名称	借方余额	科目名称	贷方余额
库存现金	2 000	短期借款	50 000
银行存款	811 445	应付票据	100 000
其他货币资金	7 300	应付账款	953 800
交易性金融资产	0	其他应付款	50 000
应收票据	46 000	应付职工薪酬	180 000
应收账款	600 000	应交税费	105 344

续表

科目名称	借方余额	科目名称	贷方余额
坏账准备	-1 800	其他应交款	106 600
预付账款	100 000	应付股利	32 215.85
其他应收款	5 000		
材料采购	275 000	长期借款	1 160 000
原材料	45 000	其中：一年内到期的长期负债	0
周转材料	38 050	股本	5 000 000
库存商品	2 212 400	盈余公积	135 685.15
材料成本差异	4 250	利润分配	
		（未分配利润）	220 000
长期股权投资	250 000		
固定资产	2 401 000		
累计折旧	-170 000		
工程物资	150 000		
在建工程	578 000		
无形资产	540 000		
长期待摊费用	200 000		
合　计	8 093 645	合　计	8 093 645

根据 A 公司科目余额表，编制该公司本月资产负债表，见表 1-6：

表 1-6 资产负债表

会企 01 表

编制单位：××公司　　　　　　___年_月_日　　　　　　单位：元

资　　产	期末余额	年初余额	负债和所有者权益（或股东权益）	期末余额	年初余额
流动资产：			流动负债：		
货币资金	820 745	1 406 300	短期借款	50 000	300 000
交易性金融资产	0	15 000	交易性金融负债		
应收票据	46 000	246 000	应付票据	100 000	200 000
应收账款	598 200	299 100	应付账款	953 800	953 800
预付款项	100 000	200 000	预收款项		1 000
应收利息			应付职工薪酬	180 000	110 000
应收股利			应交税费	211 944	36 600
其他应收款	5 000	5 000	应付利息		
存货	2 574 700	2 580 000	应付股利	32 215.85	
一年内到期的非流动资产			其他应付款	50 000	50 000
其他流动资产			一年内到期的非流动负债		1 000 000
流动资产合计	4 144 645	4 751 400	其他流动负债		
非流动资产：			流动负债合计	1 577 959.85	2 651 400
可供出售金融资产			非流动负债：		
持有至到期投资			长期借款	1 160 000	600 000
长期应收款			应付债券		
长期股权投资	250 000	250 000	长期应付款		
投资性房地产			专项应付款		

续表

资　　产	期末余额	年初余额	负债和所有者权益（或股东权益）	期末余额	年初余额
固定资产	2 231 000	1 100 000	预计负债		
在建工程	578 000	1 500 000	递延所得税负债		
工程物资	150 000		其他非流动负债		
固定资产清理			非流动负债合计	1 160 000	600 000
生产性生物资产			负债合计	2 737 959.85	3 251 400
油气资产			所有者权益（或股东权益）：		
无形资产	540 000	600 000	实收资本（或股本）	5 000 000	5 000 000
开发支出			资本公积		
商誉			减：库存股		
长期待摊费用	200 000	200 000	盈余公积	135 685.15	100 000
递延所得税资产			未分配利润	220 000	50 000
其他非流动资产			所有者权益（或股东权益）合计	5 355 685.15	5 150 000
非流动资产合计	3 949 000	3 650 000			
资产总计	8 093 645	8 401 400	负债和所有者权益（或股东权益）总计	8 093 645	8 401 400

※利润表案例及说明

1. 利润表的内容

在利润表中，企业应当对费用按照功能进行分类，将其划分为从事经营业务发生的成本、管理费用、销售费用和财务费用等。

利润表一般应单独列报以下项目：

（1）营业收入。

（2）营业成本。

（3）营业税金及附加。

（4）管理费用。

（5）销售费用。

（6）财务费用。

（7）投资收益。

（8）公允价值变动收益。

（9）非流动资产处置损失。

（10）所得税费用。

（11）净利润。

在合并利润表中，归属于少数股东的损益应当单独列报。

2. 利润表的编制方法

按照我国企业利润表的格式内容，其编制方法如下：

（1）报表中的"本期金额"栏反映各项目的本月实际发生数，在编报中期财务报告时，填列上年同期累计实际发生数；在编报年度财务会计报告时，填列上年全年累计实际发生数，并将"本期金额"栏改成"上年数"栏。如果上年度利润表的项目名称和内容与本年度利润表不相一致，应对上年度报表项目的名称和数字按本年度的规定进行调整，填入报表的"上年数"栏。在编报中期和年度财务会计报告时，应将"本期金额"栏改成"上年数"栏。

（2）报表中的"上期金额"栏各项目，反映自年初起至本月末止的累计实际发生数。

3. 利润表的格式及各数据的填列

利润表中各项目的内容及填列方法如下：

（1）"营业收入"项目，反映企业经营主要业务和其他业务所确认的收入总额。

（2）"营业成本"项目，反映企业经营主要业务和其他业务发生的实际成本总额。

（3）"营业税金及附加"项目，反映企业经营业务应负担的营业税、消费税、城市维护建设税、资源税、土地增值税和教育费附加等。

（4）"销售费用"项目，反映企业在销售商品过程中发生的包装费、广告费等费用和为销售本企业商品而专设的销售机构的职工薪酬、业务费等经营费用。

（5）"管理费用"项目，反映企业为组织和管理生产经营发生的管理费用。

（6）"财务费用"项目，反映企业筹集生产经营所需资金等而发生的筹资费用。

（7）"资产减值损失"项目，反映企业各项资产发生的减值损失。

发生勘探费用的企业，应在"管理费用"和"财务费用"项目之间增设"勘探费用"项目。

（8）"公允价值变动收益"项目，反映企业交易性金融资产、交易性金融负债以及采用公允价值模式计量的投资性房地产等公允价值变动形成的应计入当期损益的利得或损失。

（9）"投资收益"项目，反映企业以各种方式对外投资所取得的收益。其中，"对联营企业和合营企业的投资收益"项目，反映采用权益法核算的对联营企业和合营企业投资在被投资单位实现的净损益中应享有的份额（不包括处置投资形成的收益）。

（10）"营业外收入""营业外支出"项目，反映企业发生的与其经营活动无直接关系的各项收入和支出。其中，处置非流动资产损失应当单独列示。

（10）"所得税费用"项目，反映企业根据所得税准则确认的应从当期利润总额中扣除的所得税费用。

（11）"基本每股收益"和"稀释每股收益"项目，应当反映根据每股收益准则的规定计算的金额。

4. 利润表编制举例

【案例】 A 公司某年有关损益类科目的余额，见表 1-7。

表 1-7   科目余额表   单位：元

科目名称	借方发生额	贷方发生额
主营业务收入		1 250 000
主营业务成本	750 000	
营业税金及附加	2 000	
销售费用	20 000	
管理费用	158 000	
财务费用	41 500	
投资收益		31 500
营业外收入		5 000
营业外支出	19 700	
所得税	102 399	

根据 A 公司该月损益类科目余额表，编制该月利润表，见表 1-8：

表 1-8　　　　　　　　　　　　利润表

会企 02 表

编制单位：A 公司　　　　　　　　___年__月　　　　　　　　单位：元

项　　目	本期金额	上期金额（略）
一、营业收入	1 250 000	
减：营业成本	750 000	
营业税金及附加	2 000	
销售费用	20 000	
管理费用	158 000	
财务费用	41 500	
资产减值损失		
加：公允价值变动收益（损失以"-"号填列）		
投资收益（损失以"-"号填列）	31 500	
其中：对联营企业和合营企业的投资收益		
二、营业利润（亏损以"-"号填列）	310 000	
加：营业外收入	5 000	
减：营业外支出	19 700	
其中：非流动资产处置损失		
三、利润总额（亏损总额以"-"号填列）	295 300	
减：所得税费用	102 399	
四、净利润（净亏损以"-"号填列）	192 901	
五、每股收益：		
（一）基本每股收益		
（二）稀释每股收益		

※现金流量表案例及说明

1. 现金流量表的格式及数据的填列

现金流量表中各数据的填列内容及方法如下：

（1）经营活动产生的现金流量。

①"销售商品、提供劳务收到的现金"项目，反映企业本期销售商品、提供劳务收到的现金，以及前期销售商品、提供劳务本期收到的现金（包括销售收入和应向购买者收取的增值税销项税额）和本期预收的款项，减去本期销售本期退回商品和前期销售本期退回商品支付的现金。

企业销售材料和代购代销业务收到的现金，也应在本项目反映。

②"收到的税费返还"项目，反映企业收到返还的所得税、增值税、营业税、消费税、关税和教育费附加等各种税费返还款。

③"收到其他与经营活动有关的现金"项目，反映企业经营租赁收到的租金等其他与经营活动有关的现金流入，金额较大的应当单独列示。

④"购买商品、接受劳务支付的现金"项目，反映企业本期购买商品、接受劳务实际支付的现金（包括增值税进项税额），以及本期支付前期购买商品、接受劳务的未付款项和本期预付款项，减去本期发生的购货退回收到的现金。企业购买材料和代购代销业务支付的现金，也应在本项目反映。

⑤"支付给职工以及为职工支付的现金"项目，反映企业本期实际支付给职工的工资、奖金、各种津贴和补贴等职工薪酬（包括代扣代缴的职工个人所得税）。

⑥"支付的各项税费"项目，反映企业本期发生并支付、以前各期发生本期支付以及预交的各项税费，包括所得税、增值税、营业税、消费

税、印花税、房产税、土地增值税、车船使用税、教育费附加等。

⑦"支付其他与经营活动有关的现金"项目，反映企业经营租赁支付的租金、支付的差旅费、业务招待费、保险费、罚款支出等其他与经营活动有关的现金流出，金额较大的应当单独列示。

（2）投资活动产生的现金流量。

①"收回投资收到的现金"项目，反映企业出售、转让或到期收回除现金等价物以外的对其他企业的权益工具、债务工具和合营中的权益。

②"取得投资收益收到的现金"项目，反映企业除现金等价物以外的对其他企业的权益工具、债务工具和合营中的权益投资分回的现金股利和利息等。

③"处置固定资产、无形资产和其他长期资产收回的现金净额"项目，反映企业出售、报废固定资产、无形资产和其他长期资产所取得的现金（包括因资产毁损而收到的保险赔偿收入），减去为处置这些资产而支付的有关费用后的净额。

④"处置子公司及其他营业单位收到的现金净额"项目，反映企业处置子公司及其他营业单位所取得的现金减去相关处置费用以及子公司及其他营业单位持有的现金和现金等价物后的净额。

⑤"购建固定资产、无形资产和其他长期资产支付的现金"项目，反映企业购买和建造固定资产、取得无形资产和其他长期资产所支付的现金（含增值税款等），以及用现金支付的应由在建工程和无形资产负担的职工薪酬。

⑥"投资支付的现金"项目，反映企业取得除现金等价物以外的对其他企业的权益工具、债务工具和合营中的权益所支付的现金以及支付的佣金、手续费等附加费用。

⑦"取得子公司及其他营业单位支付的现金净额"项目，反映企业购买子公司及其他营业单位购买出价中以现金支付的部分，减去子公司及其他营业单位持有的现金和现金等价物后的净额。

⑧"收到其他与投资活动有关的现金""支付其他与投资活动有关的现金"项目，反映企业除上述①至⑦项目外收到或支付的其他与投资活动有关的现金流入或流出，金额较大的应当单独列示。

（3）筹资活动产生的现金流量。

①"吸收投资收到的现金"项目，反映企业以发行股票、债券等方式筹集资金实际收到的款项，减去直接支付给金融企业的佣金、手续费、宣传费、咨询费、印刷费等发行费用后的净额。

②"取得借款收到的现金"项目，反映企业举借各种短期、长期借款而收到的现金。

③"偿还债务支付的现金"项目，反映企业以现金偿还债务的本金。

④"分配股利、利润或偿付利息支付的现金"项目，反映企业实际支付的现金股利、支付给其他投资单位的利润或用现金支付的借款利息、债券利息。

⑤"收到其他与筹资活动有关的现金""支付其他与筹资活动有关的现金"项目，反映企业除上述①至④项目外，收到或支付的其他与筹资活动有关的现金流入或流出，金额较大的应当单独列示。

（4）"汇率变动对现金及现金等价物的影响"项目，反映下列项目之间的差额。

企业外币现金流量折算为记账本位币时，所采用的现金流量发生日的即期汇率或按照系统合理的方法确定的、与现金流量发生日即期汇率近似的汇率折算的金额（编制合并现金流量表时还包括折算境外子公司的现金流量，应当比照处理）。

（5）"现金及现金等价物净增加额"中外币现金净增加额按期末汇率折算的金额。

2. 现金流量表编制举例

根据 A 公司财务报表资料，编制现金流量表，见表 1-9：

表 1 - 9 现金流量表

会企 03 表

编制单位：A 公司 　　　　　　20××年12 月 　　　　　　单位：元

项　　目	本期金额	上期金额（略）
一、经营活动产生的现金流量：		
销售商品、提供劳务收到的现金	1 342 500	
收到的税费返还		
收到其他与经营活动有关的现金		
经营活动现金流入小计	1 342 500	
购买商品、接受劳务支付的现金	392 266	
支付给职工以及为职工支付的现金	300 000	
支付的各项税费	199 089	
支付其他与经营活动有关的现金	70 000	
经营活动现金流出小计	961 355	
经营活动产生的现金流量净额	381 145	
二、投资活动产生的现金流量：		
收回投资收到的现金	16 500	
取得投资收益收到的现金	30 000	
处置固定资产、无形资产和其他长期资产收回的现金净额	300 300	
处置子公司及其他营业单位收到的现金净额		
收到其他与投资活动有关的现金		
投资活动现金流入小计	346 800	
购建固定资产、无形资产和其他长期资产支付的现金	451 000	
投资支付的现金		

项　　目	本期金额	上期金额（略）
取得子公司及其他营业单位支付的现金净额		
支付其他与投资活动有关的现金		
投资活动现金流出小计	451 000	
投资活动产生的现金流量净额	− 104 200	
三、筹资活动产生的现金流量：		
吸收投资收到的现金		
取得借款收到的现金	400 000	
收到其他与筹资活动有关的现金		
筹资活动现金流入小计	400 000	
偿还债务支付的现金	1 250 000	
分配股利、利润或偿付利息支付的现金	12 500	
支付其他与筹资活动有关的现金		
筹资活动现金流出小计	1 262 500	
筹资活动产生的现金流量净额	− 862 500	
四、汇率变动对现金及现金等价物的影响		
五、现金及现金等价物净增加额	− 585 555	
加：期初现金及现金等价物余额		
六、期末现金及现金等价物余额	− 585 555	

3. 现金流量表附注的格式及各数据的填列

现金流量表附注适用于一般企业、商业银行、保险公司、证券公司等各类企业。

（1）现金流量表补充资料披露的格式及填列方法。

企业应当采用间接法在现金流量表附注中披露将净利润调节为经营活

动现金流量的信息。现金流量表补充资料的格式见表 1 - 12：

现金流量表附注的具体填列方法如下：

① "将净利润调节为经营活动的现金流量"项目。

• "资产减值准备"项目，反映企业本期计提的坏账准备、存货跌价准备、长期股权投资减值准备、持有至到期投资减值准备、投资性房地产减值准备、固定资产减值准备、在建工程减值准备、无形资产减值准备、商誉减值准备、生产性生物资产减值准备、油气资产减值准备等资产减值准备。

• "固定资产折旧""油气资产折耗""生产性生物资产折旧"项目，分别反映企业本期计提的固定资产折旧、油气资产折耗、生产性生物资产折旧。

• "无形资产摊销""长期待摊费用摊销"项目，分别反映企业本期计提的无形资产摊销、长期待摊费用摊销。

• "处置固定资产、无形资产和其他长期资产的损失"项目，反映企业本期处置固定资产、无形资产和其他长期资产发生的损失。

• "固定资产报废损失"项目，反映企业本期固定资产盘亏发生的损失。

• "公允价值变动损失"项目，反映企业持有的采用公允价值计量且其变动计入当期损益的金融资产、金融负债等的公允价值变动损益。

• "财务费用"项目，反映企业本期发生的应属于投资活动或筹资活动的财务费用。

• "投资损失"项目，反映企业本期投资所发生的损失减去收益后的净损失。

• "递延所得税资产减少"项目，反映企业资产负债表"递延所得税资产"项目的期初余额与期末余额的差额。

• "递延所得税负债增加"项目，反映企业资产负债表"递延所得税负债"项目的期初余额与期末余额的差额。

- "存货的减少"项目，反映企业资产负债表"存货"项目的期初余额与期末余额的差额。
- "经营性应收项目的减少"项目，反映企业本期经营性应收项目（包括应收票据、应收账款、预付款项、长期应收款和其他应收款中与经营活动有关的部分及应收的增值税销项税额等）的期初余额与期末余额的差额。
- "经营性应付项目的增加"项目，反映企业本期经营性应付项目（包括应付票据、应付账款、预收款项、应付职工薪酬、应交税费、应付利息、应付股利、长期应付款、其他应付款中与经营活动有关的部分及应付的增值税进项税额等）的期初余额与期末余额的差额。

② "不涉及现金收支的重大投资和筹资活动"项目，反映企业一定期间内影响资产或负债但不形成该期现金收支的所有投资和筹资活动的信息。

- "债务转为资本"项目，反映企业本期转为资本的债务金额。
- "一年内到期的可转换公司债券"项目，反映企业一年内到期的可转换公司债券的本息。
- "融资租入固定资产"项目，反映企业本期融资租入固定资产的最低租赁付款额扣除应分期计入利息费用的未确认融资费用的净额。

③ "现金及现金等价物净增加额"项目与现金流量表中的"现金及现金等价物净增加额"项目的金额应当相等。

（2）企业应当按下列格式披露当期取得或处置子公司及其他营业单位的有关信息，见表1-10：

表1-10

项　　　目	金额
一、取得子公司及其他营业单位的有关信息：	
1. 取得子公司及其他营业单位的价格	

续表

项　　目	金额
2. 取得子公司及其他营业单位支付的现金和现金等价物	
减：子公司及其他营业单位持有的现金和现金等价物	
3. 取得子公司及其他营业单位支付的现金净额	
4. 取得子公司的净资产	
流动资产	
非流动资产	
流动负债	
非流动负债	
二、处置子公司及其他营业单位的有关信息：	
1. 处置子公司及其他营业单位的价格	
2. 处置子公司及其他营业单位收到的现金和现金等价物	
减：子公司及其他营业单位持有的现金和现金等价物	
3. 处置子公司及其他营业单位收到的现金净额	
4. 处置子公司的净资产	
流动资产	
非流动资产	
流动负债	
非流动负债	

（3）现金和现金等价物的披露格式，见表1－11：

表 1 – 11

项　　目	本期金额	上期金额
一、现金		
其中：库存现金		
可随时用于支付的银行存款		
可随时用于支付的其他货币资金		
可用于支付的存放中央银行款项		
存放同业款项		
拆放同业款项		
二、现金等价物		
其中：三个月内到期的债券投资		
三、期末现金及现金等价物余额		
其中：母公司或集团内子公司使用受限制的现金和现金等价物		

4. 现金流量表补充资料的编写

根据 A 公司报表内容，编制 A 公司现金流量表补充资料，见表 1 – 12：

表 1 – 12

补 充 资 料	本期金额	上期金额（略）
1. 将净利润调节为经营活动现金流量：		
净利润	192 901	
加：资产减值准备	900	
固定资产折旧、油气资产折耗、生产性生物资产折旧	100 000	
无形资产摊销	60 000	
长期待摊费用摊销		

续表

补 充 资 料	本期金额	上期金额 （略）
处置固定资产、无形资产和其他长期资产的损失（收益以"－"号填列）	－ 50 000	
固定资产报废损失（收益为"－"号填列）	19 700	
公允价值变动损失（收益以"－"号填列）		
财务费用（收益以"－"号填列）	21 500	
投资损失（收益以"－"号填列）	－ 31 500	
递延所得税资产减少（增加以"－"号填列）		
递延所得税负债增加（减少以"－"号填列）		
存货的减少（增加以"－"号填列）		
经营性应收项目的减少（增加以"－"号填列）	－ 100 000	
经营性应付项目的增加（减少以"－"号填列）	17 344	
其他		
经营活动产生的现金流量净额	381 145	
2. 不涉及现金收支的重大投资和筹资活动：		
债务转为资本		
一年内到期的可转换公司债券		
融资租入固定资产		
3. 现金及现金等价物净变动情况：		
现金的期末余额	820 745	
减：现金的期初余额	1 406 300	
加：现金等价物的期末余额		

续表

补 充 资 料	本期金额	上期金额 （略）
减：现金等价物的期初余额		
现金及现金等价物的净增加额	− 585 555	

※中期财务报告案例及说明

1. 中期合并报表的编制

（1）上年度编制合并财务报表的企业，中期期末也应当编制合并财务报表，并且合并财务报表的编制范围、编制方法以及合并原则和合并财务报表的内容与格式等均应当与上年度合并财务报表保持一致。

如果当年新施行的会计准则对财务报表的格式和内容作了修订，那么中期合并财务报表应当按照修改后的报表格式和内容编制。

（2）对于那些被要求提供合并财务报表的企业而言，如果上年度财务报告除了包括合并财务报表，还包括母公司财务报表的，中期财务报告也应当包括母公司财务报表。目前，我国上市公司在提供合并财务报表的同时必须提供母公司财务报表，也就是说我国的上市公司目前的中期财务报告必须同时提供合并财务报表和母公司财务报表。

（3）企业报告中期发生了合并财务报表合并范围变化的情况。

①上年度财务报表包括了合并财务报表，但报告中期内处置了所有应当纳入合并财务报表编制范围的子公司的企业，中期财务报告只需提供母公司财务报表。但是，上年度比较财务报表仍应当包括合并财务报表，上年度可比中期没有子公司的除外，即上年度纳入合并财务报表合并范围的子公司是在上年度可比中期期末之后增加的，此时，上年度可比中期的财务报告中并没有提供有关的合并财务报表，这样，企业在本中期的财务报

告也就不必提供合并财务报表。

【案例】B公司是A公司唯一的子公司，在2009年年末A公司拥有B公司70％的股权，且有控制权。已知，A公司在2009年年末编制合并财务报表，把B公司财务报告并入其中。假设2010年2月20日，A公司将B公司50％的股权有偿转让给了C公司，并且失去了对B公司的控制权，因此，B公司不再符合A公司编制合并报表合并范围的要求。A公司在编制2010年第一季度的中期财务报告时不应当再将B公司财务报表纳入合并范围，而是只编制A公司（母公司）的个别财务报表，无需再编制合并财务报表。

②企业在中期内新增加了符合合并财务报表合并范围要求的子公司，则在该中期期末应当将该子公司的个别财务报表纳入到合并财务报表中。

【案例】A股份有限公司于2009年1月1日成立，成立之初不拥有任何子公司。因此A公司在编制2009年年度财务报表时不需要编制合并财务报表。在2010年2月25日，A股份有限公司收购了B股份有限公司60％的股权，并获得对B股份有限公司的控制权，此时B股份有限公司符合A股份有限公司编制合并报表的合并范围的要求。因此，虽然A股份有限公司在编制2009年年度财务报表时不需要编制合并财务报表，但是，从2010年第一季度编制各中期财务报告时，就需要将B股份有限公司纳入其合并财务报表的合并范围，编制合并财务报表。

2. 中期财务报告对编制比较报表的要求

新准则不但规定企业的中期财务报告应当提供资产负债表、利润表、现金流量表和附注，而且为了提高财务报告信息的可比性和有用性，还规定应提供比较财务报表。在中期财务报告中应提供的比较财务报表有：

（1）本中期末的资产负债表和上年度末的资产负债表。

（2）本中期的利润表、年初至本中期末的利润表以及上年度可比期间的利润表（这里需要注意的是，上年度可比期间的利润表包括上年度可比中期的利润表和上年度年初至可比本中期末的利润表)。

(3) 年初至本中期末的现金流量表和上年度年初至可比本中期末的现金流量表。

这里应着重理解比较财务报表的可比性,即可比期间。

【案例】下面沿用本节案例中 A 公司的例子,介绍 A 公司 2010 年应提供的中期财务报告。假设 A 公司按季度提供中期财务报告,则第 1~13、第 1~14、第 1~15 季度的截止日期分别为 2010 年 3 月 31 日、6 月 30 日和 9 月 30 日。列表说明三个季度财务报表的可比期间如下:

(1) 2010 年第一季度财务报告应当提供的比较财务报表,见表 1-13:

表 1-13

报表类别	本年度中期财务报表时间(或者期间)	上年度比较财务报表时间(或者期间)
资产负债表	2010 年 3 月 31 日	2009 年 12 月 31 日
利润表	2010 年 1 月 1 日至 3 月 31 日	2009 年 1 月 1 日至 3 月 31 日
现金流量表	2010 年 1 月 1 日至 3 月 31 日	2009 年 1 月 1 日至 3 月 31 日
合并资产负债表	不编制	2009 年 12 月 31 日
合并利润表	不编制	2009 年 1 月 1 日至 3 月 31 日
合并现金流量表	不编制	2009 年 1 月 1 日至 3 月 31 日

(2) 2010 年第二季度财务报告应当提供的比较财务报表,见表 1-14:

表 1-14

报表类别	本年度中期财务报表时间(或者期间)	上年度比较财务报表时间(或者期间)
资产负债表	2010 年 6 月 30 日	2009 年 12 月 31 日
利润表(本中期)	2010 年 4 月 1 日至 6 月 30 日	2009 年 4 月 1 日至 6 月 30 日
利润表(年初至本中期末)	2010 年 1 月 1 日至 6 月 30 日	2009 年 1 月 1 日至 6 月 30 日
现金流量表	2010 年 1 月 1 日至 6 月 30 日	2009 年 1 月 1 日至 6 月 30 日

（3）2010年第三季度财务报告应当提供的比较财务报表，见表1-15：

表1-15

报表类别	本年度中期财务报表时间 （或者期间）	上年度比较财务报表时间 （或者期间）
资产负债表	2010年9月30日	2009年12月31日
利润表（本中期）	2010年7月1日至9月30日	2009年7月1日至9月30日
利润表（年初至本中期末）	2010年1月1日至9月30日	2009年1月1日至9月30日
现金流量表	2010年1月1日至9月30日	2009年1月1日至9月30日

企业在中期财务报告中提供比较财务报表时，应注意以下几点：

（1）当年新实施的会计准则对财务报表的内容与格式作了修改的，中期财务报表应当按照修改后的报表格式和内容编制。由此导致本年度中期财务报表的内容与格式与比较财务报表的内容与格式出现不同的，在这种情况下，为了保证信息的可比性，上年度比较财务报表的格式和内容也应当作相应调整。

（2）财务报表项目在报告中期作了调整或者修订的，上年度比较财务报表项目有关金额应当按照本年度中期财务报表的要求予以重新分类，并在附注中说明重新分类的原因及其内容。如果企业因原始数据收集、整理或者记录等方面的原因，导致无法对比较财务报表中的金额重新进行分类，则可以不对比较财务报表进行重新分类。但是，企业应当在本年度中期财务报表附注中说明不能进行重新分类的原因。

（3）上年度财务报表包括了合并财务报表，但报告中期内处置了所有应当纳入合并财务报表编制范围的子公司的，中期财务报告只需提供母公司财务报表。但是，上年度比较财务报表仍应当包括合并财务报表。上年度可比中期没有子公司的除外。

（4）企业在中期发生了会计政策变更的，应当按照《企业会计准则第28号——会计政策、会计估计变更和差错更正》进行处理，会计政策变更的累积影响数能够合理确定，且涉及本会计年度以前中期财务报表相关项目数字的，应当予以追溯调整，视同该会计政策在整个会计年度一贯采用；同时，上年度比较财务报表也应当作相应调整。

（5）对于在本年度中期发生的以前年度损益调整事项，企业应当调整本年度财务报表相关项目的年初数，同时，对中期财务报告中的比较财务报表也应作相应调整。

3. 中期财务报告附注的主要内容

（1）编制基础。

中期财务报告中的附注应当以"年初至本中期末"为基础编制，披露自上年度资产负债表日之后发生的有助于理解企业财务状况、经营成果和现金流量变化情况的重要交易和事项。

①编制中期财务报告的目的就是要向财务报告信息使用者提供及时、可靠的信息，以提高信息的决策有用性。然而只提供本中期的信息并不能使信息使用者较好地了解企业的情况，所以附注还要包括本中期以前的信息。但是如果提供的信息范围过宽，从而提供了从前披露过的信息，则会造成资源的浪费，形成信息冗余，这使信息使用者难以从中提取对决策有用的信息。我们知道上年度资产负债表日前的信息，一般通过上年度财务报告进行了披露。另外，对于那些非重要的交易和事项也不必要在附注中披露。因此，中期财务报告中的附注应当以"年初至本中期末"为基础编制，披露自上年度资产负债表日之后发生的有助于理解企业财务状况、经营成果和现金流量变化情况的重要交易和事项。

【案例】A 公司为一家轮胎生产企业，需要编制季度财务报告。A 公司经过论证通过了一个扩大生产规模的方案，并于 20××年 5 月 16 日从银行贷款 8 000 万元用于支付设备款。对于这一重要事项，企业不仅应当在 20××年第二季度的中期财务报告附注中披露，在第三季度的财务报告附注中也应该披露。

②中期财务报表附注还应当披露对于本中期重要的交易和事项。

新准则规定，对于理解本中期财务状况、经营成果和现金流量有关的重要交易或者事项，也应当在附注中作相应披露。

【案例】A企业为出口服装的外贸企业，按照规定应编制季度财务报告。20××年前三个季度实现利润3 500万元，而第三季度仅实现利润500万元。因为A企业第三季度在一件反倾销案中败诉，裁定向A企业征收高额关税150万元。尽管这笔金额占前三个季度净利润总额的4.3%，可能并不重要；但占第三季度净利润的30%，对于理解第三季度经营成果和财务状况而言属于重要事项，应在财务报表附注中作相应披露。

（2）附注应披露的主要内容。

中期财务报告中的附注至少应当包括下列信息：

①中期财务报表所采用的会计政策与上年度财务报表相一致的说明。

会计政策发生变更的，应当说明会计政策变更的性质、理由及其影响数。如果企业因账簿、凭证超过法定保存期限而销毁，或因不可抗力而毁损、遗失，导致无法进行追溯调整，从而无法确定会计政策变更的累计影响数的，应当在附注中说明理由。

②会计估计变更的内容、理由及其影响数；影响数不能确定的，应当说明理由。

【案例】A公司为一家需要编制季度财务报告的企业。公司有一台生产用设备，原值96 000元。于2007年1月1日开始计提折旧，预计使用10年，预计净残值为6 000元。按照平均年限法计提折旧。2010年1月1日由于新技术出现导致该设备发生减值，需要重新估计使用年限和净残值。重估发现该设备可使用8年，净残值为4 000元。所得税税率为25%。该会计政策变更后每季度需提折旧2 031.25元，每季度比以前少提折旧218.75元，从而使第一季度净利润减少54.69元。在第一季度财务报告附注中应对该会计估计变更进行说明。

会计估计变更的说明：本公司一台生产用设备，原值为96000元，原预计使用年限为 10 年，预计残值为 6 000 元，按平均年限法计提折旧。由于新技术发展，该设备已不能按原估计计提折旧。本公司于 2010 年初重估该设备净残值为 4 000 元，使用年限为 8 年。此项会计估计变更使本季度净利润减少 54.69 元。

另外，在同一会计年度内，以前中期财务报告中报告的某项估计金额在最后一个中期发生重大变更、企业又不单独编制该中期财务报告的，应当在年度财务报告的附注中披露该项估计变更的内容、理由及其影响金额。

③会计差错的性质及其更正金额。

④企业经营的季节性或者周期性特征。

对于旅游、农业等季节性很强的行业，以及特许权使用费所占比重较大的周期性行业而言，收入往往集中于年度中某一特定时期。在这样的情况下，采用该期的财务报告来预测全年的情况就容易产生错误的结论。因此，对这些信息应当在附注中进行披露，以便投资者对企业的经营状况有一个更全面的理解。

【案例】A 企业为一大型轮船制造商，2008 年 3 月开始生产一艘大型轮船。该艘轮船总收入 250 000 000 元，预计总成本为 243 000 000 元。该工程预计于 2010 年 3 月完工。在 2008 年第一季度公司为该项目共支付生产成本 10 000 000。由于造船业属周期性经营行业，在第一季度财务报表附注中应进行披露。

企业经营的周期性特征说明：本公司为大型轮船制造企业，实现的收入具有周期性。本公司于 2008 年 3 月 1 日开始制造一艘大型轮船，造船周期为 2 年，制造完成后预计实现销售毛利 7 000 000 元。

⑤存在控制关系的关联企业发生变化的情况。关联方之间发生交易的，应当披露关联方关系的性质、交易类型和交易要素。

⑥合并财务报表合并范围发生变化的情况。

正如前面第一个【案例】中，A 公司从 2010 年第一季度起不再编制合并财务报表，在第一季度的中期财务报表附注中应作如下披露：

合并财务报表合并范围发生变化的情况说明：

本公司在 2010 年 2 月 20 日，将 B 公司 50% 的股权有偿转让给了 C 公司，并且失去了对 B 公司的控制权，因此不再编制与 B 公司的合并财务报表。

⑦对性质特别或者金额异常的财务报表项目的说明。

【案例】A 公司为一家学习用品生产企业，按照规定应该提供季度财务报告。20××年 2 月 10 日，A 公司捐赠 10 万元资助几个家庭贫困的大学生继续修完大学学业。这 10 万元对企业来说并不算多，但在社会如此看重企业形象的今天，这种举动有助于提升企业在公众心目中的形象，从而给企业的未来发展带来巨大潜力。从性质上看，这属于性质特殊的项目。因而企业应在第一季度财务报告的附注中对其进行披露。

⑧证券发行、回购和偿还情况。

⑨向所有者分配利润的情况，包括在中期内实施的利润分配和已批准但尚未实施的利润分配情况。

⑩根据《企业会计准则第 35 号——分部报告》规定应当披露分部报告信息的，应当披露主要报告形式的分部收入与分部利润（亏损）。

一个跨行业、跨地区经营的企业集团，其风险和报酬在很大程度上取决于企业的性质和现状、经营地区的地理条件和经营策略。如果不披露分部信息，信息使用者就不能对企业的情况有一个整体的了解，从而很难对未来发展趋势作出合理的预测和判断。同时为了避免披露信息过多而造成信息冗余，中期财务报告的附注中只要披露主要报告形式的分部收入和分部利润（亏损）。

⑪中期资产负债表日至中期财务报告批准报出日之间发生的非调整事项。

【案例】A 公司为一家需要编制季度财务报告的企业，在 20××年 4 月 10 日，公司由于自然灾害发生巨大损失，预计直接损失约为 20 万元。

公司第一季度财务报告批准报出日为 4 月 15 日。也就是说该事项发生在第一季度资产负债表日（3 月 30 日）与第一季度财务报告批准报出日（4 月 15 日）之间，所以为第一季度资产负债表日后非调整事项，应在第一季度中期财务报告附注中作如下披露：

资产负债表日后非调整事项说明：

本公司在 20××年 4 月 10 日由于自然灾害导致资产发生重大损失，预计直接净损失额约为 20 万元。

⑫上年度资产负债表日以后发生的或有负债和或有资产的变化情况。

⑬企业结构变化情况，包括企业合并，对被投资单位具有重大影响、共同控制关系或者控制关系的长期股权投资的购买或者处置，终止经营等。

⑭其他重大交易或者事项，包括重大的长期资产转让及其出售情况，重大的固定资产和无形资产取得情况，重大的研究和开发支出，重大的资产减值损失情况等。

企业在提供本条⑤和⑩项关联方交易、分部收入与分部利润（亏损）信息时，应当同时提供本中期（或者本中期末）和本年度年初至本中期末的数据，以及上年度可比本中期（或者可比期末）和可比年初至本中期末的比较数据。

第 2 章

资产、负债准则的变化点及案例说明

内容提要

◎ 资产、负债新旧准则内容比较

◎ 资产、负债新准则与国际会计准则的比较分析

◎ 资产、负债新准则的主要内容

◎ 新准则案例运用及说明

◎资产、负债新旧准则内容比较

※存货的新旧准则内容比较

新准则与旧准则相比，结构更清晰，在内容上也有许多改动，主要变化具体如下：

1. 总体结构的变化

旧准则包括引言、定义、确认、初始计量、发出存货成本的确定、期末计量、存货成本结转、披露、衔接和附则共十部分。新准则包括总则、确认、计量和披露共四章。

2. 存货成本确定方法的变化

（1）取消了确定发出存货实际成本的移动平均法和后进先出法。

这一做法的主要原因是：一是移动平均法和后进先出法有时不能真实反映存货流转情况。如一些采用后进先出法发出存货的企业为避免先购入的存货储存时间过长而变质，将先入库的货物先发出，这样就造成存货的实物流转与成本流转脱节；二是为了与国际会计准则趋同。

这项规定对生产周期较长的公司将产生一定影响。原先采用后进先出法、存货较多、周转率较低的公司，采用新的存货记账方法后，在物价不稳定的情况下，其毛利率和利润将出现不正常波动。例如，某企业用棉花生产棉布，今天买棉花的价格是 1.5 万元/吨，明天是 1.49 万元/吨，后天是 1.48 万元/吨。采用加权平均法计价，棉花的成本是 1.49 万元/吨。若采用后进先出法记账，则成本最低（1.48 万元/吨）。现在变革为先进先出法，生产成本上升到 1.5 万元/吨，导致毛利率和当期利润下降。

（2）取消了接受捐赠存货成本确定的相关说明。

新准则删去捐赠方提供了有关凭证和捐赠方未提供有关凭证的情况下，企业接受捐赠存货成本确定的说明。

3. 企业存货成本内容的变化

（1）取消了对商品流通企业存货采购成本内容的说明。

新准则取消了旧准则中规定的"商品流通企业存货采购成本包括采购价格、进口关税和其他税金等"，并在"不计入存货成本"项目内删除"商品流通企业在采购过程中发生的运输费、装卸费、仓储费等费用"。

（2）将借款费用资本化的范围扩大到某些存货项目中。

如需要通过相当长的生产才能达到可销售状态的存货。计入存货成本的借款费用，由《企业会计准则第 17 号——借款费用》予以规范。

【案例】某大型机械制造公司（下简称机械公司）与某生产企业签定合同，于 20××年 7 月 1 日开工为该生产企业建造一批大型机械，预计工期 22 个月。为此，机械公司于 20××年 6 月 31 日从银行借入 3 年期、到期还本付息、不计复利的专门借款 2 000 万元。机械公司 2007 年度为该借款计提利息 66.95 万元，按《企业会计准则第 17 号——借款费用》规定应资本化的借款利息为 25.025 万元，计入存货成本，其余 41.925 万元计入发生当期的财务费用。若按照旧会计准则，利息 66.95 万元应全部计入发生当期的财务费用。

这项规定将使部分需要通过专门借款，以保证存货长时间的生产活动才能够达到可销售状态的企业，损益表中当期的财务费用减少，利润增加；资产负债表中的存货资产额和权益额也将相应增加。

（3）增加了企业为提供劳务而发生的相关费用应计入存货成本的说明。

新准则增加了"企业提供劳务，所发生的从事劳务提供人员的直接人工和其他直接费用以及可归属的间接费用，计入存货成本。"这项规定旧准则虽未提及，但企业在实际工作中已经采用这种做法。

【案例】某高新技术企业和某客户签定合同，于20××年8月1日起为客户提供使用某技术设备的培训，培训期1个月。到20××年8月31日，企业提供该劳务实际发生劳务成本3万元。月末，按照新准则，企业应将"劳务成本"科目借方余额3万元计入存货成本，在"存货"项目中反映。

同时，旧准则中"对于不能替代使用的存货、为特定项目专门购入或制造的存货，一般应当采用个别计价法确定发出存货的成本。"也相应地在新准则中扩展为"对于不能替代使用的存货、为特定项目专门购入或制造的存货以及提供的劳务，通常采用个别计价法确定发出存货的成本。"

4. 存货毁损会计核算的变化

旧准则中，盘亏或毁损存货造成的损失，应计入当期损益。新准则第三章第二十一条中进一步规定："企业发生的存货毁损，应当将处置收入扣除账面价值和相关税费后的金额计入当期损益。存货盘亏造成的损失，应当计入当期损益。"

5. 披露部分的变化

（1）新准则删去了旧准则中企业"应当披露存货的取得方式、低值易耗品和包装物的摊销方法、当期确认为费用的存货成本"的规定。但不应影响企业根据经营管理和信息披露的特殊需要，在报表附注中披露上述信息和其他新准则未要求披露的存货信息。

（2）新准则取消了旧准则中要求披露"采用后进先出法确定的发出存货成本与采用先进先出法或移动平均法确定的发出存货成本的差异"，这是由于新准则已经取消了发出存货的移动平均法和后进先出法。

※长期股权投资的新旧准则内容比较

1. 准则名称的变化

旧准则的名称叫"投资",新准则叫"长期股权投资",不难看出,新准则所规范的内容和范围比旧准则窄。旧准则主要规范短期投资、长期债权投资和长期股权投资,而新准则只规范长期股权投资。短期投资视为交易性证券,长期债权投资归入持有至到期投资,在金融工具准则中进行规范。

2. 准则框架结构的变化

旧准则包括引言、定义、投资的分类、初始投资成本的确定、投资账面价值的调整(包括短期投资、长期债权投资、长期股权投资、长期投资减值)、投资的划转、投资的处理、披露、衔接办法和附则共十项内容。新准则只有总则、初始计量、后续计量和披露共四章内容。

3. 初始投资成本计量的变化

旧基本准则规定初始投资成本是指取得投资时实际支付的全部价款(包括税金、手续费等相关费用)或放弃非现金资产的账面价值(以投出资产的账面价值作为计量基础);新准则对初始成本的确定,分为企业合并和企业非合并形成的长期股权投资两种情况分别进行规定。

(1)企业合并形成的长期股权投资分为同一控制下和非同一控制下两种情况:

①同一控制下的企业合并形成的长期股权投资,原准则以投入资产的账面价值作为初始投资成本,而新准则是以取得被投资方所有者权益账面

价值的份额作为初始投资成本。

②非同一控制下企业合并形成的长期股权投资，初始投资成本为投资方在购买日应当按照《企业会计准则第 20 号——企业合并》确定的合并成本作为长期股权投资的初始投资成本。

③企业非合并形成的长期股权投资的初始投资成本的确定与非同一控制下的企业合并取得的长期股权投资基本一致。

4. 成本法与权益法核算范围的变化

旧准则中规定投资企业对被投资单位具有控制权（即对子公司投资）应采用权益法核算，而新准则第五条明确规定投资企业能够对被投资单位实施控制的长期股权投资采用成本法核算，但在编制合并财务报表时才调整为权益法。其变化的原因是国际会计准则对子公司的投资采用成本法核算，为了和国际会计准则保持一致，我国对旧准则相关内容进行了修改。

5. 披露内容的变化

新旧准则披露部分相比较，变化较大。旧准则中规定企业应在财务报告中披露的长期股权投资的相关信息包括 8 项，而新准则只有 5 项；所披露的内容也不相同，新准则主要披露如下内容：

（1）子公司、合营企业和联营企业清单，包括企业名称、注册地、业务性质、投资企业的持股比例和表决权比例。

（2）合营企业和联营企业当期的主要财务信息，包括资产、负债、收入、费用等合计金额。

（3）被投资单位向投资企业转移资金的能力受到严格限制的情况。

（4）当期及累计未确认的投资损失金额。

（5）与对子公司、合营企业及联营企业投资相关的或有负债。

※投资性房地产的新旧准则内容比较

1. 会计科目设置的变化

在新准则发布前，业务处理上并不划分投资性房地产，有关业务通过《企业会计制度》和有关规定进行处理。房地产开发企业自行开发的房地产用于对外出租的，通过"存货——出租开发产品"科目核算；固定资产中的房地产对外出租的，通过"固定资产"科目核算；土地使用权通过"无形资产"科目核算。

在新准则发布后，符合投资性房地产确认条件的，都应转入"投资性房地产"科目核算。

2. 初始计量的变化

新准则与原制度对投资性房地产的初始计量，都是按取得时的实际成本计算投资性房地产的成本，差别在于计入不同的会计科目下。

3. 后续计量的变化

（1）原制度对投资性房地产后续计量的规定。

①房地产开发企业自行开发的房地产或企业固定资产中对外出租的房地产，在业务处理时，"出租开发产品"按期摊销出租产品的成本；"固定资产"计提折旧；"无形资产"进行摊销。

②如果后续支出使可能流入企业的未来经济利益超过了原来的估计，计入固定资产的账面价值，增计后的金额不应超过该固定资产的可收回金额，除此以外的后续支出计入当期费用。

③减值准备会计期末按可收回金额低于账面价值的差额计提固定资产减值准备，并计入当期损益。

（2）新准则对投资性房地产后续计量的规定。

①运用成本模式计量时，按照《企业会计准则第 4 号——固定资产》准则的有关规定处理。

②运用公允模式计量时，不计提折旧或摊销，以会计期末的公允价值为基础调整账面价值，公允价值与账面价值的差额计入当期损益。

③后续支出使可能流入企业的未来经济利益超过了原来的估计，视为改良，计入投资性房地产账面价值；反之，计入当期损益。

4. 新准则对投资性房地产转换的有关规定

（1）成本模式。

在成本模式计量的情况下，房地产转换后的入账价值以其转换前的账面价值确定。

（2）公允价值模式。

公允价值模式下，主要有以下两种：

①投资性房地产转换为自用房地产或存货，以转换日的公允价值作为自用房地产或存货的账面价值，转换日公允价值与投资性房地产原账面价值之间的差额计入当期损益。

②自用房地产或存货转换为投资性房地产，转换日公允价值小于原账面价值的差额计入当期损益；转换日公允价值大于原账面价值，将其差额在以计提的减值准备或跌价准备的范围内计入当期损益，剩余部分计入资本公积。原制度没有这方面的规定。

5. 新准则对投资性房地产处置的有关规定

新准则第十八条规定："企业出售、转让、报废投资性房地产或者发生投资性房地产毁损，应当将处置收入扣除账面价值和相关税费后的金额计入当期损益。"这表明新准则在处置投资性房地产时不进行追溯调整。

※固定资产的新旧准则内容比较

1. 不适用的范围发生了变化

旧准则不适用的范围：一是企业合并中取得的固定资产的初始计量；二是经济林木和产役畜等与农业活动有关的生物资产的初始计量。新准则不适用的范围：一是作为投资性房地产的建筑物；二是生产性生物资产。

2. 固定资产的定义不同

旧准则中，固定资产具有以下特征：为生产商品、提供劳务、出租或经营管理而持有；使用年限超过一年；单位价值较高。而新准则中没有"单位价值较高"的规定。如果企业因此改变了固定资产定义的价值标准，则将会改变企业资产结构及今后的折旧费用。

3. 投资者投入固定资产成本确认有所差异

旧准则中，投资者投入的固定资产，按投资各方确认的价值作为入账价值。新准则对其进行了补充，强调合同或协议约定价值不公允的除外。

4. 新增了外购固定资产超过正常信用条件时固定资产的成本确定

新准则规定，购买固定资产的价款超过正常信用条件延期支付，实质上是具有融资性质的，固定资产的成本以购买价款的现值为基础确定。实际支付的价款与购买价款的现值之间的差额，除按照《企业会计准则第17号——借款费用》应予资本化的以外，应当在信用期间内计入当期损益。

5. 预计净残值定义不同

新准则中，预计净残值是指假定固定资产预计使用寿命已满并处于使用寿命终了时的预期状态，企业目前从该项资产处置中获得的扣除预计处置费用后的金额，即新准则更强调现值。

6. 后续支出确认原则不同

新准则规定，固定资产发生后续支出时其确认原则与初始确认固定资产的原则相同，即该固定资产包含的经济利益很可能流入企业，该固定资产的成本能够可靠地计量，不再像原准则单独表述后续支出的确认原则。

7. 固定资产减值的会计处理不同

新准则体系增加了资产减值准则，其中明确规定了固定资产减值准备不得转回。

8. 新准则规定了特殊行业弃置费的会计处理

新的固定资产准则规定，针对某些特殊行业较高的固定资产弃置费用，要求按照预计弃置费用的现值计入固定资产初始成本并追溯调整。这一做法会增加资产账面价值，影响今后的折旧费用，改变企业资产结构，但是影响不普遍。

※生物资产的新旧准则内容比较

新准则的颁布对规范农业这一特殊行业的特有经济活动的会计处理是一个非常大的突破，但由于生物资产的计量未参考国际会计准则的公允价值模式，新准则对上市公司的财务状况和经营业绩的影响总体来说不算很大。

1. 新旧会计科目对照

新准则对于生物资产的会计科目设置尽量按一般性企业通用的会计科

目为基础,在二级科目中考虑其行业的特性,只有在一般企业会计科目不足以说明其特点时,才新设一级会计科目进行核算。保留的一级会计科目:"生产性生物资产""消耗性林业资产""农产品""幼畜和育肥畜""公益性基金""农业生产成本"。新增的一级科目"公益性生物资产",与原会计办法的"公益林"核算内容是一致的。

下列科目由原一级科目变为二级科目进行核算:

表2-1

原会计科目	现对应会计科目
应收家庭农场款	应收账款—应收家庭农场款
生产性生物资产累计折旧	累计折旧—生产性生物资产累计折旧
生产性生物资产减值准备	减值准备—生产性生物资产减值准备
生物性在建工程	在建工程—生物性在建工程
生物性在建工程减值准备	减值准备—生物性在建工程减值准备
消耗性林木资产跌价准备	跌价准备—消耗性林木资产跌价准备
应付家庭农场款	应付账款—应付家庭农场款
公益林	公益性生物资产
待转家庭农场上交款	取消

取消了原会计核算办法中的"待转家庭农场上交款",以农业为主的公司在与家庭农场进行交易时,视同于对外销售,在合同签订时不作账务处理,在向家庭农场发生相关幼畜和育肥畜、生产性生物资产等交易时作销售,收回农产品时按购入农产品对待。如果与家庭农场的关系是委托加工关系,则按委托加工进行会计核算。

2. 与原准则相比的主要不同点

(1)分类的差异。

新会计准则将生物资产划分为生产性生物资产、消耗性生物资产和公益性生物资产；对生产性资产不划分成熟与否。而原会计核算对生产性资产划分为成熟和未成熟生产性生物资产。

（2）折旧方法的变化。

新会计准则规定，生产性资产的折旧，可用年限平均法、工作量法、产量法等。取消了年数总和法、双倍余额递减法，增加了产量法，更符合生物资产的特点。原会计核算办法规定，可采用年限平均法、工作量法、年数总和法、双倍余额递减法等。

（3）成本结转方法变化。

新准则规定，消耗性资产可以采用加权平均法、个别计价法、蓄积量比例法、轮伐期年限法等方法，在原办法列举的结转方法上增加了"积蓄量比例法""轮伐期年限法"，同时取消了"移动加权平均法""先进先出法""后进先出法"。此外，新准则还规定，生产性资产收获农产品时也采用上述方法。而原会计核算对此没有做出规定。

（4）会计计量不同。

新准则规定，企业应当采用成本模式对生物资产进行后续计量，同时还规定，有确凿证据表明生物资产的公允价值能够持续可靠取得的，应当对生物资产采用公允价值进行计量。而原会计核算只可以使用历史成本。

（5）跌价和减值准备。

新准则规定，消耗性生物资产与生产性生物资产的可变现净值和可收回金额，应当分别按照《企业会计准则第 1 号——存货》和《企业会计准则第 8 号——资产减值》确定。也即是说，消耗性生物资产减值的影响因素已经消失的，减记金额应当予以恢复，并在原已计提的跌价准备金额内转回，计入当期损益。生产性生物资产减值准备一经计提，不得转回。同时，公益性生物资产也不计提减值准备。而此准则发布前，消耗性生物资产和生产性生物资产计提的减值准备均不得转回。

（6）披露内容。

新准则新增披露要求包括生物资产的数量，作为负债担保物的生物资产的账面价值，以及与生物资产相关的风险情况和管理措施，同时，期末披露其公允价值。要求每个会计期末编制期初与期末生物资产增减变动表。

※无形资产的新旧准则内容比较

1. 适用范围的变化

旧准则规定，商誉是不可辨认无形资产，并规定该准则不适用企业合并中产生的商誉。新准则明确规定本准则不适用于商誉，且也不适用于作为投资性房地产的土地使用权和石油天然气矿区权益。

2. 定义的变化

旧准则规定，无形资产是指没有实物形态的非货币性长期资产，无形资产分为可辨认无形资产和不可辨认无形资产。新准则规定无形资产是指没有实物形态的可辨认无形资产，不再将无形资产区分为可辨认与不可辨认。商誉不再是无形资产。

3. 无形资产确认的变化

旧准则规定，"企业为首次发行股票而接受投资者投入的无形资产，应以该无形资产在投资方的账面价值作为入账价值。"这条规定使企业可以按投资双方协议的价格将无形资产入账，增加企业的资产和权益。新准则取消上述原则，并规定"按照投资合同或协议约定的价值确定，但合同或协议约定价值不公允的除外"。

4. 研究开发费用的费用化和资本化会计处理的修订

旧准则规定，"企业自行开发并依法申请取得的无形资产，其入账价值应按依法取得时发生的注册费、律师费等费用确定；依法申请前发生的研究与开发费用，应于发生时确认为当期费用。"新准则对研究开发费用进行了修订，规定对于开发过程中的费用如果符合相关条件就可以资本化。这就要求企业能正确划分研究与开发两个阶段，才能正确确定费用化与资本化的支出。

5. 增加不确定使用寿命无形资产的相关规定

旧准则未规定无使用寿命的无形资产的会计处理。新准则对其进行了规定，"使用寿命不确定的无形资产是指该无形资产无法预见其为企业带来的经济利益，对于使用寿命不确定的无形资产，不进行摊销，只计提减值。"这可能改变企业的资产和损益情况。

6. 无形资产摊销的变化

（1）旧准则未规定预计净残值的确认标准，新准则对其进行了规定。

（2）旧准则采用"分期平均摊销"，新准则提出"按照反映与该项无形资产有关的经济利益的预期实现方式进行摊销，无法可靠确定预期实现方式的，应当采用直线法摊销。"

（3）旧准则规定，企业的无形资产按法律或合同规定的年限摊销。新准则提出"自无形资产可供使用时起，至不再作为无形资产确认时止的有限使用寿命内摊销。"

7. 无形资产减值

新会计准则增加了资产减值准则，并规定无形资产减值准备不得转回。

【案例】甲企业 2007 年 1 月 1 日内部开发成功并可使用的专利技术，账面价值为 100 万元，无法预计该专利为企业带来未来经济利益的期限。2009 年末预计可收回金额为 80 万元，预计该专利技术可以继续使用 5 年。

该企业按年摊销无形资产。计算 2009 年计提减值准备和 2010 年摊销金额。

2009 年：内部开发专利技术账面价值 100 万元，使用寿命不确定，不计提摊销，可收回金额为 80 万元，计提减值准备 20 万元。

2010 年：内部开发专利技术确定了可使用年限后需要摊销，摊销额 = $80 \div 5 = 16$ 万元。

※资产减值的新旧准则内容比较

1. 新准则限定了资产内容

新准则规定："准则中的资产包括单项资产和资产组"。采用了"资产组"的概念，规定："资产组是企业可以认定的最小资产组合"。在单项资产减值准备难以确定时，应当按照相关资产组确定资产减值。

2. 适用范围不同

新准则规定："适用范围包括固定资产、无形资产以及除特别规定以外的其他减值的处理"，例如对子公司、联营公司和合营公司的投资等。在扩大减值使用范围的同时，明确了："生物资产、存货、投资、建造合同资产和金融资产等，相关准则有特别规定的，从其规定"。

3. 减值迹象判断不同

新准则一是明确了"企业应当在会计期末对各项资产进行核查，判断资产是否有迹象表明可能发生了减值"。二是明确了"如不存在减值迹象，不应估计资产的可收回金额"。

4. 可收回金额的计量原则不同

新准则更具实务操作指导性，对公允价值、处置费用和预计未来现金流量现值（如预计未来现金流量、折现率）等的计算分别作了较为详细的操作指导规定。

5. 减值准备能否转回的处理不同

新准则明确规定了计提的减值准备不得转回。

6. 新准则引入了总部资产的概念

总部资产是企业集团和事业部的资产，难以脱离其他资产和资产组产生独立的现金流入，而且其账面价值难以完全归属于某一资产组。计算总部资产所归属的资产组或资产组组合的可收回金额，然后与相应的资产账面价值相比较，据以判断是否需要确认减值损失。

7. 新准则取消了商誉直线法摊销，改用公允价值法

企业合并形成的商誉，每年至少进行一次减值测试，并结合相关资产组和资产组组合进行测试。只要有活跃市场，只要有公平价值，就可以使用公允价值。强调一旦使用了公允价值，就停止历史成本价值的账务处理。

※职工薪酬的新旧准则内容比较

在新准则发布前，有关职工薪酬的会计处理，主要通过《企业会计制度》及有关规定（以下简称旧制度）进行规范。新准则是首次在一个准则中系统地规范了企业和职工建立在雇佣关系上的各种支付关系，相比原会计制度，主要有以下变化：

1. 定义和内涵的变化

新准则中职工薪酬的定义是企业为获得职工提供的服务而给予各种形

式的报酬以及其他相关支出。它有别于以往的狭义范围，而是指广义的报酬，是对现行所有职工福利的一个涵盖和总结，不仅包括传统意义上的工资、奖金、津贴和补助，也包括福利费、工会经费、职工教育经费、非货币性福利和各类社会保险，还增加了辞退福利等新的职工薪酬形式。另外，新准则还明确指出以股份为基础的薪酬和企业年金适用于其他会计准则。

2. 会计处理的变化

（1）明确了各类职工薪酬的会计处理。新准则分情况明确说明了企业应当如何根据职工服务的受益对象，将各类薪酬记入相对应的负债科目内。旧制度则是除了部分行业会计制度规定福利费按收益对象计入资产、成本或当期费用外，其他职工薪酬全部计入当期费用。

（2）取消了按14%提取福利费的要求。旧制度中提取福利费的规定是各类企业不尽相同，有的是按工资总额的14%提取，有的则按实列支不留余额；新准则取消了14%的提取比例，职工福利费的列支由企业掌握，并按超过税法规定允许列支的部分调整应纳税所得额。这将对企业财务状况和经营成果产生一定影响。

（3）新增了辞退福利的会计处理。新准则规定企业在职工劳动合同到期之前解除与职工的劳动关系，或者为鼓励职工自愿接受裁减而提出给予补偿的建议，应当确认因解除与职工的劳动关系给予补偿而产生的预计负债，同时计入当期损益，同时新准则还规定了辞退福利的确认条件。

3. 披露部分的变化

新准则对附注中应披露的职工薪酬的相关内容做了明确规定，即各项应当支付和应付未付的职工报酬。

◎资产、负债新准则与国际会计准则的比较分析

※存货新准则与国际会计准则比较分析

我国的《企业会计准则第1号——存货》相当于国际会计准则中的《国际会计准则第2号——存货》（IAS2）。新准则与《国际会计准则第2号——存货》的主要差异，见表2-2：

表2-2　　　　　　　　　新准则与国际会计准则差异对照表

比较项目		《企业会计准则第1号——存货》	《国际会计准则第2号——存货》
存货的确认条件		该存货包含的经济利益很可能流入企业；该存货的成本能够可靠计量。	无此类规定。
存货的计量	总价法和净价法的应用要求	一般采取总价法，即包括了现金折扣的全部价格确认存货的采购成本。	要求采用净价法，既按照扣除商业折扣、现金折扣和补贴后的价格确认存货的采购成本。
	特殊方法取得的存货成本	对企业合并、非货币性资产交换、债务重组、收获时的农产品等存货成本的确认方法或适用的其他准则做出具体规定。	无此类规定。
	间接费用	无将有关费用按成本性态分类的规定。	将间接费用分为固定间接生产费用和变动间接生产费用。
	期末计量	只允许企业根据持有材料的不同情况，选择合同价格、一般销售价格和市场价格确定存货的可变现净值。	对于为企业生产而持有的材料等，允许使用重置成本作为存货可变现净值的计量基础。

续表

比较项目			《企业会计准则第 1 号——存货》	《国际会计准则第 2 号——存货》
存货的计量	存货成本费用的结转与确认	包装物和低值易耗品的摊销方法	企业应采用一次转销法或五五摊销法。	无此类规定。
		存货成本费用的确认	无此类规定。	规定了存货成本应在何时确认为费用和在特殊情况下耗用存货时费用的确认等。
存货的信息披露			企业应披露各类存货的期初和期末账面价值、存货跌价准备的计提方法、确定存货可变现净值的依据等信息。	无此类规定。

※长期股权投资新准则与国际会计准则比较分析

新修订的企业会计准则把投资分别在长期股权投资准则和金融工具确认和计量准则两个具体准则中进行规范，与国际会计准则相关准则的主要区别，见表2-3：

表2-3 　　　　　　　　　**新准则与国际会计准则差异对照表**

比较项目	《企业会计准则第2号——长期股权投资》	国际会计准则相关准则
权益法终止的规定	企业因减少投资等原因对被投资单位不再具有共同控制和重大影响时，应中止采用权益法，改按成本法。	投资者对联营企业丧失重大影响时，应停止权益法，改按《金融工具：确认和计量》计量成本。

比 较 项 目	《企业会计准则第2号——长期股权投资》	国际会计准则相关准则
权益法下股权投资差额的处理	新准则在和国际会计准则相同表述的情况下不确认为商誉，不调整长期股权投资的初始成本。	对于投资成本与投资所享有的在联营企业的可辨认净资产公允价值中的份额之间的差额，应确认为商誉，并按商誉的规定进行处理。
合营企业的处理	对合营企业的合营者应采用权益法确认在共同控制主体中的权益。	对合营企业的合营者应采取比例合并法或规定的权益法确认其在共同控制主体中的权益。

※投资性房地产新准则与国际会计准则比较分析

我国的《企业会计准则第3号——投资性房地产》与《国际会计准则第40号——投资性房地产》的主要差异见表2-4：

表2-4　　　　　　新准则与国际会计准则差异对照表

比较项目	《企业会计准则第3号——投资性房地产》	《国际会计准则第40号——投资性房地产》
后续计量	企业应在资产负债表日采用成本模式对投资性房地产进行后续计量；在有确凿证据表明投资性房地产的公允价值能够可靠取得的情况下，可以采用公允价值模式进行后续计量。	企业应选择公允价值模式或成本模式作为会计政策，并将全部会计政策运用于其全部投资性房地产；从公允价值模式变更为成本模式不大可能导致更恰当的列报。
公允价值的确定	我国没有类似规定。	鼓励但不要求企业根据独立评估师的评估结果确定投资性房地产的公允价值。

※固定资产新准则与国际会计准则比较分析

2006 年 2 月财政部颁布的新准则进一步规范了固定资产的确认、初始计量、折旧以及其减值、处置等方面的核算，新准则的修订体现了与国际惯例接轨，又充分考虑了我国的国情。我国固定资产新准则与国际会计准则的主要差异体现在初始计量、后续计量以及固定资产减值的处理，其它方面大同小异。两者差异见表 2-5：

表 2-5 新准则与国际会计准则差异对照表

比较项目	《企业会计准则第 4 号——固定资产》	《国际会计准则第 16 号——不动产、厂场和设备》
固定资产的初始计量	按照历史成本进行初始计量。	按照历史成本进行初始计量，但在成本构成的规定上多了一项估计拆卸、搬移费及场地使用费。
固定资产的后续计量	对企业改制等非持续经营条件下确认，重估增值记入的是"资本公积"科目；同时，没有相应的重估政策对重估的时间规定，以及固定资产重估后应如何计提折旧和会计处理。	有成本模式和重估价值模式。当固定资产允许重估时，固定资产的价值按固定资产重估日的公允价值减随后按重估价值计算的累计折旧的余额来表述。若重估发生增值，增值不计入当期损益而列为所有者权益中的单独项目——"重估价值盈余"，若过去已有重估增值并曾贷记"重估价值盈余"，以后再重估时出现重估减值，则先用重估价盈余抵补，即借记"重估价盈余"。
折旧	未明确规定固定资产各种重要组成部分的判断标准。折旧方法较多，有年限平均法、工作量法、双倍余额递减法及年数总和法。固定资产残值和使用寿命方面，要求定期复核固定资产的使用寿命，当固定资产使用寿命的预期数与原先的估计数有重大差异时，调整固定资产的折旧年限。	固定资产各种重要组成部分的判断是以各组成部分成本相对于总成本而言是否重大为标准。在折旧方法方面，提到了直线法、余额递减法和工作量法。固定资产残值和使用寿命方面，要求定期复核固定资产的残值和使用寿命，同时规定，如果预期值不同于以前的估计，差异应作为会计估计变更处理。对于资产预计残值的增加，需要调整折旧金额。当预计残值增加到等于或超过资产账面金额时，资产折旧费用按零处理。
固定资产减值	不允许固定资产减值转回。	允许固定资产减值转回。
披露	内容略少。	内容比较详尽。

※生物资产新准则与国际会计准则比较分析

与我国《企业会计准则第5号——生物资产》相对应的是《国际会计准则第41号——农业》（IAS41）。总的来说，新准则在制定上基本沿用了国际会计准则的思想，但也充分考虑了中国的实际情况。新准则与国际会计准则的主要差异见表2-6：

表2-6　　　　　　　　　　　新准则与国际会计准则差异对照表

比较项目	《企业会计准则第5号——生物资产》	《国际会计准则第41号——农业》
计量模式	初始计量和后续计量均采用历史成本计量模式。	除生物资产的初始计量公允价值不能够可靠计量外，一律采用公允价值计量。并且企业一旦采用公允价值计量模式计算，即使后来无法可靠确定公允价值，也应继续使用公允价值，直至处置该生物资产。
分类	考虑到我国公益性生物资产数量较多，国有农场等实际情况，将生物资产分为消耗性生物资产、生产性生物资产和公益性生物资产。	将生物资产分为消耗性生物资产和生产性生物资产。按照生物资产的成长特征又可分为成熟生产性生物资产和未成熟生产性生物资产。
减值和跌价准备	企业至少应当于每年年度终了对消耗性生物资产、生产性生物资产和公益性生物资产进行检查，有确凿证据表明由于遭受自然灾害、病虫害、动物疫病侵袭等原因，导致其生产成本高于可收回金额的，应按可收回金额低于账面价值的差额，计提跌价准备或减值准备，并且一经计提不能转回。	按照公允价值减去估计销售费用进行生物资产的初始确认产生的利得或损失，以及因生物资产公允价值减去估计销售费用后的余额变动产生的利得或损失，应包括在其发生期间的损益中。如果公允价值无法可靠计量，生物资产按照其成本减去累计折旧和累计减值损失计量。其减值损失的确定按类同于固定资产和存货进行确定，即未来可收回金额低于账面价值时，按照两者的差额计提减值准备，但当据以计提减值准备的因素发生变化，使其可收回金额大于其账面价值时，已计提的减值准备可以转回。

续表

比较项目	《企业会计准则第5号 ——生物资产》	《国际会计准则第41号 ——农业》
披露的内容	要求披露的内容范围较狭小,但要求披露生物资产期末公允价值总额及各类生物资产的公允价值。生物资产与土地使用权组合存在活跃市场的,也可以披露组合资产的公允价值。	内容较宽泛,其中我国会计准则不要求披露,但国际准则要求披露的内容有:所有权受到限制的生物资产的账面金额及所有权受到限制的情况,以及作为负债担保被抵押的生物资产的账面金额;因开发或购买生物资产而承担的义务;与农业活动相关的财务风险的管理战略;财务报表中确认的政府补助的性质和范围;与政府补助相关联的未履行条件和其他或有事项,以及预计政府补助水平的重大减少等。

※无形资产新准则与国际会计准则比较分析

我国的《企业会计准则第10号——无形资产》与《国际会计准则第38号——无形资产》的主要差异见表2-7:

表2-7　　　　　　　　新准则与国际会计准则差异对照表

比较项目	《企业会计准则第6号 ——无形资产》	《国际会计准则第38号 ——无形资产》
计量标准	投资者投入的无形资产,按合同或协议价规定的价值入账。	投资者投入的无形资产,按公允价值计量。
合并中资产的确认	企业合并中确认新的无形资产。	如果符合无形资产的定义,应按公允价值确定被购买方研制中的研究与开发项目。

※资产减值新准则与国际会计准则比较分析

为了适应世界经济全球化的总趋势,帮助中国广大财务工作者更好地了解世界，也让世界更好地了解中国，促进中国财会制度更好地与国际接轨，我国在借鉴国际会计准则的基础上制定了资产减值准则。新准则基于我国的社会、经济、法律、文化背景等现实，积极考虑如何适应会计准则国际化。两者主要差异见表2－8：

表2－8　　　　　　　　新准则与国际会计准则差异对照表

比较项目	《企业会计准则第8号——资产减值》	《国际会计准则第36号——资产减值》
减值测试时间	要求主体定期（在会计期末）根据有关迹象核查减值。对商誉特别明确每年至少进行一次减值测试。但对特别规定的资产没有相应的特殊规定。	对减值测试时间规定较详细，特别的资产有相应的特殊规定。
资产减值能否转回	规定已经计提减值准备不允许转回，原因是我国企业利用减值转回人为调整利润现象频频发生。	规定已经计提减值准备可以转回。
现金产出单元	没有采用"现金产出单元"的定义，而是结合我国实际情况采用资产组和资产组组合的定义。	对现金产出单元更详细地规定了减值操作。

※职工薪酬新准则与国际会计准则比较分析

我国的《企业会计准则第9号——职工薪酬》相比国际会计准则中的《国际会计准则第19号——雇员福利》（IAS19），两者的差异详见表2－9：

表 2-9 新准则与国际会计准则差异对照表

比较项目	《企业会计准则第 9 号——职工薪酬》	《国际会计准则第 19 号——雇员福利》
名称	称员工为职工而非雇员,而且职工福利有特定含义,一般指职工福利费,不包括工资、奖金、各类社会保险等。	准则名称为雇员福利。
体系	新准则是根据我国现行的有关会计政策和企业类型多样、职工构成类型众多、雇佣关系复杂的实际情况制定的。	没有单独的职工薪酬准则。
对长期、短期职工薪酬的注重	更注重对短期和传统的职工薪酬方式的规范,对于辞退福利、养老金成本等长期的职工薪酬福利规范则显得较为原则。	对短期雇员福利、其他长期雇员福利、辞退福利都作了明确规范,企业为获得雇员服务而预期支付的短期雇员福利的非折现金额确认为负债和费用,并对于一年期以上的长期雇员福利折现后金额确认为负债和费用。
对养老金的理论认识	企业普遍认为养老金成本是一项额外的负担,职工退休前一般不计提养老金成本,按收付实现制在发生时作即期费用处理。	认为养老金成本是雇员在工作期间提供劳务所获得的薪酬的一部分,本质是一项"递延工资",按权责发生制和配比原则在劳务发生时就确认为企业负债和当期费用。

◎资产、负债新准则的主要内容

※新会计准则第01号——存货

存货应当按照成本进行初始计量。存货成本包括采购成本、加工成本和其他成本。

原材料、商品、低值易耗品等通过购买而取得的存货的成本由采购成本构成；产成品、在产品、半成品、委托加工物资等通过进一步加工而取得的存货的成本由采购成本、加工成本以及为使存货达到目前场所和状态所发生的其他成本构成。

1. 存货的种类

（1）外购的存货。

存货的采购成本，包括购买价款、相关税费、运输费、装卸费、保险费以及其他可归属于存货采购成本的费用。

商品流通企业在采购商品过程中发生的运输费、装卸费、保险费以及其他可归属于存货采购成本的费用等进货费用，应当计入存货采购成本，也可以先进行归集，期末根据所购商品的存销情况进行分摊。对于已售商品的进货费用，计入当期损益；对于未售商品的进货费用，计入期末存货成本。企业采购商品的进货费用金额较小的，可以在发生时直接计入当期损益。

（2）通过进一步加工而取得的存货。

通过进一步加工而取得的存货的成本由采购成本、加工成本以及使存货达到目前场所和状态所发生的其他成本构成。

（3）其他方式取得的存货。

①投资者投入存货的成本，应当按照投资合同或协议约定的价值确定，但合同或协议约定价值不公允的除外。

②通过非货币性资产交换、债务重组和企业合并等取得的存货的成本，应当分别按照"非货币性资产交换""债务重组"及有关企业会计准则的规定确定。

（4）通过提供劳务取得的存货。

通过提供劳务取得的存货，其成本按从事劳务提供人员的直接人工和其他直接费用以及可归属的间接费用确定。

2. 存货发出的计价

企业取得或发出的存货，可以按实际成本核算，也可以按计划成本核算，但资产负债表日均应调整为按实际成本核算。

企业应当采用先进先出法、加权平均法（包括移动加权平均法）或者个别计价法确定发出存货的实际成本。对于企业在正常生产经营过程中多次使用的、逐渐转移其价值但仍保持原有形态、不确认为固定资产的周转材料等存货，如包装物和低值易耗品，可以采用一次转销法、五五摊销法进行摊销；建造承包企业的钢模板、木模板、脚手架和其他周转材料等，可以采用一次转销法、五五摊销法和分次摊销法进行摊销。

对于性质和用途相似的存货，应当采用相同的成本计算方法确定发出存货的成本。

对于不能替代使用的存货、为特定项目专门购入或制造的存货以及提供的劳务，通常采用个别计价法确定发出存货的成本。

商品流通企业发出的存货，通常还可以采用毛利率法或售价金额核算法等方法进行核算。

3. 存货的期末计量

（1）存货期末计量原则。

资产负债表日，存货应当按照成本与可变现净值孰低计量。存货成本高于其可变现净值的，应当计提存货跌价准备，计入当期损益。其中，可变现净值，是指在日常活动中，存货的估计售价减去至完工时估计将要发生的成本、估计的销售费用以及相关税费后的金额；存货成本，是指期末存货的实际成本。如企业在存货成本的日常核算中采用计划成本法、售价金额核算法等简化核算方法，则成本应为经调整后的实际成本。

企业预计的销售存货现金流量，并不完全等于存货的可变现净值。存货在销售过程中可能发生的销售费用和相关税费，以及为达到预定可销售状态还可能发生的加工成本等相关支出，构成现金流入的抵减项目。企业预计的销售存货现金流量扣除这些抵减项目后，才能确定存货的可变现净值。

企业应以确凿证据为基础计算确定存货的可变现净值。存货可变现净值的确凿证据，是指对确定存货的可变现净值有直接影响的客观证明，如产成品或商品的市场销售价格、与产成品或商品相同或类似商品的市场销售价格、销货方提供的有关资料和生产成本资料等。

（2）存货期末计量方法。

①存货减值迹象的判断。

存货存在下列情况之一的，应当计提存货跌价准备：

- 该存货的市场价格持续下跌，并且在可预见的未来无回升的希望。
- 企业使用该项原材料生产的产品的成本大于产品的销售价格。
- 企业因产品更新换代，原有库存原材料已不适应新产品的需要，而该原材料的市场价格又低于其账面成本。
- 因企业所提供的商品或劳务过时或消费者偏好改变而使市场的需求

发生变化，导致市场价格逐渐下跌。

• 其他足以证明该项存货实质上已经发生减值的情形。

存货存在下列情形之一的，表明存货的可变现净值为零：

• 已霉烂变质的存货。

• 已过期且无转让价值的存货。

• 生产中已不再需要，并且已无使用价值和转让价值的存货。

• 其他足以证明已无使用价值和转让价值的存货。

②可变现净值的确定。

• 企业确定存货的可变现净值，应当以取得的确凿证据为基础，并且考虑持有存货的目的、资产负债表日后事项的影响等因素。

存货可变现净值的确凿证据，是指对确定存货的可变现净值有直接影响的确凿证明，如产品或商品的市场销售价格、与企业产品或商品相同或类似商品的市场销售价格、供货方提供的有关资料、销售方提供的有关资料、生产成本资料等。

• 产成品、商品和用于出售的材料等直接用于出售的商品存货，其可变现净值为在正常生产经营过程中，该存货的估计售价减去估计的销售费用和相关税费后的金额。

• 需要经过加工的材料存货，用其生产的产成品的可变现净值高于成本的，该材料仍然应当按照成本计量；材料价格的下降表明产成品的可变现净值低于成本的，该材料应当按照可变现净值计量。其可变现净值为在正常生产经营过程中，以该材料所生产的产成品的估计售价减去至完工时估计将要发生的成本、销售费用和相关税费后的金额。

• 为执行销售合同或者劳务合同而持有的存货，其可变现净值应当以合同价格为基础计算。

企业持有的同一项存货的数量多于销售合同或劳务合同订购数量的，应分别确定其可变现净值，并与其相对应的成本进行比较，分别确定存货跌价准备的计提或转回金额。超出合同部分的存货的可变现净值应当以一般销售价格为基础计算。

（3）存货跌价准备的核算。

①存货跌价准备的计提。

当有迹象表明存货发生减值时，企业应于期末计算存货的可变现净值，计提存货跌价准备。

存货跌价准备通常应当按单个存货项目计提。但是，对于数量繁多、单价较低的存货，可以按照存货类别计提存货跌价准备。与在同一地区生产和销售的产品系列相关、具有相同或类似的最终用途或目的，且难以与其他项目分开计量的存货，可以合并计提存货跌价准备。

②存货跌价准备的确认和转回。

企业应在每一资产负债表日，比较存货成本与可变现净值，计算出应计提的存货跌价准备，再与已提数进行比较，若应提数大于已提数，应予补提。企业计提的存货跌价准备，应计入当期损益（资产减值损失）。

当以前减记存货价值的影响因素已经消失，减记的金额应当予以恢复，并在原已计提的存货跌价准备金额内转回，转回的金额计入当期损益（资产减值损失）。

③存货跌价准备的结转。

企业计提了存货跌价准备，如果其中有部分存货已经销售，则企业在结转销售成本时，应同时结转对其已计提的存货跌价准备。

对于因债务重组、非货币性交易转出的存货，应同时结转已计提的存货跌价准备，但不冲减当期的管理费用，按债务重组和非货币性交易的原则进行会计处理。

按存货类别计提存货跌价准备的，也应按比例结转相应的存货跌价准备。

※新会计准则第02号——长期股权投资

1. 长期股权投资的初始计量

（1）长期股权投资初始计量原则。

长期股权投资在取得时，应按初始投资成本入账。长期股权投资的初始投资成本，应分别按企业合并和非企业合并两种情况确定。

本章所指长期股权投资，包括：①企业持有的能够对被投资单位实施控制的权益性投资，即对子公司投资；②企业持有的能够与其他合营方一同对被投资单位实施共同控制的权益性投资，即对合营企业投资；③企业持有的能够对被投资单位施加重大影响的权益性投资，即对联营企业投资；④企业对被投资单位不具有控制、共同控制或重大影响、在活跃市场上没有报价且公允价值不能可靠计量的权益性投资。

（2）企业合并形成的长期股权投资的初始计量。

企业合并，是指将两个或者两个以上单独的企业合并形成一个报告主体的交易或事项。

①以合并方式为基础对企业合并的分类。

本质上看，企业合并是一个企业取得对另外一个企业的控制权、吸收另一个或多个企业的净资产以及将参与合并的企业相关资产、负债进行整合后成立新的企业等情况。因此，以合并方式为基础，企业合并包括控股合并、吸收合并及新设合并。

• 控股合并是指合并方（或购买方，下同）通过企业合并交易或事项取得对被合并方（或被购买方，下同）的控制权，能够主导被合并方的生产经营决策，从而将被合并方纳入其合并财务报表范围形成一个报告主体的情况。控股合并中，被合并方在企业合并后仍保持其独立的法人资格继续经营，合并方在合并中取得的是对被合并方的股权。合并方在其账簿及个别财务报表中应确认对被合并方的长期股权投资，合并中取得的被合并方的资产和负债仅在合并财务报表中确认。

● 吸收合并是指合并方在企业合并中取得被合并方的全部净资产，并将有关资产、负债并入合并方自身的账簿和报表进行核算。企业合并后，注销被合并方的法人资格，由合并方持有合并中取得的被合并方的资产、负债，在新的基础上继续经营。

● 新设合并是指企业合并中注册成立一家新的企业，由其持有原参与合并各方的资产、负债并在新的基础上经营。原参与合并各方在合并后均注销其法人资格。

从吸收合并和新设合并的情况来看，均是将被合并方的资产、负债等并入合并方进行统一核算。企业合并所要解决的是合并方在合并日的会计处理问题，企业合并继后期间对于合并中取得的资产、负债作为合并方自身的资产、负债进行核算。

② 以是否在同一控制下进行企业合并为基础对企业合并的分类。

以是否在同一控制下进行企业合并为基础，企业合并可分为同一控制下的企业合并和非同一控制下的企业合并。

● 同一控制下的企业合并。

参与合并的企业在合并前后均受同一方或相同的多方最终控制且该控制并非暂时性的，为同一控制下的企业合并。对于同一控制下的企业合并，在合并日取得对其他参与合并企业控制权的一方为合并方，参与合并的其他企业为被合并方。合并日，是指合并方实际取得对被合并方控制权的日期。

同一控制下的企业合并包括但不仅限于以下几种情况，实务操作中，企业应根据企业会计准则中对于同一控制下企业合并的界定，按照实质重于形式的原则进行判断。

◆ 母公司将其持有的对子公司的股权用于交换非全资子公司增加发行的股份。

◆母公司将其持有的对某一子公司的控股权出售给另一子公司。

◆集团内某子公司自另一子公司处取得对某一孙公司的控制权。

• 非同一控制下的企业合并。

参与合并的各方在合并前后不受同一方或相同的多方最终控制的，为非同一控制下的企业合并。非同一控制下的企业合并，在购买日取得对其他参与合并企业控制权的一方为购买方，参与合并的其他企业为被购买方。购买日，是指购买方实际取得对被购买方控制权的日期。

（3）企业合并形成的长期股权投资，应当按照下列规定确定其初始投资成本：

①同一控制下的企业合并，合并方以支付现金、转让非现金资产或承担债务方式作为合并对价的，应当在合并日按照取得被合并方所有者权益账面价值的份额作为长期股权投资的初始投资成本。长期股权投资初始投资成本与支付的现金、转让的非现金资产以及所承担债务账面价值之间的差额，应当调整资本公积；资本公积（资本溢价或股本溢价）不足冲减的，调整留存收益。

合并方以发行权益性证券作为合并对价的，应当在合并日按照取得被合并方所有者权益账面价值的份额作为长期股权投资的初始投资成本。按照发行股份的面值总额作为股本，长期股权投资初始投资成本与所发行股份面值总额之间的差额，应当调整资本公积；资本公积（资本溢价或股本溢价）不足冲减的，调整留存收益。

②非同一控制下的企业合并，购买方在购买日应当区别下列情况确定合并成本，并将其作为长期股权投资的初始投资成本。

• 一次交换交易实现的企业合并，合并成本为购买方在购买日为取得对被购买方的控制权而付出的资产、发生或承担的负债以及发行的权益性证券的公允价值。

• 通过多次交换交易分步实现的企业合并，合并成本为每一单项交易成本之和。

●购买方为进行企业合并发生的各项直接相关费用也应当计入企业合并成本，该直接相关费用不包括为企业合并发行的债券或承担其他债务支付的手续费、佣金等，也不包括企业合并中发行权益性证券发生的手续费、佣金等费用。

●在合并合同或协议中对可能影响合并成本的未来事项作出约定的，购买日如果估计未来事项很可能发生并且对合并成本的影响金额能够可靠计量的，购买方应当将其计入合并成本。

无论是同一控制下的企业合并还是非同一控制下的企业合并形成的长期股权投资，实际支付的价款或对价中包含的已宣告发放但尚未发放的现金股利或利润，应作为应收项目处理。

（4）非企业合并形成的长期股权投资的初始计量。

除企业合并形成的长期股权投资以外，其他方式取得的长期股权投资，应当按照下列规定确定其初始投资成本：

①以支付现金取得的长期股权投资，应当按照实际支付的购买价款作为初始投资成本。初始投资成本包括与取得长期股权投资直接相关的费用、税金及其他必要支出。企业取得长期股权投资，实际支付的价款或对价中包含的已宣告发放但尚未发放的现金股利或利润，应作为应收项目处理。

②以发行权益性证券取得的长期股权投资，应当按照发行权益性证券的公允价值作为初始投资成本。

③投资者投入的长期股权投资，应当按照投资合同或协议约定的价值作为初始投资成本，但合同或协议约定价值不公允的除外。

④通过非货币性资产交换取得的长期股权投资，其初始投资成本应当参照本书"非货币性资产交换"有关规定处理。

⑤通过债务重组取得的长期股权投资，其初始投资成本参照本书"债务重组"有关规定确定。

2. 长期股权投资的后续计量

（1）长期股权投资后续计量原则。

长期股权投资应当分别就不同情况采用成本法或权益法确定期末账面余额。

（2）长期股权投资核算的成本法。

①成本法的概念及其适用范围。

成本法，是指投资按成本计价的方法。

下列情况下，企业应运用成本法核算长期股权投资：

●投资企业能够对被投资单位实施控制的长期股权投资。

控制，是指有权决定一个企业的财务和经营政策，并能据以从该企业的经营活动中获取利益。投资企业能够对被投资单位实施控制的，被投资单位为其子公司，投资企业应当将子公司纳入合并财务报表的合并范围。

投资企业对子公司的长期股权投资，应当采用成本法核算，编制合并财务报表时按照权益法进行调整。

●投资企业对被投资单位不具有共同控制或重大影响，并且在活跃市场中没有报价、公允价值不能可靠计量的长期股权投资。

共同控制，是指按照合同约定对某项经济活动所共有的控制，仅在与该项经济活动相关的重要财务和经营决策需要分享控制权的投资方一致同意时存在。投资企业与其他方对被投资单位实施共同控制的，被投资单位为其合营企业。

重大影响，是指对一个企业的财务和经营政策有参与决策的权力，但并不能够控制或者与其他方一起共同控制这些政策的制定。投资企业能够对被投资单位施加重大影响的，被投资单位为其联营企业。

企业在确定能否对被投资单位实施控制或施加重大影响时，应当考虑投资企业和其他方持有的被投资单位当期可转换公司债券、当期可执行认股权证等潜在表决权因素。

◆投资企业在当前情况下，根据已持有股份及现行可实施潜在表决权转换后的综合持股水平，有能力对另外一个企业的生产、经营决策施加重大影响或共同控制的，不应当对长期股权投资采用成本法核算，而应采用权益法核算。

◆在考虑现行被投资单位发行在外可执行潜在表决权的影响时，不应考虑企业管理层对潜在表决权的持有意图及企业在转换潜在表决权时的财务承受能力，但应注重潜在表决权的经济实质。

◆考虑现行可执行的潜在表决权在转换为实际表决权后能否对被投资单位形成控制或重大影响时，应综合考虑本企业及其他企业持有的被投资单位潜在表决权的影响。

◆考虑现行可执行被投资单位潜在表决权的影响仅为确定投资企业对被投资单位的影响能力，而不是用于确定投资企业享有或承担被投资单位净损益的份额。在确定了投资企业对被投资单位的影响能力后，如果投资企业对被投资单位具有共同控制、重大影响的，应按照权益法核算，但在按照权益法确认投资收益或投资损失时，应以现行实际持股比例为基础计算确定，不考虑可执行潜在表决权的影响。

②成本法核算。

在成本法下，长期股权投资应当按照初始投资成本计量。追加或收回投资应当调整长期股权投资的成本。被投资单位宣告分派的现金股利或利润，确认为当期投资收益。投资企业确认投资收益，仅限于被投资单位接受投资后产生的累积净利润的分配额，所获得的利润或现金股利超过上述数额的部分作为初始投资成本的收回。

通常情况下，投资企业在取得投资当年自被投资单位分得的现金股利或利润应作为投资成本的收回；以后年度，被投资单位累计分派的现金股利或利润超过投资以后至上年末止被投资单位累计实现净利润的，投资企业按照持股比例计算应享有的部分应作为投资成本的收回。

（3）长期股权投资核算的权益法。

①权益法的概念及其适用范围。

权益法，是指投资以初始投资成本计量后，在投资持有期间根据投资企业享有被投资单位所有者权益份额的变动对投资的账面价值进行调整的方法。

投资企业对被投资单位具有共同控制或重大影响的长期股权投资，应当采用权益法核算。

②权益法核算。

• 长期股权投资的初始投资成本大于投资时应享有被投资单位可辨认净资产公允价值份额的，不调整长期股权投资的初始投资成本；长期股权投资的初始投资成本小于投资时应享有被投资单位可辨认净资产公允价值份额的，其差额应当计入当期损益，同时调整长期股权投资的成本。

• 投资企业取得长期股权投资后，应当按照应享有或应分担的被投资单位实现的净损益的份额，确认投资损益并调整长期股权投资的账面价值。投资企业按照被投资单位宣告分派的利润或现金股利计算应分得的部分，相应减少长期股权投资的账面价值。

• 投资企业确认被投资单位发生的净亏损，应当以长期股权投资的账面价值以及其他实质上构成对被投资单位净投资的长期权益减记至零为限，投资企业负有承担额外损失义务的除外。

其他实质上构成对被投资单位净投资的长期权益，通常是指长期性的应收项目，如企业对被投资单位的长期债权，该债权没有明确的清收计划且在可预见的未来期间不准备收回的，实质上构成对被投资单位的净投资。

企业存在其他实质上构成对被投资单位净投资的长期权益项目以及负有承担额外损失义务的情况下，在确认应分担被投资单位发生的亏损时，应当按照以下顺序进行处理：

◆冲减长期股权投资的账面价值。

◆如果长期股权投资的账面价值不足以冲减的，应当以其他实质上构成对被投资单位净投资的长期权益账面价值为限继续确认投资损失，冲减长期权益的账面价值。

◆在进行上述处理后，按照投资合同或协议约定企业仍承担额外义务的，应按预计承担的义务确认预计负债，计入当期投资损失。

被投资单位以后期间实现盈利的，扣除未确认的亏损分担额后，应按与上述顺序相反的顺序处理，减记已确认预计负债的账面余额、恢复其他长期权益以及长期股权投资的账面价值，同时确认投资收益。

•投资企业在确认应享有被投资单位净损益的份额时，应当以取得投资时被投资单位各项可辨认资产等的公允价值为基础，对被投资单位的净利润进行调整后确认。

被投资单位采用的会计政策及会计期间与投资企业不一致的，应当按照投资企业的会计政策及会计期间对被投资单位的财务报表进行调整，并据以确认投资损益。

投资企业的投资收益，应当以取得投资时被投资单位各项可辨认资产等的公允价值为基础，对被投资单位净损益进行调整后加以确定。例如，以取得投资时被投资单位固定资产、无形资产的公允价值为基础计提的折旧额或摊销额，相对于被投资单位已计提的折旧额、摊销额之间存在差额的，应按其差额对被投资单位净损益进行调整，并按调整后的净损益和持股比例计算确认投资损益。在进行有关调整时，应当考虑重要性项目。如果无法可靠确定投资时被投资单位各项可辨认资产等的公允价值，或者投资时被投资单位可辨认资产等的公允价值与其账面价值之间的差额较小，以及其他原因导致无法对被投资单位净损益进行调整，可以按照被投资单位的账面净损益与持股比例计算确认投资收益，但应在附注中说明这一事实及其原因。

•投资企业对于被投资单位除净损益以外所有者权益的其他变动，在持股比例不变的情况下，企业按照持股比例计算应享有或承担的部分，调整长期股权投资的账面价值。同时增加或减少资本公积（其他资本公积）。

（4）长期股权投资的减值和处置。

①按照成本法核算的、在活跃市场中没有报价、公允价值不能可靠计量的长期股权投资的减值，应当按照本书"金融资产"有关规定处理；其他长期股权投资的减值，应当按照本书"资产减值"有关规定处理。

②处置长期股权投资，其账面价值与实际取得价款的差额，应当计入当期损益（投资收益）。采用权益法核算的长期股权投资，因被投资单位除净损益以外所者权益的其他变动而计入所有者权益的，处置该项投资时应当将原计入所有者权益的部分按相应比例转入当期损益（投资收益）。

※新会计准则第03号——投资性房地产

1. 投资性房地产的确认和初始计量

（1）投资性房地产的概念。

投资性房地产，是指为赚取租金或资本增值，或两者兼有而持有的房地产。投资性房地产应当能够单独计量和出售。

投资性房地产主要包括：已出租的土地使用权、持有并准备增值后转让的土地使用权和已出租的建筑物。

①已出租的土地使用权和已出租的建筑物，是指以经营租赁方式出租的土地使用权和建筑物。其中，用于出租的土地使用权是指企业通过出让或转让方式取得的土地使用权；用于出租的建筑物是指企业拥有产权的建筑物。

②持有并准备增值后转让的土地使用权，是指企业取得的、准备增值后转让的土地使用权。

按照国家有关规定认定的闲置土地，不属于持有并准备增值后转让的土地使用权。

③某项房地产，部分用于赚取租金或资本增值、部分用于生产商品、

提供劳务或经营管理，能够单独计量和出售的、用于赚取租金或资本增值的部分，应当确认为投资性房地产；不能够单独计量和出售的、用于赚取租金或资本增值的部分，不确认为投资性房地产。

④企业将建筑物出租，按租赁协议向承租人提供的相关辅助服务在整个协议中不重大的，如企业将办公楼出租并向承租人提供保安、维修等辅助服务，应当将该建筑物确认为投资性房地产。

下列各项不属于投资性房地产：

①自用房地产，即为生产商品、提供劳务或者经营管理而持有的房地产。例如，企业拥有并自行经营的旅馆、饭店，其经营目的主要是通过提供客房服务赚取服务收入，该旅馆、饭店不确认为投资性房地产。

②作为存货的房地产。

（2）投资性房地产的确认和初始计量。

①投资性房地产的确认。

将某个项目确认为投资性房地产，首先应当符合投资性房地产的概念，其次要同时满足投资性房地产的两个确认条件：

• 与该资产相关的经济利益很可能流入企业；

• 该投资性房地产的成本能够可靠地计量。

②投资性房地产的初始计量。

投资性房地产应当按照成本进行初始计量。

• 外购的投资性房地产。

对于企业外购的房地产，只有在购入房地产的同时开始对外出租（自租赁期开始日起，下同）或用于资本增值，才能称之为外购的投资性房地产。外购投资性房地产的成本，包括购买价款、相关税费和可直接归属于该资产的其他支出。

企业购入房地产，自用一段时间之后再改为出租或用于资本增值的，应当先将外购的房地产确认为固定资产或无形资产，自租赁期开始日或用于资本增值之日开始，才能从固定资产或无形资产转换为投资性房地产。

● 自行建造的投资性房地产。

企业自行建造（或开发，下同）的房地产，只有在自行建造或开发活动完成（即达到预定可使用状态）的同时开始对外出租或用于资本增值，才能将自行建造的房地产确认为投资性房地产。自行建造投资性房地产的成本，由建造该项房地产达到预定可使用状态前发生的必要支出构成。

企业自行建造房地产达到预定可使用状态后一段时间才对外出租或用于资本增值的，应当先将自行建造的房地产确认为固定资产或无形资产，自租赁期开始日或用于资本增值之日开始，从固定资产或无形资产转换为投资性房地产。

● 以其他方式取得的投资性房地产。

以其他方式取得的投资性房地产，其成本参照本书"固定资产"相关内容确定。

2. 投资性房地产的后续计量

企业通常应当采用成本模式对投资性房地产进行后续计量，也可以采用公允价值模式对投资性房地产进行后续计量。但是，同一企业只能采用一种模式对所有投资性房地产进行后续计量，不得同时采用两种计量模式。

（1）采用成本模式进行后续计量的投资性房地产。

在成本模式下，应当按照固定资产或无形资产的有关规定，对投资性房地产进行后续计量，计提折旧或摊销；存在减值迹象的，还应当按照资产减值的有关规定进行处理。

（2）采用公允价值模式进行后续计量的投资性房地产。

①采用公允价值模式的前提条件。

企业只有存在确凿证据表明投资性房地产的公允价值能够持续可靠取得，才可以采用公允价值模式对投资性房地产进行后续计量。企业一旦选择采用公允价值计量模式，就应当对其所有投资性房地产均采用公允价值模式进行后续计量。

采用公允价值模式进行后续计量的投资性房地产，应当同时满足下列条件：

- 投资性房地产所在地有活跃的房地产交易市场。

所在地，通常是指投资性房地产所在的城市。对于大中城市，应当为投资性房地产所在的城区。

- 企业能够从活跃的房地产交易市场上取得同类或类似房地产的市场价格及其他相关信息，从而对投资性房地产的公允价值作出合理的估计。

同类或类似的房地产，对建筑物而言，是指所处地理位置和地理环境相同、性质相同、结构类型相同或相近、新旧程度相同或相近、可使用状况相同或相近的建筑物；对土地使用权而言，是指同一城区、同一位置区域、所处地理环境相同或相近、可使用状况相同或相近的土地。

②采用公允价值模式进行后续计量的会计处理。

企业采用公允价值模式进行后续计量的，不对投资性房地产计提折旧或进行摊销，应当以资产负债表日投资性房地产的公允价值为基础调整其账面价值，公允价值与原账面价值之间的差额计入当期损益（公允价值变动损益）。投资性房地产取得的租金收入，确认为其他业务收入。

（3）投资性房地产后续计量模式的变更。

企业对投资性房地产的计量模式一经确定，不得随意变更。以成本模式转为公允价值模式的，应当作为会计政策变更处理，将计量模式变更时公允价值与账面价值的差额，调整期初留存收益（未分配利润）。

已采用公允价值模式计量的投资性房地产，不得从公允价值模式转为成本模式。

3. 投资性房地产的转换和处置

（1）房地产的转换。

①房地产的转换形式及转换日。

房地产的转换，实质上是因房地产用途发生改变而对房地产进行的重新分类。企业有确凿证据表明房地产用途发生改变，且满足下列条件之一的，应当将投资性房地产转换为其他资产或者将其他资产转换为投资性房地产：

•投资性房地产开始自用。即投资性房地产转为自用房地产。在此种情况下，转换日为房地产达到自用状态，企业开始将房地产用于生产商品、提供劳务或者经营管理的日期。

•作为存货的房地产改为出租。通常指房地产开发企业将其持有的开发产品以经营租赁的方式出租，存货相应地转换为投资性房地产。在此种情况下，转换日为房地产的租赁期开始日。租赁期开始日是指承租人有权行使其使用租赁资产权利的日期。

•自用建筑物或土地使用权停止自用，改为出租。即企业将原本用于生产商品、提供劳务或者经营管理的房地产改用于出租，固定资产或土地使用权相应地转换为投资性房地产。在此种情况下，转换日为租赁期开始日。

•自用土地使用权停止自用改用于资本增值。即企业将原本用于生产商品、提供劳务或者经营管理的土地使用权改用于资本增值，土地使用权相应地转换为投资性房地产。在此种情况下，转换日为自用土地使用权停止自用后确定用于资本增值的日期。

②房地产转换的会计处理。

•在成本模式下，应当将房地产转换前的账面价值作为转换后的入账价值。

•采用公允价值模式计量的投资性房地产转换为自用房地产时，应当以其转换当日的公允价值作为自用房地产的账面价值，公允价值与原账面价值的差额计入当期损益（公允价值变动损益）。

•自用房地产或存货转换为采用公允价值模式计量的投资性房地产时，投资性房地产应当按照转换当日的公允价值计量。

转换当日的公允价值小于原账面价值的，其差额计入当期损益（公允价值变动损益）；转换当日的公允价值大于原账面价值的，其差额作为资本公积（其他资本公积），计入所有者权益。处置该项投资性房地产时，原计入所有者权益的部分应当转入处置当期损益（其他业务收入）。

（2）投资性房地产的处置。

当投资性房地产被处置，或者永久退出使用且预计不能从其处置中取得经济利益时，应当终止确认该项投资性房地产。

企业出售、转让、报废投资性房地产或者发生投资性房地产毁损时，应当将处置收入扣除其账面价值和相关税费后的金额计入当期损益（将实际收到的处置收入记入"其他业务收入"，所处置投资性房地产的账面价值记入"其他业务成本"）。

※新会计准则第04号——固定资产

1. 固定资产的确认和初始计量

（1）固定资产的概念及确认条件。

固定资产，是指同时具有下列特征的有形资产：

①为生产商品、提供劳务、出租或经营管理而持有的；

②使用寿命超过一个会计年度。

固定资产同时满足下列条件的，才能予以确认：

①与该固定资产有关的经济利益很可能流入企业；

②该固定资产的成本能够可靠地计量。

固定资产的各组成部分具有不同使用寿命或者以不同方式为企业提供经济利益，适用不同折旧率或折旧方法的，应当分别将各组成部分确认为单项固定资产。备品备件和维修设备通常确认为存货，但某些备品备件和维修设备需要与相关固定资产组合发挥效用，例如民用航空运输企业的高价周转件，应当确认为固定资产。

（2）固定资产的初始计量。

①固定资产初始计量原则。

固定资产应当按照成本进行初始计量。

固定资产的成本，是指企业购建某项固定资产达到预定可使用状态前所发生的一切合理、必要的支出。这些支出包括直接发生的价款、运杂费、包装费和安装成本等，也包括间接发生的费用，如应承担的借款利息、外币借款折算差额以及应分摊的其他间接费用。

对于特殊行业的特定固定资产，确定其初始入账成本时还应考虑弃置费用。弃置费用通常是指根据国家法律和行政法规、国际公约等规定，企业承担的环境保护和生态恢复等义务所确定的支出，如核电站核设施等的弃置和恢复环境等义务。对于这些特殊行业的特定固定资产，企业应当按照弃置费用的现值计入相关固定资产成本。石油天然气开采企业应当按照油气资产的弃置费用现值计入相关油气资产成本。在固定资产或油气资产的使用寿命内，按照预计负债的摊余成本和实际利率计算确定的利息费用，应当在发生时计入财务费用。一般工商企业的固定资产发生的报废清理费用，不属于弃置费用，应当在发生时作为固定资产处置费用处理。

②不同方式取得固定资产的初始计量。

• 外购固定资产。

企业外购固定资产的成本，包括购买价款、相关税费及使固定资产达到预定可使用状态前所发生的可归属于该项资产的运输费、装卸费、安装费和专业人员服务费等。外购固定资产分为购入不需要安装的固定资产和购入需要安装的固定资产两类。

以一笔款项购入多项没有单独标价的固定资产，应当按照各项固定资产的公允价值比例对总成本进行分配，分别确定各项固定资产的成本。

购买固定资产的价款超过正常信用条件延期支付，实质上具有融资性质的，固定资产的成本以购买价款的现值为基础确定。实际支付的价款与购买价款的现值之间的差额，应当在信用期间内采用实际利率法进行摊销，摊销金额除满足借款费用资本化条件应当计入固定资产成本外，均应当在信用期间内确认为财务费用，计入当期损益。

● 自行建造固定资产。

自行建造的固定资产，按建造该项资产达到预定可使用状态前所发生的必要支出，作为入账价值。其中"建造该项资产达到预定可使用状态前所发生的必要支出"，包括工程用物资成本、人工成本、交纳的相关税费、应予资本化的借款费用以及应分摊的间接费用等。企业为在建工程准备的各种物资，应按实际支付的购买价款、增值税税额、运输费、保险费等相关税费，作为实际成本，并按各种专项物资的种类进行明细核算。应计入固定资产成本的借款费用，应当按照本书"借款费用"的有关规定处理。

企业自行建造固定资产包括自营建造和出包建造两种方式。

◆企业为在建工程准备的各种物资，应当按照实际支付的买价、不能抵扣的增值税进项税额、运输费、保险费等相关税费，作为实际成本，并按照各种专项物资的种类进行明细核算。

工程完工后剩余的工程物资，如转作本企业库存材料的，按其实际成本或计划成本转作企业的库存材料。存在可抵扣增值税进项税额的，应按减去增值税进项税额后的实际成本或计划成本，转作企业的库存材料。

盘盈、盘亏、报废、毁损的工程物资，减去保险公司、过失人赔偿部分后的差额，工程项目尚未完工的，计入或冲减所建工程项目的成本；工程已经完工的，计入当期营业外收支。

◆在建工程应当按照实际发生的支出确定其工程成本，并单独核算。

首先，企业的自营工程，应当按照直接材料、直接工资、直接机械施工费等计量；采用出包工程方式的企业，按照应支付的工程价款等计量。设备安装工程，按照所安装设备的价值、工程安装费用、工程试运转等所发生的支出等确定工程成本。

其次，工程达到预定可使用状态前因进行负荷联合试车所发生的净支出，计入工程成本。企业的在建工程项目在达到预定可使用状态前所取得的负荷联合试车过程中形成的、能够对外销售的产品，其发生的成本，计入在建工程成本；销售或转为库存商品时，按其实际销售收入或预计售价冲减工程成本。

再次，在建工程发生单项或单位工程报废或毁损，减去残料价值和过失人或保险公司等赔款后的净损失，工程项目尚未达到预定可使用状态的，计入继续施工的工程成本；工程项目已达到预定可使用状态的，属于筹建期间的，计入管理费用；不属于筹建期间的，计入营业外支出。如为非常原因造成的报废或毁损，或在建工程项目全部报废或毁损，应将其净损失直接计入当期营业外支出。

最后，所建造的固定资产已达到预定可使用状态，但尚未办理竣工决算的，应当自达到预定可使用状态之日起，根据工程预算、造价或者工程实际成本等，按估计价值转入固定资产，并按有关计提固定资产折旧的规定，计提固定资产折旧，待办理了竣工决算手续后再作调整。

● 租入的固定资产。

第一，融资租赁，是指实质上转移了与资产所有权有关的全部风险和报酬的租赁。其所有权最终可能转移，也可能不转移。企业与出租人签订的租赁合同应否认定为融资租赁合同，不在于租赁合同的形式，而应视出租人是否将租赁资产的风险和报酬转移给了承租人而定。如果实质上转移了与资产所有权有关的全部风险和报酬，则该项租赁应认定为融资租赁；如果实质上并没有转移与资产所有权有关的全部风险和报酬，则该项租赁应认定为经营租赁。

在租赁业务中，租赁资产风险和报酬的转移与所有权的转移并不一定是同时发生的。租赁期届满后，如果承租人购买了租赁资产，则租赁资产的所有权转移给承租人；否则，租赁资产所有权一般不转移给承租人。在判断租赁类型时，不应以租赁资产所有权是否转移给承租人为标准。

企业采用融资租赁方式租入的固定资产，虽然在法律形式上资产的所有权在租赁期间仍然属于出租人，但由于资产的租赁期基本上包括了资产的有效使用年限，承租企业实质上获得了租赁资产所能提供的主要经济利益，同时承担了与资产所有权有关的风险。因此，承租企业应将融资租入资产作为一项固定资产入账，同时确认相应的负债，并采用与自有应折旧资产相一致的折旧政策计提折旧。

第二，如果一项租赁在实质上没有转移与租赁资产所有权有关的全部风险和报酬，那么该项租赁应认定为经营租赁。在经营租赁方式下，由于与租赁资产所有权有关的全部风险和报酬在实质上没有转移给承租企业，因此，承租企业不需承担租赁资产的主要风险，其会计处理比较简单，不需将所取得的租入资产的使用权资本化，相应地，也不必将所承担的付款义务确认为负债。

• 其他方式取得的固定资产。

投资者投入固定资产的成本，应当按照投资合同或协议约定的价值确定，但合同或协议约定价值不公允的除外。

非货币性资产交换、债务重组等方式取得的固定资产的成本，应当分别按照本书"非货币性资产交换""债务重组"的有关规定确定。

2. 固定资产的后续计量

（1）固定资产折旧方法。

①固定资产折旧的概念。

固定资产折旧，是指在固定资产使用寿命内，按照确定的方法对应计折旧额进行系统分摊。

使用寿命，是指企业使用固定资产的预计期间，或者该固定资产所能生产产品或提供劳务的数量。企业在确定固定资产的使用寿命时，主要应当考虑下列因素：

• 预计生产能力或实物产量。

• 预计有形损耗或无形损耗。

● 法律或者类似规定对资产使用的限制。

其中，有形损耗是指固定资产在使用过程中由于正常使用和自然力的作用而引起的使用价值和价值的损失，如设备使用中发生磨损、房屋建筑物受到自然侵蚀等；无形损耗是指由于科学技术的进步和劳动生产率的提高而带来的固定资产价值上的损失，如因新技术的出现而使现有的资产技术水平相对陈旧、市场需求变化使产品过时等。

应计折旧额，是指应当计提折旧的固定资产的原价扣除其预计净残值后的金额。已计提减值准备的固定资产，还应当扣除已计提的固定资产减值准备累计金额。

预计净残值，是指假定固定资产预计使用寿命已满并处于使用寿命终了时的预期状态，企业目前从该项资产处置中获得的扣除预计处置费用后的金额。

企业应当根据固定资产的性质和使用情况，合理确定固定资产的使用寿命和预计净残值。固定资产的使用寿命、预计净残值一经确定，不得随意变更。

②固定资产折旧方法。

企业应当根据与固定资产有关的经济利益的预期实现方式，合理选择固定资产折旧方法。

可选用的折旧方法包括年限平均法、工作量法、双倍余额递减法和年数总和法等。固定资产的折旧方法一经确定，不得随意变更。

固定资产应当按月计提折旧，并根据用途计入相关资产的成本或者当期损益。企业一般应当按月计提折旧，当月增加的固定资产，当月不计提折旧，从下月起计提折旧；当月减少的固定资产，当月仍计提折旧，从下月起停止计提折旧。固定资产提足折旧后，不管能否继续使用，均不再提取折旧；提前报废的固定资产，也不再补提折旧。

企业至少应当于每年年度终了，对固定资产的使用寿命、预计净残值和折旧方法进行复核。使用寿命预计数与原先估计数有差异的，应当调整固定资产使用寿命。预计净残值预计数与原先估计数有差异的，应当调整预计净残值。与固定资产有关的经济利益预期实现方式有重大改变的，应当改变固定资产折旧方法。固定资产使用寿命、预计净残值和折旧方法的改变应当作为会计估计变更。

（2）固定资产后续支出。

固定资产后续支出，是指固定资产在使用过程中发生的更新改造支出、修理费用等。

与固定资产有关的更新改造等后续支出，符合固定资产确认条件的，应当计入固定资产成本，同时将被替换部分的账面价值扣除。企业将固定资产进行更新改造的，应将相关固定资产的原价、已计提的累计折旧和减值准备转销，将固定资产的账面价值转入"在建工程"，并停止计提折旧。固定资产发生的可资本化的后续支出，通过"在建工程"科目核算。待固定资产发生的后续支出完工并达到预定可使用状态时，再从"在建工程"转为"固定资产"，并按重新确定的使用寿命、预计净残值和折旧方法计提折旧。

与固定资产有关的修理费用等后续支出，不符合固定资产确认条件的，应当根据不同情况分别在发生时计入当期管理费用或销售费用等。

3. 固定资产处置

固定资产处置，包括固定资产的出售、转让、报废和毁损、对外投资、非货币性资产交换、债务重组等。固定资产处置一般通过"固定资产清理"科目核算。

（1）固定资产终止确认的条件。

固定资产满足下列条件之一的，应当予以终止确认：

①该固定资产处于处置状态。

②该固定资产预期通过使用或处置不能产生经济利益。

（2）固定资产处置的处理。

①企业持有待售的固定资产，应当对其预计净残值进行调整。

②企业出售、转让、报废固定资产或发生固定资产毁损，应当将处置收入扣除账面价值和相关税费后的金额计入当期损益。固定资产的账面价值是固定资产成本扣减累计折旧和累计减值准备后的金额。

③企业将发生的固定资产后续支出计入固定资产成本的，应当终止确认被替换部分的账面价值。

※新会计准则第05号——生物资产

1. 总则部分

在"总则"部分，规定了制定新准则的目的、依据、生物资产的定义和范围以及该准则不涉及的内容范围。

（1）新准则的目的、依据。

新准则第一条规定："为了规范与农业生产相关的生物资产的确认、计量和相关信息的披露，根据《企业会计准则——基本准则》，制定本准则。"

（2）生物资产的定义和范围。

生物资产，是指有生命的动物和植物，其中包括：

①消耗性生物资产，是指为出售而持有的、或在将来收获为农产品的生物资产，包括生长中的大田作物、蔬菜、用材林以及存栏待售的牲畜等。

②生产性生物资产，是指为产出农产品、提供劳务或出租等目的而持有的生物资产，包括经济林、薪炭林、产畜和役畜等。

③公益性生物资产，是指以防护、环境保护为主要目的的生物资产，包括防风固沙林、水土保持林和水源涵养林等。

（3）该准则不涉及的内容范围。下列各项适用其他相关会计准则：

①收获后的农产品，适用《企业会计准则第1号——存货》。

②与生物资产相关的政府补助，适用《企业会计准则第16号——政府补助》。

2. 确认和初始计量部分

在"确认和初始计量"部分，规定了生物资产的确认条件和各种类型生物资产成本的计量。

（1）生物资产的确认条件。

生物资产同时满足下列条件的，才能予以确认：

①企业因过去的交易或者事项而拥有或者控制该生物资产；

②与该生物资产有关的经济利益或服务潜能很可能流入企业；

③该生物资产的成本能够可靠地计量。

（2）各种类型生物资产成本的计量。

①外购生物资产的成本，包括购买价款、相关税费、运输费、保险费以及可直接归属于购买该资产的其他支出。

②自行栽培、营造、繁殖或养殖的消耗性生物资产的成本，应当按照下列规定确定：自行栽培的大田作物和蔬菜的成本，包括在收获前耗用的种子、肥料、农药等材料费、人工费和应分摊的间接费用等必要支出；自行营造的林木类消耗性生物资产的成本，包括郁闭前发生的造林费、抚育费、营林设施费、良种试验费、调查设计费和应分摊的间接费用等必要支出；自行繁殖的育肥畜的成本，包括出售前发生的饲料费、人工费和应分摊的间接费用等必要支出；水产养殖的动物和植物的成本，包括在出售或入库前耗用的苗种、饲料、肥料等材料费、人工费和应分摊的间接费用等必要支出。

③自行营造或繁殖的生产性生物资产的成本，应当按照下列规定确定：自行营造的林木类生产性生物资产的成本，包括达到预定生产经营目的前发生的造林费、抚育费、营林设施费、良种试验费、调查设计费和应

分摊的间接费用等必要支出；自行繁殖的产畜和役畜的成本，包括达到预定生产经营目的（成龄）前发生的饲料费、人工费和应分摊的间接费用等必要支出。

④自行营造的公益性生物资产的成本，应当按照郁闭前发生的造林费、抚育费、森林保护费、营林设施费、良种试验费、调查设计费和应分摊的间接费用等必要支出确定。

⑤应计入生物资产成本的借款费用，按照《企业会计准则第 17 号——借款费用》处理。消耗性林木类生物资产发生的借款费用，应当在郁闭时停止资本化。

⑥投资者投入生物资产的成本，应当按照投资合同或协议约定的价值确定，但合同或协议约定价值不公允的除外。

⑦天然起源的生物资产的成本，应当按照名义金额确定。

⑧非货币性资产交换、债务重组和企业合并取得的生物资产的成本，应当分别按照《企业会计准则第 7 号——非货币性资产交换》《企业会计准则第 12 号——债务重组》和《企业会计准则第 20 号——企业合并》确定。

⑨因择伐、间伐或抚育更新性质采伐而补植林木类生物资产发生的后续支出，应当计入林木类生物资产的成本。

另外，新准则还规定：生物资产在郁闭或达到预定生产经营目的后发生的管护、饲养费用等后续支出，应当计入当期损益。

3. 后续计量部分

在"后续计量"部分，规定了折旧的计提、生物资产的减值、采用公允价值计量的条件。

（1）折旧的计提。

企业对达到预定生产经营目的的生产性生物资产，应当按期计提折旧，并根据用途分别计入相关资产的成本或当期损益。

企业应当根据生产性生物资产的性质、使用情况和有关经济利益的预期实现方式，合理确定其使用寿命、预计净残值和折旧方法。可选用的折旧方法包括年限平均法、工作量法、产量法等。

企业确定生产性生物资产的使用寿命，应当考虑下列因素：

①该资产的预计产出能力或实物产量。

②该资产的预计有形损耗，如产畜和役畜衰老、经济林老化等。

③该资产的预计无形损耗，如因新品种的出现而使现有的生产性生物资产的产出能力和产出农产品的质量等方面相对下降、市场需求的变化使生产性生物资产产出的农产品相对过时等。

另外，新准则规定，企业至少应当于每年年度终了对生产性生物资产的使用寿命、预计净残值和折旧方法进行复核。使用寿命或预计净残值的预期数与原先估计数有差异的，或者有关经济利益预期实现方式有重大改变的，应当作为会计估计变更，按照《企业会计准则第 28 号——会计政策、会计估计变更和差错更正》处理，调整生产性生物资产的使用寿命或预计净残值或者改变折旧方法。

在除上述情况外，生产性生物资产的使用寿命、预计净残值和折旧方法一经确定，不得随意变更。

（2）生物资产的减值。

企业至少应当于每年年度终了对消耗性生物资产和生产性生物资产进行检查，有确凿证据表明由于遭受自然灾害、病虫害、动物疫病侵袭或市场需求变化等原因，使消耗性生物资产的可变现净值或生产性生物资产的可收回金额低于其账面价值的，应当按照可变现净值或可收回金额低于账面价值的差额，计提生物资产跌价准备或减值准备，并计入当期损益。上述可变现净值和可收回金额，应当分别按照《企业会计准则第 1 号——存货》和《企业会计准则第 8 号——资产减值》确定。消耗性生物资产减值的影响因素已经消失的，减记金额应当予以恢复，并在原已计提的跌价准备金额内转回，转回的金额计入当期损益。生产性生物资产减值准备一经计提，不得转回。公益性生物资产不计提减值准备。

（3）采用公允价值计量的条件。企业应当按上述方法对生物资产进行后续计量，但是当采用公允价值计量的条件有确凿证据表明生物资产的公允价值能够持续可靠取得的，应当对生物资产采用公允价值计量。采用公允价值计量的条件有：

①生物资产有活跃的交易市场。

②能够从交易市场上取得同类或类似生物资产的市场价格及其他相关信息，从而对生物资产的公允价值作出合理估计。

4. 收获与处置部分

在"收获与处置"部分，规定了消耗性生物资产和生产性生物资产结转成本的方法，生物资产改变用途后成本的确定，生物资产出售、盘亏或死亡、毁损时的会计处理。

（1）对于消耗性生物资产，应当在收获或出售时，按照其账面价值结转成本。结转成本的方法包括加权平均法、个别计价法、蓄积量比例法、轮伐期年限法等。

（2）生产性生物资产收获的农产品成本，按照产出或采收过程中发生的材料费、人工费和应分摊的间接费用等必要支出计算确定，并采用加权平均法、个别计价法、蓄积量比例法、轮伐期年限法等方法，将其账面价值结转为农产品成本。收获之后的农产品，应当按照《企业会计准则第1号——存货》处理。

（3）生物资产改变用途后的成本，应当按照改变用途时的账面价值确定。

（4）生物资产出售、盘亏或死亡、毁损时，应当将处置收入扣除其账面价值和相关税费后的余额计入当期损益。

5. 披露部分

在"披露"部分，规定了企业应当在附注中披露与生物资产有关的信息和与生物资产增减变动有关的信息。

（1）企业应当在附注中披露与生物资产有关的信息有：

①生物资产的类别以及各类生物资产的实物数量和账面价值。

②各类消耗性生物资产的跌价准备累计金额，以及各类生产性生物资产的使用寿命、预计净残值、折旧方法、累计折旧和减值准备累计金额。

③天然起源生物资产的类别、取得方式和实物数量。

④用于担保的生物资产的账面价值。

⑤与生物资产相关的风险情况与管理措施。

（2）企业应当在附注中披露与生物资产增减变动有关的信息有：

①因购买而增加的生物资产。

②因自行培育而增加的生物资产。

③因出售而减少的生物资产。

④因盘亏或死亡、毁损而减少的生物资产。

⑤计提的折旧及计提的跌价准备或减值准备。

⑥其他变动。

※新会计准则第06号——无形资产

1. 无形资产的确认和初始计量

（1）无形资产的概念及确认条件。

①无形资产的概念。

无形资产，是指企业拥有或者控制的没有实物形态的可辨认非货币性资产。

资产满足下列条件之一的，符合无形资产定义中的可辨认性标准：

• 能够从企业中分离或者划分出来，并能够单独或者与相关合同、资产或负债一起，用于出售、转移、授予许可、租赁或者交换。

• 源自合同性权利或其他法定权利，无论这些权利是否可以从企业或其他权利和义务中转移或者分离。

无形资产主要包括专利权、非专利技术、商标权、著作权、土地使用权、特许权等。

商誉的存在无法与企业自身分离，不具有可辨认性，因此不属于本章所指无形资产。

②无形资产的确认条件。

无形资产同时满足下列条件的，才能予以确认：

• 与该无形资产有关的经济利益很可能流入企业。

• 该无形资产的成本能够可靠地计量。

企业在判断无形资产产生的经济利益是否很可能流入时，应当对无形资产在预计使用寿命内可能存在的各种经济因素作出合理估计，并且应当有明确证据支持。

企业自创商誉以及内部产生的品牌、报刊名等，不应确认为无形资产。

③土地使用权。

企业取得的土地使用权通常应确认为无形资产。土地使用权用于自行开发建造厂房等地上建筑物时，土地使用权与地上建筑物分别进行摊销和提取折旧。但下列情况除外：

• 房地产开发企业取得的土地使用权用于建造对外出售的房屋建筑物，相关的土地使用权应当计入所建造的房屋建筑物成本。

• 企业外购房屋建筑物所支付的价款应当在地上建筑物与土地使用权之间进行分配；难以合理分配的，应当全部作为固定资产处理。

企业改变土地使用权的用途，停止自用土地使用权用于赚取租金或资本增值时，应将其账面价值转为投资性房地产。

（2）研究与开发支出。

①研究与开发阶段的区分。

研究开发项目区分为研究阶段与开发阶段。企业应当根据研究与开发的实际情况加以判断。

• 研究是指为获取并理解新的科学或技术知识而进行的独创性的有计划调查。研究阶段是探索性的，为进一步开发活动进行资料及相关方面的准备，已进行的研究活动将来是否会转入开发、开发后是否会形成无形资产等均具有较大的不确定性。

例如，意在获取知识而进行的活动，研究成果或其他知识的应用研究、评价和最终选择，材料、设备、产品、工序、系统或服务替代品的研究，新的或经改进的材料、设备、产品、工序、系统或服务的可能替代品的配制、设计、评价和最终选择等，均属于研究活动。

• 开发阶段。

开发是指在进行商业性生产或使用前，将研究成果或其他知识应用于某项计划或设计，以生产出新的或具有实质性改进的材料、装置、产品等。相对于研究阶段而言，开发阶段应当是已完成研究阶段的工作，在很大程度上具备了形成一项新产品或新技术的基本条件。

例如，生产前或使用前的原型和模型的设计、建造和测试，不具有商业性生产经济规模的试生产设施的设计、建造和运营等，均属于开发活动。

②研究与开发支出的确认。

• 企业内部研究开发项目研究阶段的支出，应当于发生时计入当期损益（管理费用）。

• 企业内部研究开发项目开发阶段的支出，同时满足下列条件的，才能确认为无形资产：

◆完成该无形资产以使其能够使用或出售在技术上具有可行性。

判断无形资产的开发在技术上是否具有可行性，应当以目前阶段的成果为基础，并提供相关证据和材料，证明企业进行开发所需的技术条件等已经具备，不存在技术上的障碍或其他不确定性。例如，企业已经完成了全部计划、设计和测试活动，这些活动是使资产能够达到设计规划书中的功能、特征和技术所必需的活动，或经过专家鉴定等。

◆具有完成该无形资产并使用或出售的意图。

企业能够说明其开发无形资产的目的。

◆无形资产产生经济利益的方式。

无形资产是否能够为企业带来经济利益，应当对运用该无形资产生产产品的市场情况进行可靠预计，以证明所生产的产品存在市场并能够带来经济利益，或能够证明市场上存在对该无形资产的需求。

◆有足够的技术、财务资源和其他资源支持，以完成该无形资产的开发，并有能力使用或出售该无形资产。

企业能够证明可以取得无形资产开发所需的技术、财务和其他资源，以及获得这些资源的相关计划。企业自有资金不足以提供支持的，应能够证明存在外部其他方面的资金支持，如银行等金融机构声明愿意为该无形资产的开发提供所需资金等。

◆归属于该无形资产开发阶段的支出能够可靠地计量。

企业对研究开发的支出应当单独核算，例如，直接发生的研发人员工资、材料费，以及相关设备折旧费等。同时从事多项研究开发活动的，所发生的支出应当按照合理的标准在各项研究开发活动之间进行分配；无法合理分配的，应当计入当期损益。

③无法区分研究阶段和开发阶段的支出，应当在发生时全部计入当期损益。

（3）无形资产的初始计量。

无形资产应当按照成本进行初始计量。

①外购无形资产的成本，包括购买价款、相关税费以及直接归属于使

该项资产达到预定用途所发生的其他支出。

②购买无形资产的价款超过正常信用条件延期支付，实质上具有融资性质的，无形资产的成本以购买价款的现值为基础确定。实际支付的价款与购买价款的现值之间的差额，除按照本书"借款费用"的有关规定应予资本化的以外，应当在信用期间内采用实际利率法进行摊销，计入当期损益。

③自行开发的无形资产，其成本包括自满足无形资产确认条件后至达到预定用途前所发生的支出总额，但是对于以前期间已经费用化的支出不再调整。

④投资者投入无形资产的成本，应当按照投资合同或协议约定的价值确定，但合同或协议约定价值不公允的除外。

⑤非货币性资产交换、债务重组和政府补助取得的无形资产的成本，应当分别按照本书"非货币性资产交换""债务重组""收入"的有关规定确定。

2. 无形资产的后续计量

（1）判断无形资产的使用寿命是否确定。

无形资产的使用寿命有限或确定的，应当估计该使用寿命的年限或者构成使用寿命的产量等类似计量单位数量；无法预见无形资产为企业带来经济利益期限的，应当视为使用寿命不确定的无形资产。

①企业持有的无形资产，通常来源于合同性权利或是其他法定权利，而且合同规定或法律规定有明确的使用年限。

来源于合同性权利或其他法定权利的无形资产，其使用寿命不应超过合同性权利或其他法定权利的期限；合同性权利或其他法定权利能够在到期时因续约等延续，且有证据表明企业续约不需要付出大额成本，续约期应当计入使用寿命。

②合同或法律没有规定使用寿命的，企业应当综合各方面因素判断，

以确定无形资产能为企业带来经济利益的期限。例如，与同行业的情况进行比较、参考历史经验、或聘请相关专家进行论证。

经过上述方法仍无法合理确定无形资产为企业带来经济利益期限的，才能将其作为使用寿命不确定的无形资产。

（2）确定无形资产使用寿命应考虑的因素。

企业确定无形资产的使用寿命，通常应考虑以下因素：

①运用该资产生产的产品通常的寿命周期、可获得的类似资产使用寿命的信息。

②技术、工艺等方面的现阶段情况及对未来发展趋势的估计。

③以该资产生产的产品或提供的服务的市场需求情况。

④现在或潜在的竞争者预期采取的行动。

⑤为维持该资产带来未来经济利益的能力预期的维护支出，以及企业预计支付有关支出的能力。

⑥对该资产控制期限的相关法律或类似限制，如特许使用期、租赁期等。

⑦与企业持有的其他资产使用寿命的关联性等。

（3）无形资产摊销。

无形资产的应摊销金额为其成本扣除预计残值后的金额。已计提减值准备的无形资产，还应扣除已计提的无形资产减值准备累计金额。使用寿命有限的无形资产，其残值应当视为零。但下列情况除外：

①有第三方承诺在无形资产使用寿命结束时购买该无形资产。

②可以根据活跃市场得到预计残值信息，并且该市场在无形资产使用寿命结束时很可能存在。

企业摊销无形资产，应当自无形资产可供使用时起，至不再作为无形资产确认时止。

企业选择的无形资产摊销方法，应当反映与该项无形资产有关的经济利益的预期实现方式。无法可靠确定预期实现方式的，应当采用直线法摊销。

无形资产的摊销金额一般应当计入当期损益（管理费用、其他业务成本等）。某项无形资产包含的经济利益通过所生产的产品或其他资产实现的，其摊销金额应当计入相关资产的成本。

企业至少应当于每年年度终了，对使用寿命有限的无形资产的使用寿命及摊销方法进行复核。无形资产的使用寿命及摊销方法与以前估计不同的，应当改变摊销期限和摊销方法。

企业应当在每个会计期间对使用寿命不确定的无形资产的使用寿命进行复核。如果有证据表明无形资产的使用寿命是有限的，应当估计其使用寿命，按使用寿命有限的无形资产的有关规定处理。

3. 无形资产处置和报废

企业让渡无形资产使用权形成的租金和发生的相关费用，分别确认为其他业务收入和其他业务支出。

企业出售无形资产，应当将取得的价款与该无形资产账面价值的差额计入当期损益（营业外收入或营业外支出）。

无形资产预期不能为企业带来经济利益的，应当将该无形资产的账面价值予以转销，其账面价值转作当期损益（营业外支出）。

※新会计准则第08号——资产减值

1. 资产可能发生减值的认定

（1）资产减值概念。

资产减值，是指资产的可收回金额低于其账面价值。本节所指资产，除特别说明外，包括单项资产和资产组。

本节涉及的资产减值对象主要包括以下资产：对子公司、联营企业和合营企业的长期股权投资；采用成本模式进行后续计量的投资性房地产；固定资产；生产性生物资产；无形资产；商誉，以及探明石油天然气矿区权益和相关设施等。

本节不涉及下列资产减值的会计处理：存货、消耗性生物资产、以公允价值模式进行后续计量的投资性房地产、建造合同形成的资产、递延所得税资产、融资租赁中出租人未担保余值，以及本书"金融资产"所涉及的金融资产等。

（2）资产减值的迹象。

企业应当在资产负债表日判断资产是否存在可能发生减值的迹象。对于存在减值迹象的资产，应当进行减值测试，计算可收回金额。可收回金额低于账面价值的，应当按照可收回金额低于账面价值的金额，计提减值准备。

资产可能发生减值的迹象主要包括以下方面：

①资产的市价当期大幅度下跌，其跌幅明显高于因时间的推移或者正常使用而预计的下跌。

②企业经营所处的经济、技术或者法律等环境以及资产所处的市场在当期或者将在近期发生重大变化，从而对企业产生不利影响。

③市场利率或者其他市场投资报酬率在当期已经提高，从而影响企业计算资产预计未来现金流量现值的折现率，导致资产可收回金额大幅度降低。

④有证据表明资产已经陈旧过时或者其实体已经损坏。

⑤资产已经或者将被闲置、终止使用或者计划提前处置。

⑥企业内部报告的证据表明资产的经济绩效已经低于或者将低于预期，如资产所创造的净现金流量或者实现的营业利润（或者亏损）远远低于（或者高于）预计金额等。

⑦其他表明资产可能已经发生减值的迹象。

需要指出的是，因企业合并所形成的商誉和使用寿命不确定的无形资产，无论是否存在减值迹象，每年都应当进行减值测试。

2. 资产可收回金额的计量和减值损失的确定

资产存在可能发生减值迹象的，应当估计其可收回金额。资产的可收回金额应当根据资产的公允价值减去处置费用后的净额与资产预计未来现金流量的现值两者之间较高者确定。在估计资产可收回金额时，应当遵循重要性原则：

首先，以前报告期间的计算结果表明，资产可收回金额显著高于其账面价值，之后又没有发生消除这一差异的交易或者事项的，资产负债表日可以不重新估计该资产的可收回金额。

其次，以前报告期间的计算与分析表明，资产可收回金额对于某减值迹象反应不敏感，在本报告期间又发生了该减值迹象的，例如，当期市场利率或市场投资报酬率上升，该上升对计算资产未来现金流量现值采用的折现率影响不大的，可以不因该减值迹象的出现而重新估计该资产的可收回金额。

（1）资产的公允价值减去处置费用后净额的确定。

资产的公允价值减去处置费用后的净额，通常反映的是资产如果被出售或者处置时可以收回的净现金收入。其中，资产的公允价值是指在公平交易中，熟悉情况的交易双方自愿进行资产交换的金额；处置费用是指可以直接归属于资产处置的增量成本，包括与资产处置有关的法律费用、相关税费、搬运费以及为使资产达到可销售状态所发生的直接费用等，但是财务费用和所得税费用等不包括在内。

企业在估计资产的公允价值减去处置费用后的净额时，应当按照下列顺序进行：

①应当根据公平交易中资产的销售协议价格减去可直接归属于该资产处置费用的金额确定资产的公允价值减去处置费用后的净额。这是估计资产的公允价值减去处置费用后的净额的最佳方法。

②在资产不存在销售协议但存在活跃市场的情况下，应当根据该资产的市场价格减去处置费用后的金额确定。资产的市场价格通常应当按照资产的买方出价确定。如果难以获得资产在估计日的买方出价的，企业可以以资产最近的交易价格作为其公允价值减去处置费用后的净额的估计基础，其前提是资产的交易日和估计日之间，有关经济、市场环境等没有发生重大变化。

③在既不存在资产销售协议又不存在资产活跃市场的情况下，企业应当以可获取的最佳信息为基础，根据在资产负债表日如果处置资产的话，熟悉情况的交易双方自愿进行公平交易愿意提供的交易价格减去资产处置费用后的金额，估计资产的公允价值减去处置费用后的净额。在实务中，该金额可以参考同行业类似资产的最近交易价格或者结果进行估计。

如果企业按照上述要求仍然无法可靠估计资产的公允价值减去处置费用后的净额的，应当以该资产预计未来现金流量的现值作为其可收回金额。

（2）资产预计未来现金流量现值的确定。

资产预计未来现金流量的现值，应当按照资产在持续使用过程中和最终处置时所产生的预计未来现金流量，选择恰当的折现率对其进行折现后的金额加以确定。因此，预计资产未来现金流量的现值，主要应当综合考虑以下三个方面的因素：

• 资产的预计未来现金流量。

• 资产的使用寿命。

• 折现率。

其中，资产使用寿命的预计与固定资产、无形资产准则等规定的使用寿命预计方法相同。以下为预计资产未来现金流量和折现率的具体要求：

①资产未来现金流量的预计。

• 预计资产未来现金流量的基础。

为了预计资产未来现金流量，企业管理层应当在合理和有依据的基础上对资产剩余使用寿命内整个经济状况进行最佳估计，并将资产未来现金流量的预计，建立在经企业管理层批准的最近财务预算或者预测数据之上。出于数据可靠性和便于操作等方面的考虑，建立在该预算或者预测基础上的预计现金流量最多涵盖 5 年，企业管理层如能证明更长的期间是合理的，可以涵盖更长的期间。

如果资产未来现金流量的预计还包括最近财务预算或者预测期之后的现金流量，企业应当以该预算或者预测期之后年份稳定的或者递减的增长率为基础进行估计。企业管理层如能证明递增的增长率是合理的，可以以递增的增长率为基础进行估计，所使用的增长率除了企业能够证明更高的增长率是合理的之外，不应当超过企业经营的产品、市场、所处的行业或者所在国家或者地区的长期平均增长率，或者该资产所处市场的长期平均增长率。在恰当、合理的情况下，该增长率可以是零或者负数。

在经济环境经常变化的情况下，资产的实际现金流量与预计数往往会有出入，而且预计资产未来现金流量时的假设也有可能发生变化。因此，企业管理层每次在预计资产未来现金流量时，应当首先分析以前期间现金流量预计数与现金流量实际数出现差异的情况，以评判当期现金流量预计所依据的假设的合理性。通常情况下，企业管理层应当确保当期现金流量预计所依据的假设与前期实际结果相一致。

• 资产预计未来现金流量应当包括的内容。

预计的资产未来现金流量应当包括下列各项：

◆资产持续使用过程中预计产生的现金流入。

◆为实现资产持续使用过程中产生的现金流入所必需的预计现金流出（包括为使资产达到预定可使用状态所发生的现金流出）。该现金流出应当是可直接归属于或者可通过合理和一致的基础分配到资产中的现金流出，后者通常是指那些与资产直接相关的间接费用。

对于在建工程、开发过程中的无形资产等，企业在预计其未来现金流量时，应当包括预期为使该类资产达到预定可使用（或者可销售）状态而发生的全部现金流出数。

◆资产使用寿命结束时，处置资产所收到或者支付的净现金流量。该现金流量应当是在公平交易中，熟悉情况的交易双方自愿进行交易时，企业预期可从资产的处置中获取或者支付的、减去预计处置费用后的金额。

● 预计资产未来现金流量应当考虑的因素。

企业预计资产未来现金流量，应当综合考虑下列因素：

◆以资产的当前状况为基础预计资产未来现金流量。

◆预计资产未来现金流量不应当包括筹资活动和所得税收付产生的现金流量。

◆对通货膨胀因素的考虑应当和折现率相一致。

◆涉及内部转移价格的，需要作调整。

● 资产未来现金流量预计的方法。

预计资产未来现金流量，通常应当根据资产未来每期最有可能产生的现金流量进行预测。它使用的是单一的未来每期预计现金流量和单一的折现率计算资产未来现金流量的现值。如果影响资产未来现金流量的因素较多，不确定性较大，使用单一的现金流量可能并不能如实反映资产创造现金流量的实际情况。在这种情况下，采用期望现金流量法更为合理，企业应当采用期望现金流量法预计资产未来现金流量。在期望现金流量法下，资产未来每期现金流量应当根据每期可能发生情况的概率及其相应的现金流量加权计算求得。

②折现率的预计。

为了资产减值测试的目的，计算资产未来现金流量现值时所使用的折现率应当是反映当前市场货币时间价值和资产特定风险的税前利率。该折现率是企业在购置或者投资资产时所要求的必要报酬率。如果企业在预计资产的未来现金流量时已经对资产特定风险的影响作了调整的，折现率的估计不需要再考虑这些特定风险。如果用于估计折现率的基础是税后的，应当将其调整为税前的折现率，以便于与资产未来现金流量的估计基础相一致。

折现率的确定，应当首先以该资产的市场利率为依据。如果该资产的市场利率无法从市场上获得的，可以使用替代利率估计折现率。

替代利率可以根据企业加权平均资金成本、增量借款利率或者其他相关市场借款利率作适当调整后确定。调整时，应当考虑与资产预计现金流量有关的特定风险以及其他有关货币风险和价格风险等。

企业在估计资产未来现金流量现值时，通常应当使用单一的折现率。但是，如果资产未来现金流量的现值对未来不同期间的风险差异或者利率的期限结构反应敏感的，企业应当在未来各不同期间采用不同的折现率。

● 资产未来现金流量现值的预计。

在预计资产的未来现金流量和折现率的基础上，企业将该资产的预计未来现金流量按照预计折现率在预计期限内予以折现后，即可确定该资产未来现金流量的现值。

● 外币未来现金流量及其现值的预计。

企业使用资产所收到的未来现金流量为外币的，应当按照下列顺序确定资产未来现金流量的现值：

首先，应当以该资产所产生的未来现金流量的结算货币为基础预计其未来现金流量，并按照该货币适用的折现率计算资产的现值。

其次，将该外币现值按照计算资产未来现金流量现值当日的即期汇率进行折算，从而折现成按照记账本位币表示的资产未来现金流量的现值。

最后，在该现值基础上，将其与资产公允价值减去处置费用后的净额相比较，确定其可收回金额。根据可收回金额与资产账面价值相比较，确定是否需要确认减值损失以及确认多少减值损失。

③资产减值损失的确定。

资产可收回金额确定后，如果可收回金额低于其账面价值的，企业应当将资产的账面价值减记至可收回金额，减记的金额确认为资产减值损失，计入当期损益，同时计提相应的资产减值准备。资产的账面价值是指资产成本扣减累计折旧（或累计摊销）和累计减值准备后的金额。

资产减值损失确认后，减值资产的折旧或者摊销费用应当在未来期间作相应调整，以使该资产在剩余使用寿命内，系统地分摊调整后的资产账面价值（扣除预计净残值）。

资产减值损失一经确认，在以后会计期间不得转回。但是，遇到资产处置、出售、对外投资、以非货币性资产交换方式换出、在债务重组中抵偿债务等情况，同时符合资产终止确认条件的，企业应当将相关资产减值准备予以转销。

3. 资产组的认定及减值的处理

有迹象表明一项资产可能发生减值的，企业应当以单项资产为基础估计其可收回金额。企业难以对单项资产的可收回金额进行估计的，应当以该资产所属的资产组为基础确定资产组的可收回金额。资产组是指企业可以认定的最小资产组合，其产生的现金流入应当基本上独立于其他资产或者资产或资产组产生的现金流入。

（1）资产组的认定。

资产组的认定，应当以资产组产生的主要现金流入是否独立于其他资产或者资产组的现金流入为依据。在认定资产组产生的现金流入是否基本上独立于其他资产或者资产组时，应当考虑企业管理层管理生产经营活动的方式（如是按照生产线、业务种类还是按照地区或者区域等）和对资产的持续使用或者处置的决策方式等。

企业的某一生产线、营业网点、业务部门等，如果能够独立于其他部门或者单位等创造收入、产生现金流量，或者其创造的收入和现金流入绝大部分独立于其他部门或者单位的，并且属于可认定的最小的资产组合的，通常应将该生产线、营业网点、业务部门等认定为一个资产组。

几项资产的组合生产的产品（或者其他产出）存在活跃市场的，无论这些产品或者其他产出是用于对外出售还是仅供企业内部使用，均表明这几项资产的组合能够独立创造现金流入，应当将这些资产的组合认定为资产组。

资产组一经确定，各个会计期间应当保持一致，不得随意变更。如需变更，企业管理层应当证明该变更是合理的，并在附注中说明。

（2）资产组可收回金额和账面价值的确定。

资产组的可收回金额应当按照该资产组的公允价值减去处置费用后的净额与其预计未来现金流量的现值两者之间较高者确定。

资产组账面价值的确定基础应当与其可收回金额的确定方式相一致。资产组的账面价值包括可直接归属于资产组与可以合理和一致地分摊至资产组的资产账面价值，通常不应当包括已确认负债的账面价值，但如不考虑该负债金额就无法确认资产组可收回金额的除外。

资产组在处置时如要求购买者承担一项负债（如环境恢复负债等）、该负债金额已经确认并计入相关资产账面价值，而且企业只能取得包括上述资产和负债在内的单一公允价值减去处置费用后的净额的，为了比较资产组的账面价值和可收回金额，在确定资产组的账面价值及其预计未来现金流量的现值时，应当将已确认的负债金额从中扣除。

（3）资产组减值损失的会计处理。

根据减值测试的结果，资产组（包括资产组组合）的可收回金额如低于其账面价值的，应当确认相应的减值损失。减值损失金额应当按照下列顺序进行分摊：

①首先抵减分摊至资产组中商誉的账面价值。

②然后根据资产组中除商誉之外的其他各项资产的账面价值所占比重，按比例抵减其他各项资产的账面价值。

以上资产账面价值的抵减，应当作为各单项资产（包括商誉）的减值损失处理，计入当期损益。抵减后的各资产的账面价值不得低于以下三者之中最高者：该资产的公允价值减去处置费用后的净额（如可确定的）、该资产预计未来现金流量的现值（如可确定的）和零。因此而导致的未能分摊的减值损失金额，应当按照相关资产组中其他各项资产的账面价值所占比重进行分摊。

（4）涉及总部资产的减值损失的会计处理。

企业总部资产包括企业集团或其事业部的办公楼、电子数据处理设备、研发中心等资产。总部资产的显著特征是难以脱离其他资产或者资产组产生独立的现金流入，而且其账面价值难以完全归属于某一资产组。因此，总部资产通常难以单独进行减值测试，需要结合其他相关资产组或者资产组组合进行。资产组组合，是指由若干个资产组组成的最小资产组组合，包括资产组或者资产组组合，以及按合理方法分摊的总部资产部分。

在资产负债表日，如果有迹象表明某项总部资产可能发生减值的，企业应当计算确定该总部资产所归属的资产组或者资产组组合的可收回金额，然后将其与相应的账面价值相比较，据以判断是否需要确认减值损失。

企业在对某一资产组进行减值测试时，应当先认定所有与该资产组相关的总部资产，再根据相关总部资产能否按照合理和一致的基础分摊至该资产组，分别下列情况处理：

①对于相关总部资产能够按照合理和一致的基础分摊至该资产组的部分，应当将该部分总部资产的账面价值分摊至该资产组，再据以比较该资产组的账面价值（包括已分摊的总部资产的账面价值部分）和可收回金额，并按照前述有关资产组的减值损失处理顺序和方法处理。

②对于相关总部资产难以按照合理和一致的基础分摊至该资产组的，应当按照下列步骤处理：

首先，在不考虑相关总部资产的情况下，估计和比较资产组的账面价值和可收回金额，并按照前述有关资产组减值损失处理顺序和方法处理。

其次，认定由若干个资产组组成的最小的资产组组合，该资产组组合应当包括所测试的资产组与可以按照合理和一致的基础将该总部资产的账面价值分摊其上的部分。

最后，比较所认定的资产组组合的账面价值（包括已分摊的总部资产的账面价值部分）和可收回金额，并按照前述有关资产组减值损失的处理顺序和方法处理。

4. 商誉减值的处理

企业合并所形成的商誉，至少应当在每年年度终了时进行减值测试。商誉应当结合与其相关的资产组或者资产组组合进行减值测试。相关的资产组或者资产组组合应当是能够从企业合并的协同效应中受益的资产组或者资产组组合，不应当大于企业所确定的报告分部。

对于已经分摊商誉的资产组或资产组组合，不论是否存在资产组或资产组组合可能发生减值的迹象，每年都应当通过比较包含商誉的资产组或资产组组合的账面价值与可收回金额进行减值测试。

（1）商誉账面价值的分摊。

企业进行资产减值测试，对于因企业合并形成的商誉的账面价值，应当自购买日起按照合理的方法分摊至相关的资产组。难以分摊至相关的资产组的，应当将其分摊至相关的资产组组合。

企业因重组等原因改变了其报告结构，从而影响到已分摊商誉的一个或者若干个资产组或者资产组组合构成的，应当按照合理的分摊方法，将商誉重新分摊至受影响的资产组或者资产组组合。

（2）商誉减值损失的会计处理。

在对包含商誉的相关资产组或者资产组组合进行减值测试时，如与商誉相关的资产组或者资产组组合存在减值迹象的，应当按照下列步骤处理：

首先，对不包含商誉的资产组或者资产组组合进行减值测试，计算可收回金额，并与相关账面价值相比较，确认相应的减值损失。

其次，再对包含商誉的资产组或者资产组组合进行减值测试，比较这些相关资产组或者资产组组合的账面价值（包括所分摊的商誉的账面价值部分）与其可收回金额。如相关资产组或者资产组组合的可收回金额低于其账面价值的，应当确认相应的减值损失。

减值损失金额应当先抵减分摊至资产组或者资产组组合中商誉的账面价值，再根据资产组或者资产组组合中除商誉之外的其他各项资产的账面价值所占比重，按比例抵减其他各项资产的账面价值。相关减值损失的处理顺序和方法与有关资产组减值损失的处理顺序和方法相一致。

※新会计准则第09号——职工薪酬

1. 职工薪酬的内容

职工薪酬，是指企业为获得职工提供的服务而给予各种形式的报酬以及其他相关支出，包括职工在职期间和离职后提供给职工的全部货币性薪酬和非货币性福利。企业提供给职工配偶、子女或其他被赡养人的福利等，也属于职工薪酬。

职工薪酬包括：

（1）职工工资、奖金、津贴和补贴。

（2）职工福利费。

（3）医疗保险费、养老保险费（包括基本养老保险费和补充养老保险费）、失业保险费、工伤保险费和生育保险费等社会保险费。

（4）住房公积金。

（5）工会经费和职工教育经费。

（6）非货币性福利。

（7）因解除与职工的劳动关系给予的补偿（以下称"辞退福利"）。

（8）其他与获得职工提供的服务相关的支出。企业以商业保险形式提供给职工的各种保险待遇、以现金结算的股份支付属于职工薪酬，以权益工具结算的股份支付也属于职工薪酬。

以上所指"职工"，包括与企业订立劳动合同的所有人员，含全职、兼职和临时职工，也包括未与企业订立劳动合同、但由企业正式任命的人员，如董事会成员、监事会成员等。在企业的计划和控制下，虽与企业未订立劳动合同、或企业未正式任命的人员，但为企业提供了类似服务，也视同企业职工处理。

2. 职工薪酬的确认和计量

（1）职工薪酬确认的原则。

企业应当在职工为其提供服务的会计期间，将除辞退福利外的应付的职工薪酬确认为负债，并根据职工提供服务的受益对象，分别下列情况处理：

①应由生产产品、提供劳务负担的职工薪酬，计入产品成本或劳务成本。

②应由在建工程、无形资产负担的职工薪酬，计入建造固定资产或无形资产成本。

③上述两项之外的其他职工薪酬，计入当期损益。

（2）职工薪酬的计量标准。

①货币性职工薪酬。

计量应付职工薪酬时，国家规定了计提基础和计提比例的，应当按照国家规定的标准计提。没有规定计提基础和计提比例的，企业应当根据历史经验数据和实际情况，合理预计当期应付职工薪酬。当期实际发生金额大于预计金额的，应当补提应付职工薪酬；当期实际发生金额小于预计金额的，应当冲回多提的应付职工薪酬。

对于在职工提供服务的会计期末以后一年以上到期的应付职工薪酬，企业应当选择恰当的折现率，以应付职工薪酬折现后的金额计入相关资产成本或当期损益；应付职工薪酬金额与其折现后金额相差不大的，也可按照未折现金额计入相关资产成本或当期损益。

②非货币性职工薪酬。

企业以其自产产品作为非货币性福利发放给职工的，应当根据受益对象，按照该产品的公允价值，计入相关资产成本或当期损益，同时确认应付职工薪酬。

企业将拥有的房屋等资产无偿提供给职工使用的，应当根据受益对象，将该住房每期应计提的折旧计入相关资产成本或当期损益，同时确认应付职工薪酬。租赁住房等资产供职工无偿使用的，应当根据受益对象，将每期应付的租金计入相关资产成本或当期损益，并确认应付职工薪酬。难以认定受益对象的非货币性福利，直接计入当期损益和应付职工薪酬。

（3）辞退福利的确认和计量。

辞退福利包括：一是职工劳动合同到期前，不论职工本人是否愿意，企业决定解除与职工的劳动关系而给予的补偿；二是职工劳动合同到期前，为鼓励职工自愿接受裁减而给予的补偿，职工有权选择继续在职或接受补偿离职。辞退福利通常采取在解除劳动关系时一次性支付补偿的方式，也有通过提高退休后养老金或其他离职后福利的标准，或者将职工工资支付至辞退后未来某一期间的方式。辞退福利同时满足下列条件的，应当确认因解除与职工的劳动关系给予补偿而产生的预计负债，同时计入当期损益：

①企业已经制定正式的解除劳动关系计划或提出自愿裁减建议，并即将实施。该计划或建议应当包括拟解除劳动关系或裁减的职工所在部门、职位及数量；根据有关规定按工作类别或职位确定的解除劳动关系或裁减补偿金额；拟解除劳动关系或裁减的时间。

②企业不能单方面撤回解除劳动关系计划或裁减建议。

正式的辞退计划或建议应当经过批准。辞退工作一般应当在一年内实施完毕，但因付款程序等原因使部分款项推迟至一年后支付的，视为符合应付职工薪酬（辞退福利）的确认条件。满足辞退福利确认条件、实质性辞退工作在一年内完成、但付款时间超过一年的辞退福利，企业应当选择恰当的折现率，以折现后的金额计量应付职工薪酬。

企业应当严格按照辞退计划条款的规定，合理预计并确认辞退福利产生的应付职工薪酬。对于职工没有选择权的辞退计划，应当根据辞退计划条款规定的拟解除劳动关系的职工数量、每一职位的辞退补偿标准等，计提应付职工薪酬。企业对于自愿接受裁减的建议，应当预计将会接受裁减建议的职工数量，根据预计的职工数量和每一职位的辞退补偿标准等，计提应付职工薪酬。

（4）以现金结算的股份支付。

对职工以现金结算的股份支付，应当按照企业承担的以股份或其他权益工具为基础计算确定的负债的公允价值计量。除授予后立即可行权的以现金结算的股份支付外，授予日一般不进行会计处理。授予日，是指股份支付协议获得批准的日期。其中，获得批准是指企业与职工就股份支付的协议条款和条件已达成一致，该协议获得股东大会或类似机构的批准。

等待期，是指可行权条件得到满足的期间。可行权条件分为市场条件和非市场条件。市场条件是指行权价格、可行权条件以及行权可能性与权益工具的市场价格相关的业绩条件，如股份支付协议中关于股价至少上升至何种水平才可行权的规定。非市场条件是指除市场条件之外的其他业绩条件，如股份支付协议中关于达到最低盈利目标或销售目标才可行权的规定。等待期长度确定后，业绩条件为非市场条件的，如果后续信息表明需要调整等待期长度的，应对前期确定的等待期长度进行修改；业绩条件为市场条件的，不应因此改变等待期长度。对于可行权条件为业绩条件的股份支付，在确定权益工具的公允价值时，应考虑市场条件的影响，只要职工满足了其他所有非市场条件，企业就应当确认已取得的服务。

完成等待期内的服务或达到规定业绩条件以后才可行权的以现金结算的股份支付，在等待期内的每个资产负债表日，应当以对可行权情况的最佳估计为基础，按照资产负债表日企业承担的以股份或其他权益工具为基础计算确定的负债的公允价值重新计量，将当期取得的服务计入相关资产成本或费用,同时确认应付职工薪酬;在资产负债表日,企业应当根据最新取得的可行权职工人数变动等后续信息作出最佳估计,修正预计可行权的权益工具数量,计算截止当期累计应确认的成本费用金额,减去前期累计已确认金额,作为当期应确认的成本费用金额,同时确认应付职工薪酬。在可行权日,最终预计可行权权益工具的数量应当与实际可行权数量一致。

在可行权日之后,企业不再调整等待期内确认的成本费用,应付职工薪酬的公允价值变动计入当期损益(公允价值变动损益)。可行权日,是指可行权条件得到满足、职工具有从企业取得权益工具或现金的权利的日期。

◎新准则案例运用及说明

※存货案例及说明

1. 存货可变现净值案例运用及解析

【案例】20××年12月31日，兴新公司库存原材料B材料的账面成本为1200 000元，市场购买价格总额为1100 000元，假设不发生其他购买费用，由于B材料市场销售价格下降，市场上用B材料生产的产成品W2型机器的市场销售价格也相应发生了下降，下降了10%。W2型机器的市场销售价格总额由3 000 000元降为2 700 000元，但生产成本仍为2 800 000元，将B材料加工成W2型机器尚需投入1 600 000元，估计销售费用及税金为100 000元。

据此，可以确定20××年12月31日B材料的价值。根据上述资料，可按照以下步骤进行确定：

第一步，计算用该原材料所生产的产成品的可变现净值：

W2型机器的可变现净值＝W2型机器估计售价－估计销售费用及税金＝2 700 000－100 000＝2 600 000（元）

第二步，将用该原材料所生产的产成品的可变现净值与其成本进行比较：

W2型机器的可变现净值2 600 000元小于其成本2 800 000元，即B

材料价格的下降表明 W2 型机器的可变现净值低于成本，因此 B 材料应当按可变现净值计量。

第三步，计算该原材料的可变现净值，并确定其期末价值：

B 材料的可变现净值 = W2 型机器的售价总额 – 将 B 材料加工成 W2 型机器尚需投入的成本 – 估计销售费用及税金 = 2 700 000 – 1 600 000 – 100 000 = 1000 000 （元）

B 材料的可变现净值 1 000 000 元小于其成本 1 200 000 元，因此 B 材料的期末价值应为其可变现净值 1 000 000 元，即 B 材料应按 1 000 000 元列示在 20×× 年 12 月 31 日的资产负债表的存货项目之中。

【新准则分析】

根据《企业会计准则第 1 号——存货》的规定，资产负债表日，存货应当按照成本与可变现净值孰低计量。这一条规定了存货期末计量的原则，要求对期末存货，按照成本与可变现净值两者之中的较低者进行计量，即当成本低于可变现净值时，存货按成本计量；当成本高于可变现净值时，存货按可变现净值计量。

（1）可变现净值的确定。

"可变现净值"一般应以资产负债表日以存货的估计售价减去至完工时将要发生的成本、销售费用以及相关税费后的金额来确定。具体分述如下：

①产成品、商品和用于出售的原材料等直接用于出售的存货，其可变现净值根据在正常生产经营过程中，以存货的估计售价减去估计的销售费用和相关税金后的金额确定。

②用于生产的材料、在产品或自制半成品等需要经过加工的存货，其可变现净值根据在正常生产经营过程中，以存货的估计售价减去至完工估计将要发生的成本、估计的销售费用以及相关税金后的金额确定。

③为执行销售合同或者劳务合同而持有的存货，其可变现净值通常应当以合同价格为基础计算。企业持有存货的数量多于销售合同订购数量

的，超出部分的存货可变现净值应当以一般销售价格为基础计算。企业持有存货的数量少于销售合同订购数量的，其会计处理适用《企业会计准则第13号——或有事项》。用于出售的材料等，其可变现净值应当以市场价格为基础计算。

（2）企业确定存货的可变现净值时应考虑的因素。

本准则第16条规定企业确定存货的可变现净值，应当以取得的确凿证据为基础，并且考虑持有存货的目的、资产负债表日后事项的影响等因素。这就是说，可变现净值的确定必须建立在取得的可靠证据的基础上。这里所讲的"可靠证据"是指对确定存货的可变现净值有直接影响的确凿证明，如产品的市场销售价格、与企业产品相同或类似商品的市场销售价格、供货方提供的有关资料、销售方提供的有关资料、生产成本资料等。同时，还应考虑持有存货的目的。由于企业持有存货的目的不同，确定存货可变现净值的计算方法也不同。如用于出售的存货和用于继续加工的存货，其可变现净值的计算就不相同，因此，企业在确定存货的可变现净值时，应考虑持有存货的目的。企业持有存货的目的，通常可以分为：

①持有以备出售，如商品、产成品。其中又分为有合同约定的存货和没有合同约定的存货。

②将在生产过程或提供劳务过程中耗用，如材料等。但是，需要注意的是，企业在确定存货的可变现净值时还应考虑资产负债表日后事项等的影响，这些事项应能够确定资产负债表日存货的存在状况。即在确定资产负债表日存货的可变现净值时，不仅要考虑资产负债表日与该存货相关的价格与成本波动，而且还应考虑未来的相关事项。也就是说，不仅限于财务会计报告批准报出日之前发生的相关价格与成本波动，还应考虑以后期间发生的相关事项。

【案例】假定宏远公司2009年12月31日库存W型机器12台，成本（不含增值税）为360万元，单位成本为30万元。该批W型机器全部销售给B公司。与B公司签订的销售合同约定，2010年1月20日，宏远公司应按每台 30 万元的价格（不含增值税）向 B 公司提供 W 型机器 12 台。

宏远公司销售部门提供的资料表明，向长期客户——B 公司销售的 W 型机器的平均运杂费等销售费用为 0.12 万元/台；向其他客户销售 W 型机器的平均运杂费等销售费用为 0.1 万元/台。2006 年 12 月 31 日，W 型机器的市场销售价格为 32 万元/台。

在本例中，能够证明 W 型机器的可变现净值的确凿证据是宏远公司与 B 公司签订的有关 W 型机器的销售合同、市场销售价格资料、账簿记录和宏远公司销售部门提供的有关销售费用的资料等。根据该销售合同规定，库存的 12 台 W 型机器的销售价格全部由销售合同约定。

在这种情况下，W 型机器的可变现净值应以销售合同约定的价格 30 万元/台为基础确定。据此，W 型机器的可变现净值 = $30 \times 12 - 0.12 \times 12 = 360 - 1.44 = 358.56$（万元），低于 W 型机器的成本（360 万元），应按其差额 1.44 万元计提存货跌价准备（假定以前未对 W 型计提存货跌价准备）。如果 W 型机器的成本为 350 万元，则不需计提存货跌价准备。

2. 存货日常业务核算案例解析

【案例】宏远公司采用实际成本材料的日常核算。20××年 5 月 7 日，向长虹公司购买原材料一批，材料价格为 50 000 元（不含增值税），增值税税率为 17%，货款已用银行存款支付，但材料尚未验收入库。宏远公司作如下账务处理：

支付货款时：

借：在途物资	50 000
应交税费——应交增值税（进项税额）	8 500
贷：银行存款	58 500

5 月 15 日，材料验收合格，入库时：

借：原材料	50 000
贷：在途物资	50 000

【案例】20××年6月2日，宏远由于生产经营的需要，向仓库领用原材料一批，实际成本为40 000元，用于生产A产品，该企业采用实际成本核算原材料，则账务处理为：

借：生产成本——A产品 40 000
　　贷：原材料 40 000

假若该企业采用计划成本进行原材料的日常核算，该批材料计划成本为50 000元，则账务处理为：

借：生产成本——A产品 40 000
　　材料成本差异 10 000
　　　贷：原材料 50 000

如果宏远企业发出该批材料不是用于生产A产品，而是向外出售，出售价格为70 000元（不含税），增值税税率为17%，则账务处理为：

收到材料款时：

借：银行存款 81 900
　　贷：其他业务收入 70 000
　　　　应交税费——应交增值税（销项税额） 11 900

结转材料成本时：

借：其他业务成本 40 000
　　贷：原材料 40 000

如果上述企业发出该批材料委托其他企业加工B产品，则发出材料时的账务处理为：

借：委托加工物资 40 000
　　贷：原材料 40 000

【案例】某企业20××年4月份验收入库的A类原材料实际成本为150 000元，计划成本为120 000元，4月初结存的该类原材料的实际成本为10 000元，计划成本为8 000元。本月发出该类原材料的计划成本为100 000元，A类原材料全部用于生产甲类产品。计算该企业4月份发出材料应负担的成本差异，并作相应的账务处理为：

计算材料成本差异率：

本期材料成本差异率＝（期初结存材料的成本差异＋本期验收入库材料的成本差异）÷（期初结存材料的计划成本＋本期验收入库材料的计划成本）×100%

$$＝[（10\ 000－8\ 000）＋（150\ 000－120\ 000）]$$
$$÷（8\ 000＋120\ 000）×100\%$$
$$＝25\%$$

计算发出材料应负担的成本差异：

发出材料应负担的成本差异＝发出材料的计划成本×材料成本差异率
$$＝100\ 000×25\%$$
$$＝25\ 000（元）$$

实际成本大于计划成本，作账务处理为：

借：生产成本——甲类产品	125 000
贷：原材料——A 类	100 000
材料成本差异	25 000

【案例】20××年5月13日，甲企业销售一批商品给乙企业，该批商品实际成本为120 000元。商品已经出库，但商品所有权凭证未发生转移，且未收到乙企业的汇款通知，甲企业还不能确认收入，则甲企业应作如下账务处理：

借：发出商品	120 000
贷：库存商品	120 000

5月16日，乙企业以甲企业销售的商品产品质量不合格为由，退回了该批商品，则甲企业的账务处理为：

借：库存商品	120 000
贷：发出商品	120 000

如果乙企业并未退回商品，而是通知甲企业商品已验收入库，并向甲

企业传来一张金额为 175 500 元（含增值税）的购货支票，则甲企业作账务处理为：

收到货款，确认收入时：

借：银行存款 175 500

 贷：主营业务收入 150 000

  应交税费——应交增值税（销项税额） 25 500

结转销售成本时：

借：主营业务成本 120 000

 贷：发出商品 120 000

【案例】A 企业将生产应税消费品甲产品所需原材料委托 B 企业加工。20××年 5 月 10 日，A 企业发出材料实际成本为 51 950 元，应付加工费为 7 000 元，消费税率为 10%，A 企业收回后将进行加工应税消费品甲产品。5 月 25 日收回加工物资并验收入库，另支付往返运杂费 150 元，加工费及代扣代交的消费税均未结算；5 月 28 日将所加工收回的物资投入生产甲产品；6 月 5 日销售甲产品一批，售价 3 800 000 元，货款尚未收到。A、B 企业均为一般纳税人，增值税率为 17%。

①B 企业（受托方）账务处理为：

应缴纳增值税额 = 7 000 × 17%

     = 1 190（元）

应税消费品计税价格 = （51 950 + 7 000）÷（1 - 10%）

      = 65 500（元）

代扣代交的消费税 = 65 500 × 10%

     = 6 550（元）

借：应收账款 14 740

 贷：主营业务收入 7 000

  应交税费——应交增值税（销项税额） 1 190

   ——应交消费税 6 550

②A 企业（委托方）账务处理为：

发出原材料时：

借：委托加工物资　　　　　　　　　　　　　　51 950

　　贷：原材料　　　　　　　　　　　　　　　　　51 950

应付加工费、代扣代交的消费税：

借：委托加工物资　　　　　　　　　　　　　　7 000

　　应交税费——应交增值税（进项税额）　　　1 190

　　　　　　——应交消费税　　　　　　　　　6 550

　　贷：应付账款　　　　　　　　　　　　　　　14 740

支付往返运杂费：

借：委托加工物资　　　　　　　　　　　　　　150

　　贷：银行存款　　　　　　　　　　　　　　　150

收回加工物资验收入库：

借：原材料　　　　　　　　　　　　　　　　　59 100

　　贷：委托加工物资　　　　　　　　　　　　　59 100

生产甲产品领用收回的加工物资：

借：生产成本——甲产品　　　　　　　　　　　59 100

　　贷：原材料　　　　　　　　　　　　　　　　59 100

销售甲产品：

借：应收账款　　　　　　　　　　　　　　4 446 000

　　贷：主营业务收入　　　　　　　　　　　3 800 000

　　　应交税费——应交增值税（销项税额）

　　　　　　　　（3 800 000×17%）646 000

借：营业税金及附加　（3 800 000×10%）380 000

　　贷：应交税费——应交消费税　　　　　　　380 000

计算应交消费税：

借：应交税费——应交消费税　　　（380 000 - 6 550）373 450

　　　贷：银行存款　　　　　　　　　　　　　　　　　373 450

如果 A 企业 5 月 25 日收回委托加工的物资时，采用计划成本法进行核算，计划成本为 60 000 元，则会计分录应为：

借：原材料　　　　　　　　　　　　　　　　　　60 000

　　贷：材料成本差异　　　　　　　　　　　　　　　　900

　　　委托加工物资　　　　　　　　　　　　　　　59 100

※长期股权投资案例及说明

1. 长期股权投资的主要账务处理

（1）企业合并形成的长期股权投资。

同一控制下企业合并形成的长期股权投资，应在合并日按取得被合并方所有者权益账面价值的份额，借记本科目（投资成本）。按支付的合并对价的账面价值，贷记或借记有关资产、负债科目，按其差额的，贷记"资本公积"科目；如为借方差额，借记"资本公积——资本溢价或股本溢价"科目，资本公积（资本溢价或股本溢价）不足冲减的，应依次借记"盈余公积""利润分配——未分配利润"科目。

非同一控制下企业合并形成的长期股权投资，应在购买日按根据企业合并准则确定的合并成本，借记本科目，按支付合并对价的账面价值，贷记或借记有关资产、负债科目，按发生的直接相关费用，贷记"银行存款"等科目，按其差额，贷记"营业外收入"或借记"营业外支出"等科目。

（2）以支付现金、非现金资产等其他方式取得的长期股权投资，应按根据长期股权投资准则确定的初始投资成本，借记本科目，贷记"银行存款"等科目。

（3）采用成本法核算的长期股权投资的处理。

长期股权投资采用成本法核算的，应按被投资单位宣告发放的现金股利或利润中属于本企业的部分，借记"应收股利"科目，贷记"投资收益"科目；属于被投资单位在取得投资前实现净利润的分配额，应作为投资成本的收回，贷记本科目。

2. 企业的长期股权投资采用权益法核算的处理方法

（1）长期股权投资的初始投资成本大于投资时应享有被投资单位可辨认净资产公允价值份额的，不调整已确认的初始投资成本；长期股权投资的初始投资成本小于投资时应享有被投资单位可辨认净资产公允价值份额的，应按其差额，借记本科目（投资成本），贷记"营业外收入"科目。

（2）资产负债表日，企业应按根据被投资单位实现的净利润或经调整的净利润计算应享有的份额，借记本科目（损益调整），贷记"投资收益"科目。被投资单位发生亏损、分担亏损份额超过长期股权投资而冲减长期权益账面价值的，借记"投资收益"科目，贷记本科目（损益调整）。

被投资单位以后宣告发放现金股利或利润时，企业计算应分得的部分，借记"应收股利"科目，贷记本科目（损益调整）。

收到被投资单位发放的股票股利，不进行账务处理，但应在备查簿中登记。

（3）发生亏损的被投资单位以后实现净利润的，企业计算应享有的份额，如有未确认投资损失的，应先弥补未确认的投资损失，弥补损失后仍有余额的，借记本科目（损益调整），贷记"投资收益"科目。

（4）在持股比例不变的情况下，被投资单位除净损益以外所有者权益的其他变动，企业按持股比例计算应享有的份额，借记本科目（所有者权益其他变动），贷记"资本公积——其他资本公积"科目。

3. 长期股权投资核算方法转换的处理

企业根据长期股权投资准则将长期股权投资自成本法转按权益法核算的，应按转换时该项长期股权投资的账面价值作为权益法核算的初始投资成本。初始投资成本小于占被投资单位可辨认净资产公允价值份额的差额，借记本科目（投资成本），贷记"营业外收入"科目。

长期股权投资自权益法转按成本法核算的，除构成企业合并的以外，应按中止采用权益法时投资的账面价值作为成本法核算的初始投资成本。

4. 处置长期股权投资的处理

出售长期股权投资时，应按实际收到的金额，借记"银行存款"等科目，原已计提减值准备的，借记"长期股权投资减值准备"科目，按其账面余额，贷记本科目，按尚未领取的现金股利或利润，贷记"应收股利"科目，按其差额，贷记或借记"投资收益"科目。

出售采用权益法核算的长期股权投资时，还应按处置长期股权投资的投资成本比例结转原记入"资本公积——其他资本公积"科目的金额，借记或贷记"资本公积——其他资本公积"科目，贷记或借记"投资收益"科目。

5. 具体案例解析应用

【案例】20××年3月1日，甲股份公司用银行存款支付1 000 000元给乙公司，受让乙公司持有的丙公司75%的股权（甲公司和乙公司受丁公司控制），受让股权时丙公司的所有者权益账面价值为1 500 000元。甲公司的账务处理为：

借：长期股权投资——丙公司　　　（1 500 000×75%）1 125 000

　　贷：银行存款　　　　　　　　　　　　　　　　　　1 000 000

　　　　资本公积——股本溢价　　　　　　　　　　　　　125 000

【**案例**】20××年4月1日，甲股份公司通过发行股票500 000元（每股股票面值1元），受让乙公司持有的丙公司75%的股份（甲公司和乙公司受丁公司控制），受让股权时的丙公司的所有者权益账面价值为2 000 000元。则甲公司的账务处理为：

借：长期股权投资——丙公司　　　　（2 000 000×75%）1 500 000
　　贷：股本（500 000×1）　　　　　　　　　　　　　500 000
　　　　资本公积——股本溢价　　　　　　　　　　　1 000 000

【**案例**】20××年5月1日，甲股份公司将一条自动化生产线转让给丙公司，作为受让丙公司持有的乙公司70%的股权的对价（甲公司和丙公司为非同一控制）。其余有关资料如下：

①该大型设备原值为500万元，已计提折旧180万元，未计提减值准备，其公允价值为280万元。

②为进行投资发生该设备评估费、律师咨询费等3万元，已用银行存款支付。

③股权受让日丙公司资产账面价值为500万元，负债账面价值为260万元，净资产账面价值为240万元。经确认的丙公司可辨认资产的公允价值为560万元，负债公允价值为260万元，可辨认净资产公允价值为300万元。

④不考虑其他相关费用。

甲公司的账务处理为：

合并成本 = 付出资产的公允价值 + 直接相关费用

　　　　 = 280 + 3

　　　　 = 283（万元）

资产转让损益 = 付出资产的公允价值 - 付出资产的账面价值

　　　　　　 = 280 -（500 - 180）

　　　　　　 = -40（万元）

商誉 = 合并成本 - 合并中取得的被购买方可辨认净资产公允价值份额

　　 = 283 - 300×70%

=73（万元）

借：固定资产清理   3 200 000

累计折旧   1 800 000

贷：固定资产   5 000 000

借：长期股权投资——乙公司   2 100 000

商誉   730 000

营业外支出——资产转让损失   400 000

贷：固定资产清理   3 200 000

银行存款   30 000

【案例】甲股份公司于 2009 年 1 月 1 日将一批原材料对丙企业进行长期股权投资，占丙企业 60% 的股份。投出的原材料账面余额为 1 000 万元，公允价值为 1 200 万元，投资时丙企业的可辨认净资产公允价值为 2 200 万元。

2009 年丙企业实现净利润 300 万元，2010 年 3 月 13 日分派现金股利 120 万元。

甲公司账务处理为（成本法）：

2009 年 1 月 1 日投资时：

合并成本 = 付出资产的公允价值（存货含税）+ 直接相关费用

$= 1 200 \times （1 + 17\%）$

$= 1 404$（万元）

资产转让损益 = 付出资产的公允价值（不含税）- 付出资产的账面价值

$= 1 200 - 1 000$

$= 200$（万元）

商誉 = 合并成本 - 合并中取得的被购买方可辨认净资产公允价值的份额

$= 1 404 - 2 200 \times 60\%$

$= 1 404 - 1 320$

$= 84$（万元）

借：长期股权投资——丙企业　　　（2 200 万元×60％）13 200 000

　　商誉　　　　　　　　　　　　　　　　　　　　 840 000

　　贷：原材料　　　　　　　　　　　　　　　　 10 000 000

　　　　应交税费——应交增值税（销项税额）

　　　　　　　　　　　　　　　（1 200 万元×17％）2 040 000

　　　　营业外收入——资产转让收益　　　　　　 2 000 000

2009 年丙企业实现净利润 300 万元，甲公司不作账务处理。

2010 年 3 月 13 日分派现金股利时：

借：应收股利　　　　　　　　　（120 万元×60％）720 000

　　贷：投资收益　　　　　　　　　　　　　　　　 720 000

收到现金股利时：

借：银行存款　　　　　　　　　　　　　　　　　 720 000

　　贷：应收股利　　　　　　　　　　　　　　　　 720 000

【案例】2008 年 1 月 1 日，甲股份公司投资于乙公司，投资成本为 200 万元，占乙公司 30％ 的股份（具有重大影响），采用权益法核算。2008 年 12 月 31 日，乙公司计算出的净利润为 200 万元，2009 年 3 月 1 日，乙公司经股东会批准在实现的 200 万元净利润中拿出其中的 100 万元用于分配现金股利。2009 年乙公司发生净亏损 1 000 万元。2010 年乙公司实现净利润 300 万元。则甲公司相关账务处理为：

2008 年 12 月 31 日，乙公司计算出的净利润 200 万元，甲公司应确认投资收益 60 万元：

借：长期股权投资——乙公司（损益调整）　　　　 600 000

　　贷：投资收益　　　　　　　　　（200 万元×30％）600 000

甲公司 2008 年末对乙公司投资的账面价值 = 200 + 60

　　　　　　　　　　　　　　　　　　 = 260（万元）

如果 2009 年 3 月 1 日乙公司经股东会批准，在实现的 200 万元净利润中拿出其中的 100 万元用于分配现金股利，则甲公司可分得现金股利 30 万元：

借：应收股利（100万元×30%）   300 000

    贷：长期股权投资——乙公司（损益调整）   300 000

2009年乙公司发生亏损1 000万元，甲公司应确认投资损失300万元（1 000万元×30%），但因为长期股权投资的账面价值仅有230万元。按照新准则的规定，被投资单位当年发生的净损失，投资企业应按持股比例计算应分担的份额，确认投资损失。投资企业确认被投资单位发生的净亏损，应以长期股权投资的账面价值以及其他实质上构成对被投资单位净投资的长期权益减记至零为限，投资企业负担有承担额外损失义务的除外。因而，甲公司应确认投资损失的限额为230万元，未确认的投资亏损额70万元，应在备查簿中进行登记。

2009年末，甲公司对乙公司投资的账面价值为0，会计处理为：

借：投资收益   2 300 000

    贷：长期股权投资——乙公司（损益调整）   2 300 000

2010年乙公司实现净利润300万元，加甲公司应确认投资损益为90万元，但因前期末未确认亏损有70万元，按规定被投资单位以后实现净利润的，投资企业在其收益分享额弥补未确认的亏损分担额后，恢复确认收益分享额。因而本期确认的投资收益额为90 - 70 = 20万元。账务处理为：

借：长期股权投资——乙公司（损益调整）   200 000

    贷：投资收益   200 000

【案例】20××年1月1日，甲股份公司投资于乙公司，占乙公司30%的股份。20××年12月，乙公司接到现金捐赠20万元。所得税税率33%。则乙公司的会计处理为：

收到现金捐赠时：

借：银行存款   200 000

    贷：待转资产价值   200 000

年末时：

借：待转资产价值　　　　　　　　　　　　　　　　200 000

　　贷：资本公积——其他资本公积　　　　　　　　134 000

　　　　应交税费——应交所得税　　　　　　　　　　66 000

甲公司确认权益的账务处理为：

借：长期股权投资——乙公司（股权投资准备）

　　　　　　　　　　　　　　　　（134 000×30%）40 200

　　贷：资本公积——乙公司（股权投资准备）　　　40 200

※投资性房地产案例及说明

当投资性房地产被处置，或者永久退出使用且预计不能从其处置中取得未来经济利益时，应当终止确认该项投资性房地产。

企业出售、转让、报废投资性房地产或者发生投资性房地产毁损，应当将处置收入扣除其账面价值和相关税费后的金额计入当期损益。

【案例】振华股份公司为了拓展经营规模，2006 年 5 月以银行存款方式购得繁华商业街的一栋商务楼，并当即出租。该商务楼的购买价为 300 万元，采用银行转账支付。账务处理为：

借：投资性房地产　　　　　　　　　　　　　　　3 000 000

　　贷：银行存款　　　　　　　　　　　　　　　3 000 000

【案例】振华股份公司 20××年 6 月接受乙公司投入的土地使用权，该资产在乙公司的账面价值为 400 万元，双方协商以评估价值作为投资价值确认标准，其评估价值为 450 万元，振华股份公司取得该土地后，拟于适当时机转让。振华股份公司接受乙公司投资的账务处理为：

借：投资性房地产　　　　　　　　　　　　　　　4 500 000

　　贷：股本　　　　　　　　　　　　　　　　　4 500 000

【案例】振华股份公司 20××年 5 月 31 日购入一幢商务楼，用于对外出租，该商务楼的购置价为 1 680 万元，相关税费 10 万元，预计使用寿命

40 年，预计净残值 10 万元，采用直线法折旧。20××年 7 月 1 日对外出租，年租金 180 万元，每月收取租金一次。

根据上述情况，振华股份公司购入的商务楼符合投资性房地产的界定条件，该投资性房地产的入账成本为：1 680 + 10 = 1 690（万元），每月租金为：180/12 = 15（万元），每月的折旧费用为：[（1 690 - 10）/40]/12 = 3.5（万元）。

购置房地产：

借：投资性房地产 16 900 000

  贷：银行存款 16 900 000

收取租金：

借：银行存款 150 000

  贷：投资收益 150 000

提取折旧：

借：投资收益 35 000

  贷：累计折旧——投资性房地产 35 000

【案例】振华股份公司于 20××年 10 月以 2 000 万元的价格对外转让 20××年 5 月 31 日购入的该幢商务楼，已通过银行转账收取转让价款。该商务楼采用成本模式进行后续计量，营业税税率为 5%。转让商务楼的相关账务处理为：

借：银行存款 20 000 000

  累计折旧 （3.5 万 ×6）210 000

  贷：投资性房地产 16 900 000

    应交税费——营业税 1 000 000

    投资收益 2 310 000

【案例】长城房地产公司（以下简称长城公司）于 2006 年 12 月 31 日将一建筑物对外出租并采用公允价值模式计量，租赁期为 3 年，每年 12 月 31 日收取租金 200 万元。出租当日，该建筑物的成本为 2 700 万元，已提折旧

400 万元，尚可使用年限为 20 年，公允价值为 1 700 万元。2007 年 12 月 31 日，该建筑物的公允价值为 1 830 万元，2007 年 12 月 31 日，该建筑物的公允价值为 1 880 万元，2009 年 12 月 31 日的公允价值为 1 760 万元，2010 年 1 月 5 日将该建筑物对外出售，编制长城公司上述经济业务的会计分录。

会计分录处理如下：

①2006 年 12 月 31 日

借：投资性房地产——成本	1 700
公允价值变动损益	600
累计折旧	400
贷：固定资产	2 700

②2007 年 12 月 31 日

借：银行存款	200
贷：其他业务收入	200
借：投资性房地产——公允价值变动　（1 830 - 1 700）	130
贷：公允价值变动损益	130

③2008 年 12 月 31 日

借：银行存款	200
贷：其他业务收入	200
借：投资性房地产——公允价值变动	50
贷：公允价值变动损益	50

④2009 年 12 月 31 日

借：银行存款	200
贷：其他业务收入	200

⑤2010 年 1 月 5 日

借：银行存款	1 800
贷：其他业务成本	1 800

借：其他业务成本　　　　　　　　　　　　　　　　1 760

　　贷：投资性房地产——公允价值变动　　　　　　　　 60

　　　　投资性房地产——成本　　　　　　　　　　　1 700

借：其他业务收入　　　　　　　　　　　　　　　　 540

　　贷：公允价值变动损益　　　　　　　　　　　　　 540

※固定资产案例及说明

1. 固定资产日常核算的主要内容

（1）企业购入不需要安装的固定资产，按应计入固定资产成本的金额，借记"固定资产"科目，贷记"银行存款"等科目。

购入需要安装的固定资产，先记入"在建工程"科目，达到预定可使用状态时再转入"固定资产"科目。

购入固定资产超过正常信用条件延期支付价款、实质上具有融资性质的，按应付购买价款的现值，借记"固定资产"科目或"在建工程"科目，按应支付的金额，贷记"长期应付款"科目，按其差额，借记"未确认融资费用"科目。

【案例】20××年4月9日，某公司购置一套设备，价值30 000元，该设备不需要安装即可使用。该公司还支付了300元运输费用和5 100元的增值税，款项已支付。该项业务的账务处理为：

借：固定资产　　　　　　　　　　　　　　　　　35 400

　　贷：银行存款　　　　　　　　　　　　　　　　35 400

如果这套设备购入后需要安装才能使用，该公司用现金支付了500元安装调试费，则作账务处理为：

购入时：

借：在建工程   35 400
　　贷：银行存款   35 400
支付安装调试费时：
借：在建工程   500
　　贷：库存现金   500
安装完毕投入使用时：
借：固定资产   35 900
　　贷：在建工程   35 900

【案例】 某企业购入一台需要安装的设备，取得的增值税专用发票上注明的设备买价为 50 000 元。增值税税额为 8 500 元，支付的运输费为 1 000元，安装设备时，领用材料物资价值 1 500 元，购进该批材料时支付的增值税额为 255 元，支付安装人员的工资 2 500 元。账务处理为：

支付设备价款、税费、运输费用合计 59 500 元：
借：在建工程   59 500
　　贷：银行存款   59 500
领用安装材料，支付工资费用时：
借：在建工程   4 255
　　贷：原材料   1 500
　　　　应交税费——应交增值税（进项税额转出）   255
　　　　应付职工薪酬——工资   2 500
设备安装完毕交付使用，确定固定资产的入账价值：
59 500 + 4 255 = 63 755（元）
借：固定资产   63 755
　　贷：在建工程   63 755

（2）自行建造达到预定可使用状态的固定资产，借记"固定资产"科目，贷记"在建工程"科目。

已达到预定可使用状态、但尚未办理竣工决算手续的固定资产，应按估计价值入账，待确定实际成本后再进行调整。

【案例】20××年1月1日，甲企业开始自行建造某固定资产。20××年9月10日，该项固定资产完工，"在建工程"账面余额为 200 000 元，在办理竣工决算手续时发生费用 10 000 元。10月1日，该项固定资产竣工手续完毕，并投入使用。甲企业作账务处理为：

固定资产完工时，按"在建工程"账面余额估价入账：

借：固定资产 200 000

　　贷：在建工程 200 000

竣工手续办理完毕时：

借：固定资产 10 000

　　贷：银行存款 10 000

（3）融资租入的固定资产，在租赁期开始日，按应计入固定资产成本的金额（租赁开始日租赁资产公允价值与最低租赁付款额现值两者中较低者，加上初始直接费用），借记"固定资产"科目或"在建工程"科目，按最低租赁付款额，贷记"长期应付款"科目，按发生的初始直接费用，贷记"银行存款"等科目，按其差额，借记"未确认融资费用"科目。

租赁期届满，企业取得该项固定资产所有权的，应将该项固定资产从"融资租入固定资产"明细科目转入有关明细科目。

【案例】甲公司融资租入乙公司的设备一台（不需要安装），协议标明价款 500 000 元，运输费用和保险费 6 000 元，每月租金 5 000 元。

借：固定资产——融资租入固定资产 506 000

　　贷：长期应付款——乙公司 506 000

按月支付租金时，通过银行付款：

借：长期应付款——乙公司 5 000

　　贷：银行存款 5 000

【案例】A 企业接受某科研单位捐赠的设备一台（不需要安装），确认原值 300 000 元，估计净值 170 000 元。

借：固定资产	300 000
贷：资本公积	170 000
累计折旧	130 000

（4）固定资产存在弃置义务的，应在取得固定资产时，按预计弃置费用的现值，借记"固定资产"科目，贷记"预计负债"科目。在该项固定资产的使用寿命内，计算确定各期应负担的利息费用，借记"财务费用"科目，贷记"预计负债"科目。

（5）处置固定资产时，按该项固定资产账面价值，借记"固定资产清理"科目，按已提的累计折旧，借记"累计折旧"科目，按其账面原价，贷记"固定资产"科目。已计提减值准备的，还应同时结转已计提的减值准备。

【案例】甲公司以正在使用的 A 产品生产设备交换乙公司正在使用的 B 产品生产设备，换入的设备都作为固定资产处理。A 产品生产设备的账面价值为 150 000 元，在交换日的累计折旧为 70 000 元，公允价值为 75 000元。B 产品生产设备的原价为 180 000 元，在交换日累计折旧为 100 000元，公允价值也为 75 000 元。交换过程中甲公司发生运杂费 4 000元，乙公司发生运杂费 4 500 元，都以银行存款支付，没有发生相关税费。甲、乙两公司的账务处理分别为：

甲公司的账务处理：

借：固定资产清理	80 000
累计折旧	70 000
贷：固定资产——A 产品生产设备	150 000
借：固定资产清理	4 000
贷：银行存款	4 000
借：固定资产——B 产品生产设备	84 000
贷：固定资产清理	84 000

乙公司的账务处理为：

借：固定资产清理   80 000
  累计折旧   100 000
   贷：固定资产——B产品生产设备   180 000

借：固定资产清理   4 500
   贷：银行存款   4 500

借：固定资产——A产品生产设备   84 500
   贷：固定资产清理   84 500

（6）固定资产清理的主要账务处理：

①企业因出售、报废、毁损、对外投资、非货币性资产交换、债务重组等转出的固定资产，按该项固定资产的账面价值，借记"固定资产清理"科目，按已计提的累计折旧，借记"累计折旧"科目，按其账面原价，贷记"固定资产"科目。已计提减值准备的，还应同时结转减值准备。

②清理过程中应支付的相关税费及其他费用，借记"固定资产清理"科目，贷记"银行存款""应交税费——应交营业税"等科目。收回出售固定资产的价款、残料价值和变价收入等，借记"银行存款""原材料"等科目，贷记"固定资产清理"科目。应由保险公司或过失人赔偿的损失，借记"其他应收款"等科目，贷记本科目。

③固定资产清理完成后，属于生产经营期间正常的处理损失，借记"营业外支出——处置非流动资产损失"科目，贷记"固定资产清理"科目；属于自然灾害等非正常原因造成的损失，借记"营业外支出——非常损失"科目，贷记"固定资产清理"科目。如为贷方余额，借记"固定资产清理"科目，贷记"营业外收入"科目。

【案例】某企业有旧厂房一栋，原值450 000元，已计提折旧435 000元，因使用期满经批准报废。在清理过程中，以银行存款支付清理费用12 700元，拆除的残料一部分作价15 000元，由仓库收作维修材料，另一部分变卖收入6 800元存入银行。假定不考虑其他有关税费。该企业的账务处理为：

固定资产转入清理：

借：固定资产清理   15 000

    累计折旧   435 000

      贷：固定资产   450 000

支付清理费用时：

借：固定资产清理   12 700

      贷：银行存款   12 700

材料入库并收到变价收入时：

借：原材料   15 000

    银行存款   6 800

      贷：固定资产清理   21 800

结转固定资产清理净损益：

借：营业外支出——处置非流动资产损失   5 900

      贷：固定资产清理   5 900

2. 累计折旧的核算

企业固定资产发生折旧的，应通过"累计折旧"科目进行核算。本科目可按固定资产的类别或项目进行明细核算。本科目期末有贷方余额，反映企业固定资产的累计折旧额。

按期（月）计提固定资产的折旧，借记"制造费用""销售费用""管理费用""研发支出""其他业务成本"等科目，贷记"累计折旧"科目。处置固定资产还应同时结转累计折旧。

（1）年限平均法。

年限平均法又称直线法，是将固定资产的折旧均衡地分摊到各期的一种方法。采用这种方法计算的每期折旧额均是相等的。计算公式如下：

年折旧额 =（固定资产原值 - 预计净残值）÷预计使用年限

月折旧额 = 年折旧额 ÷12

【案例】20××年2月1日，某公司一台生产用设备原值为30 000元，预计清理费为1 200元，而预计残值为3 000元。使用年限为4年。用年限平均法计算的折旧额为：

年折旧额 = ［30 000 － （3 000 － 1 200）］ ÷4

            = （30 000 － 1 800） ÷4

            =7 050 （元）

月折旧额 = 7 050 ÷12

            =587.5 （元）

2月末，计提折旧时：

借：制造费用   587.5

    贷：累计折旧   587.5

（2）工作量法。

这是假设固定资产只能用来生产固定数量的产品，生产一件产品便计提一个单位的折旧额，相当于工资制里的"计件制"。其计算公式为：

单位作业量折旧额 = （固定资产原值 － 预计净残值） ÷预计总作业量

各期折旧额 = 单位作业量折旧额 × 各期实际作业量

【案例】20××年3月1日，某电器厂购置一台专用机床，价值200 000元，预计总工作小时数为300 000小时，预计净残值为2 000元，购置的当月便工作了2 400小时，则有：

每小时折旧额 = （200 000 － 2 000） ÷300 000

               =0.66 （元／小时）

当年的折旧额 = 2 400 ×0.66

               =1 584 （元）

工作量法实际上也是直线法。它把产量与成本相联系，也就是把收入与费用相配。于是月末计提折旧时的会计分录如下：

借：制造费用   1 584

    贷：累计折旧   1 584

（3）双倍余额递减法。

这种方法的计算公式如下：

$$年折旧率 = 2 \div 预计使用年限 \times 100\%$$

$$月折旧率 = 年折旧率 \div 12$$

使用双倍余额递减要注意两件事情：

①这种方法使用初期不考虑固定资产的净残值。

②在固定资产折旧年限到期以前的两年，也就是使用期的最后两年，把其剩余还没提的那部分扣除净残值以后，平均分在两年内计提折旧。

【案例】某公司进口一条生产线，安装完毕后，固定资产原值为200 000元，预计使用年限为 5 年，预计净残值收入 8 000 元。该生产线按双倍余额递减法计算各年的折旧额如下：

双倍直线折旧率 = 2 ÷ 5 × 100%

= 40%

第一年应提折旧 = 200 000 × 40%

= 80 000 （元）

借：制造费用   80 000

  贷：累计折旧   80 000

第二年应提折旧 = （200 000 - 80 000） × 40%

= 120 000 × 40%

= 48 000 （元）

借：制造费用   48 000

  贷：累计折旧   48 000

第三年应提折旧 = （120 000 - 48 000） × 40%

= 72 000 × 40%

= 28 800 （元）

借：制造费用   28 800

  贷：累计折旧   28 800

第四年应提折旧＝〔（72 000－28 800）－8 000〕÷2
$\qquad$ ＝17 600（元）

借：制造费用 $\qquad$ 17 600
　　贷：累计折旧 $\qquad$ 17 600

第五年应提折旧＝〔（72 000－28 800）－8 000〕÷2
$\qquad$ ＝17 600（元）

借：制造费用 $\qquad$ 17 600
　　贷：累计折旧 $\qquad$ 17 600

（4）年限总和法。

年限总和法的折旧率是怎么确定的呢？其计算公式如下：

年折旧率＝尚可以使用年限÷预计使用年限的年数总和×100%

月折旧率＝年折旧率÷12

月折旧额＝（固定资产原值－预计净残值）×月折旧率

比如一项固定资产可用6年。第一年时，还可用6年，于是：

年折旧率＝6÷（6＋5＋4＋3＋2＋1）×100%
$\qquad$ ＝6÷21×100%
$\qquad$ ＝28.57%

第二年时，还可用5年，于是：

年折旧率＝5÷（6＋5＋4＋3＋2＋1）×100%
$\qquad$ ＝23.81%

以后各年依次类推。

3. 固定资产减值准备的核算

企业的固定资产发生减值的，应通过"固定资产减值准备"科目进行核算。本科目期末有贷方余额，反映企业已计提但尚未转销的固定资产减值准备。

资产负债表日，固定资产发生减值的，按应减记的金额，借记"资产减值损失"科目，贷记"固定资产减值准备"科目。处置固定资产还应同时结转减值准备。

【案例】2009年年末，某企业的一项固定资产发生减值，账面价值为500 000元，已计提折旧20 000元，可变现净值为450 000元，减值金额为30 000元，则账务处理为：

借：资产减值损失   30 000
  贷：固定资产减值准备   30 000

2010年1月，该企业将此固定资产变卖，支付清理费用1 000元，出售的价款收入为500 000元，营业税税率5%（应计提的城建税和教育费附加略）。账务处理为：

固定资产转入清理时：

借：固定资产清理   450 000
  累计折旧   20 000
  固定资产减值准备   30 000
  贷：固定资产   500 000

支付清理费用时：

借：固定资产清理   1000
  贷：银行存款   1000

收到价款时：

借：银行存款   500 000
  贷：固定资产清理   500 000

计算应缴纳的营业税：

应缴营业税税额 = 500 000 × 5%
     = 25 000（元）

借：固定资产清理   25 000
  贷：应交税费——应交营业税   25 000

上交营业税时：

借：应交税费——应交营业税   25 000

  贷：银行存款   25 000

结转固定资产清理的净收益：

借：固定资产清理   24 000

  贷：营业外收入   24 000

【案例】20××年4月1日，某企业为自营在建工程购进一批工程物资，价值500 000元，增值税税额85 000元。6月末，该批工程物资发生减值，减值金额为50 000元。7月10日，全部领用该批工程物资。11月15日，工程建造完工，为建造该固定资产，还支付了建造工人工资40 000元，另外还发生了25 000元的借款费用，该借款费用满足资本化的条件。12月5日，企业利用已完工的在建工程进行负荷联合试车，消耗原材料10 000元，并支付了5 000元的联合试车费用，生产出的产品以实际成本转作库存商品。12月20日，该项在建工程验收完毕，转入固定资产。有关账务处理如下：

购进工程物资时：

借：工程物资   585 000

  贷：银行存款   585 000

发生减值时：

借：资产减值损失   50 000

  贷：工程物资减值准备   50 000

领用工程物资时：

借：在建工程   535 000

  工程物资减值准备   50 000

  贷：工程物资   585 000

支付工人工资时：

借：在建工程   40 000

  贷：应付职工薪酬——工资   40 000

借款费用资本化时：

借：在建工程   25 000

    贷：长期借款   25 000

进行负荷联合试车时：

借：在建工程——待摊支出   15 000

    贷：原材料   10 000

           银行存款   5 000

试车产品转为库存商品时：

借：库存商品   15 000

    贷：在建工程——待摊支出   15 000

在建工程转为固定资产时：

借：固定资产   600 000

    贷：在建工程   600 000

※生物资产案例及说明

1. 生物资产的确认和计量

（1）生物资产的确认。

生物资产同时满足下列条件的，才能予以确认：

①企业因过去的交易或者事项而拥有或者控制该生物资产；

②与该生物资产有关的经济利益或服务潜能很可能流入企业；

③该生物资产的成本能够可靠地计量。

（2）生物资产的初始计量。

企业取得的生物资产，应当按照成本进行初始计量，在实际操作中可以分为以下情况：

①外购生物资产的成本，包括购买价款、相关税费、运输费、保险费

以及可直接归属于购买该资产的其他支出。

【案例】西北农场收获稻谷 5 000 公斤，每公斤生产成本为 1 元，共计金额 5 000 元，稻谷已验收入库，并结转成本，其账务处理如下：

借：生物资产——消耗性生物资产   5 000

  贷：农业生产成本   5 000

【案例】西北农场购入幼猪 100 头，共计金额 12 000 元，运费 500 元；同时购入 10 头成年奶牛，价值 78 000 元，运费 1 000 元。购买幼猪及奶牛的款项和运费已用支票支付，其账务处理如下：

借：生物资产——生产性生物资产（幼猪） 12 500

  生物资产——生产性生物资产（奶牛） 79 000

  贷：银行存款   91 500

②自行栽培、营造、繁殖或养殖的消耗性生物资产的成本，应当按照下列规定确定：

第一，自行栽培的大田作物和蔬菜的成本，包括在收获前耗用的种子、肥料、农药等材料费、人工费和应分摊的间接费用等必要支出。

第二，自行营造的林木类消耗性生物资产的成本，包括郁闭前发生的造林费、抚育费、营林设施费、良种试验费、调查设计费和应分摊的间接费用等必要支出。

第三，自行繁殖的育肥畜的成本，包括出售前发生的饲料费、人工费和应分摊的间接费用等必要支出。

第四，水产养殖的动物和植物的成本，包括在出售或入库前耗用的苗种、饲料、肥料等材料费、人工费和应分摊的间接费用等必要支出。

【案例】华泰农场以自繁方式增加羊羔 100 只，其成本共计 10 000 元，其账务处理如下：

借：生物资产——生产性生物资产（羔羊群） 10 000

  贷：农业生产成本   10 000

【案例】华泰农场本期"农业生产成本——畜牧业生产成本（基本猪

群)"明细账有关资料如下:本期饲养费用为 42 590 元,包括饲料费用
30 000 元、应付工资 10 000 元、应付福利费 2 590 元。副产品(厩肥)价
值 240 元;起初结存未断乳仔猪 50 头,活重 350 公斤,成本 1 890 元;本
期繁殖仔猪 600 头,出生活重及增重 8 400 公斤;本期转群两个月仔猪 500
头,活重 7 700 公斤,两个月内死亡仔猪 20 头,活重 100 公斤;期末结存
未断乳仔猪 130 头,活重 950 公斤。

根据上述资料计算成本如下:

断乳幼畜(仔猪)活重单位成本 (42 590 – 240) ÷7 700 = 5.5(元/
公斤)

发生饲养费用时:

借:农业生产成本——畜牧业(基本猪群)　　　　　　42 590
　　贷:原材料——饲料　　　　　　　　　　　　　　30 000
　　　　应付职工薪酬　　　　　　　　　　　　　　　12 590

如果农作物水稻使用畜群副产品(厩肥),其价值转账,账务处理为:

借:农业生产成本——水稻　　　　　　　　　　　　　240
　　贷:农业生产成本——畜牧业(基本猪群)　　　　　　240

如副产品(厩肥)直接对外出售,账务处理为:

借:银行存款　　　　　　　　　　　　　　　　　　　240
　　贷:农业生产成本——畜牧业(基本猪群)　　　　　　240

断乳仔猪转群时,账务处理为:

借:生物资产——消耗性生物资产(育肥猪)　　　　　42 350
　　贷:农业生产成本——畜牧业(基本猪群)　　　　　42 350

③自行营造或繁殖的生产性生物资产的成本,应当按照下列规定
确定:

第一,自行营造的林木类生产性生物资产的成本,包括达到预定生产
经营目的前发生的造林费、抚育费、营林设施费、良种试验费、调查设计
费和应分摊的间接费用等必要支出。

【案例】高丰苹果种植园种植 500 亩苹果树。20××年 12 月 31 日转入成熟生产性生物资产。种植 500 亩苹果树的总成本为 1 100 000 元（已计入种植成本），其账务处理为：

借：生物资产——生产性生物资产（苹果园）　　　　　1 100 000

　　贷：农业生产成本——养殖成本（苹果园）　　　　　1 100 000

第二，自行繁殖的产畜和役畜的成本，包括达到预定生产经营目的（成龄）前发生的饲料费、人工费和应分摊的间接费用等必要支出。

达到预定生产经营目的，是指生产性生物资产进入正常生产期，可以多年连续稳定产出农产品、提供劳务或出租。

【案例】华泰农场是实行分群核算的养殖企业，20××年 6 月将 10 头 4 个月以上幼猪转为母猪。这些幼猪的账面余额为 10 000 元，其账务处理为：

借：生物资产——生产性生物资产（母猪）　　　　　10 000

　　贷：生物资产——消耗性生物资产（育肥猪）　　　　10 000

④自行营造的公益性生物资产的成本，应当按照郁闭前发生的造林费、抚育费、森林保护费、营林设施费、良种试验费、调查设计费和应分摊的间接费用等必要支出确定。

【案例】绿荫林业公司使用自有资金营造的 500 亩公益林已经郁闭成林，该公益林的实际成本为 200 000 元，其账务处理如下：

借：生物资产——公益性生物资产　　　　　　　　　200 000

　　贷：农业生产成本　　　　　　　　　　　　　　　200 000

⑤应计入生物资产成本的借款费用，按照《企业会计准则第 17 号——借款费用》处理。消耗性林木类生物资产发生的借款费用，应当在郁闭时停止资本化。

⑥投资者投入生物资产的成本，应当按照投资合同或协议约定的价值确定，但合同或协议约定价值不公允的除外。

⑦天然起源的生物资产的成本，应当按照名义金额确定。

⑧非货币性资产交换、债务重组和企业合并取得的生物资产的成本，应当分别按照《企业会计准则第7号——非货币性资产交换》《企业会计准则第12号——债务重组》和《企业会计准则第20号——企业合并》确定。

（3）后续支出。

①因择伐、间伐或抚育更新性质采伐而补植林木类生物资产发生的后续支出，应当计入林木类生物资产的成本。

②生物资产在郁闭或达到预定生产经营目的后发生的管护、饲养费用等后续支出，应当计入当期损益。

2. 生产性生物资产的折旧

（1）企业对达到预定生产经营目的的生产性生物资产，应当按期计提折旧，并根据用途分别计入相关资产的成本或当期损益。

（2）企业应当根据生产性生物资产的性质、使用情况和有关经济利益的预期实现方式，合理确定其使用寿命、预计净残值和折旧方法。可选用的折旧方法包括年限平均法、工作量法、产量法等。

（3）生产性生物资产的使用寿命、预计净残值和折旧方法一经确定，不得随意变更。

企业确定生产性生物资产的使用寿命，应当考虑下列因素：

①该资产的预计产出能力或实物产量。

②该资产的预计有形损耗，如产畜和役畜衰老、经济林老化等。

③该资产的预计无形损耗，如因新品种的出现而使现有的生产性生物资产的产出能力和产出农产品的质量等方面相对下降、市场需求的变化使生产性生物资产产出的农产品相对过时等。

（4）企业至少应当于每年年度终了对生产性生物资产的使用寿命、预计净残值和折旧方法进行复核。

使用寿命或预计净残值的预期数与原先估计数有差异的，或者有关经济利益预期实现方式有重大改变的，应当作为会计估计变更，按照《企业会计准则第 28 号——会计政策、会计估计变更和差错更正》处理，调整生产性生物资产的使用寿命或预计净残值或者改变折旧方法。

【案例】有一家主要种植小麦、玉米、大豆和养殖奶牛的大华公司，其农田防护林 20××年 6 月应提取折旧 300 元，奶牛养殖应提取折旧 600元。其账务处理为：

借：制造费用　　　　　　　　　　　　　　　　　　300

　　　贷：累计折旧——生产性生物资产　　　　　　　　300

借：农业生产成本——基本牛群（奶牛）　　　　　　600

　　　贷：累计折旧——生产性生物资产　　　　　　　　600

3. 生物资产减值准备

企业至少应当于每年年度终了对消耗性生物资产和生产性生物资产进行检查，有确凿证据表明由于遭受自然灾害、病虫害、动物疫病侵袭或市场需求变化等原因，使消耗性生物资产的可变现净值或生产性生物资产的可收回金额低于其账面价值的，应当按照可变现净值或可收回金额低于账面价值的差额，计提生物资产跌价准备或减值准备，并计入当期损益。上述可变现净值和可收回金额，应当分别按照《企业会计准则第 1 号——存货》和《企业会计准则第 8 号——资产减值》确定。

（1）消耗性生物资产减值的影响因素已经消失的，减记金额应当予以恢复，并在原已计提的跌价准备金额内转回，转回的金额计入当期损益。

【案例】星星农场 20××年年底拥有库存大豆 2 000 公斤，成本价为每公斤 2 元，共计成本 4 000 元；估计销售价为每公斤 2.1 元，共计销售额 4 200 元，预计销售费用和相关税金总共为 1 000 元。其账务处理如下：

可变现净值 = 预计存货销售金额 − 预计存货销售费用和相关税金

　　　　　　= 4 200 − 1 000

　　　　　　= 3 200（元）

存货跌价准备 = 存货可变现净值 − 存货成本

$$= 3\ 200 - 4\ 000$$
$$= -800（元）$$

计提跌价准备时的账务处理为：

借：管理费用——计提存货跌价准备（农产品跌价准备）   800

    贷：存货跌价准备——消耗性生物资产跌价准备   800

（2）生产性生物资产减值准备一经计提，不得转回。

（3）公益性生物资产不计提减值准备。

（4）生物资产的公允价值计量模式。

有确凿证据表明生物资产的公允价值能够持续可靠取得的，应当对生物资产采用公允价值计量。

采用公允价值计量的，应当同时满足下列条件：

①生物资产有活跃的交易市场；

②能够从交易市场上取得同类或类似生物资产的市场价格及其他相关信息，从而对生物资产的公允价值作出合理估计。

4. 生物资产的收获与处置

（1）生物资产的收获。

对于消耗性生物资产，应当在收获或出售时，按照其账面价值结转成本。结转成本的方法包括加权平均法、个别计价法、蓄积量比例法、轮伐期年限法等。

生产性生物资产收获的农产品成本，按照产出或采收过程中发生的材料费、人工费和应分摊的间接费用等必要支出计算确定，并采用加权平均法、个别计价法、蓄积量比例法、轮伐期年限法等方法，将其账面价值结转为农产品成本。

收获之后的农产品，应当按照《企业会计准则第 1 号——存货》处理。

【案例】绿达林业公司出售工业原料林 200 亩，取得价款 450 000 元，存入银行，该林账面价值为 300 000 元，未计提跌价准备，其账务处理如下：

借：银行存款   450 000
　　货：主营业务收入   450 000
借：主营业务成本   300 000
　　贷：生物资产——消耗性生物资产（林木资产）   300 000

（2）生物资产改变用途。

生物资产改变用途后的成本，应当按照改变用途时的账面价值确定。

【案例】宏泰农场将一批役牛淘汰转为肉牛，其原值为 30 000 元，已提折旧 10 000 元，账面净值为 20 000 元，未提减值准备。其账务处理如下：

借：生物资产——消耗性生物资产   20 000
　　累计折旧——生产性生物资产（役牛）   10 000
　　贷：生物资产——生产性生物资产（役牛）   30 000

（3）生物资产处置。

生物资产出售、盘亏或死亡、毁损时，应当将处置收入扣除其账面价值和相关税费后的余额计入当期损益。

【案例】华丰农业公司 20××年 7 月 5 日将 5 头奶牛作价 25 000 元转让给一家农场。这 5 头奶牛的账面原值为 36 000 元，已提折旧 15 000 元，未计提减值准备。先收款 10 000 元，余额 20××年年底结清。

注销这 5 头奶牛账面原值的账务处理：

借：固定资产清理   21 000
　　累计折旧——生产性生物资产（奶牛）   15 000
　　贷：生物资产——生产性生物资产（奶牛）   36 000

作价收入的账务处理为：

借：银行存款   10 000
　　其他应收款——××农场   15 000
　　贷：固定资产清理   25 000

计算奶牛清理净损益，其账务处理为：

借：固定资产清理　　　　　　　　　　　　　　　　4 000

　　贷：营业外收入——处置生物资产净收益　　　　　4 000

【案例】东方养猪场丢失两头母猪，账面原值为 4 500 元，已提折旧 1 800 元。

相关的账务处理如下：

借：待处理财产损溢　　　　　　　　　　　　　　　2 700

　　累计折旧——生产性生物资产　　　　　　　　　1 800

　　贷：生物资产——生产性生物资产（母猪）　　　4 500

如果处理结果为保卫人员赔偿 1 000 元，另外 1 700 元作为管理费用，则账务处理为：

借：其他应收款　　　　　　　　　　　　　　　　　1 000

　　管理费用　　　　　　　　　　　　　　　　　　1 700

　　贷：待处理财产损溢　　　　　　　　　　　　　2 700

※无形资产案例及说明

企业持有的无形资产，包括专利权、非专利技术、商标权、著作权、土地使用权等，其成本通过"无形资产"科目核算。本科目可按无形资产项目进行明细核算。本科目期末有借方余额，反映企业无形资产的成本。

1. 无形资产的主要账务处理

（1）企业外购的无形资产，按应计入无形资产成本的金额，借记"无形资产"科目，贷记"银行存款"等科目。

自行开发的无形资产，按应予资本化的支出，借记"无形资产"科目，贷记"研发支出"科目。

【案例】20××年 4 月 21 日，某企业购入一项专利技术，发票价格为 235 000 元，款项已通过银行转账支付。账务处理为：

借：无形资产	235 000
贷：银行存款	235 000

【案例】某企业以其一项固定资产换入一项无形资产，换出的固定资产的账面价值为 500 000 元，公允价值为 600 000 元，已计提累计折旧 50 000元，支付了相关税费 10 000 元，不涉及补价。无形资产入账时，账务处理为：

借：无形资产	610 000
累计折旧	50 000
贷：固定资产	500 000
银行存款	10 000
营业外收入	150 000

【案例】20××年 6 月 3 日，某企业自行开发的一项专利技术已完成，"研发支出"科目的账面余额为 300 000 元。账务处理为：

借：无形资产	300 000
贷：研发支出	300 000

（2）无形资产预期不能为企业带来经济利益的，应按已计提的累计摊销，借记"累计摊销"科目，按其账面余额，贷记"无形资产"科目，按其差额，借记"营业外支出"科目。已计提减值准备的，还应同时结转减值准备。

【案例】接上例。20××年 10 月 16 日，由于科学技术的进步，该专利技术预期不能为企业带来经济利益，需要转销。假设该项无形资产没有计提累计摊销和减值准备，则账务处理为：

借：营业外支出	300 000
贷：无形资产	300 000

（3）处置无形资产，应按实际收到的金额等，借记"银行存款"等科目，按已计提的累计摊销，借记"累计摊销"科目，按应支付的相关税费及其他费用，贷记"应交税费""银行存款"等科目，按其账面余额，

贷记"无形资产"科目，按其差额，贷记"营业外收入——处置非流动资产利得"科目或借记"营业外支出——处置非流动资产损失"科目。已计提减值准备的，还应同时结转减值准备。

【案例】20××年8月3日，甲企业出售一块土地的使用权，该土地使用权的账面价值为500 000元，已计提累计摊销50 000元，收到出售价款总共700 000元。营业税税率为5%。作账务处理为：

借：银行存款		700 000
累计摊销		50 000
贷：无形资产		500 000
营业外收入——处置非流动资产利得		215 000
应交税费——应交营业税		35 000

缴纳营业税时：

借：应交税费——应交营业税		35 000
贷：银行存款		35 000

【案例】甲公司为A、B两个股东共同投资设立的股份有限公司。经营一年后，A、B股东之外的另一个投资者C要求加入甲公司。经协商，A、B同意C以一项专利技术投入，三方协议确定该专利技术的价值为1 500 000元，且该价值较为公允。甲公司账务处理为：

借：无形资产		1 500 000
贷：实收资本		1 500 000

如合同或协议约定的价值不公允，则应按照公允价值作为投资者投入无形资产的成本。

【案例】乙公司为一家上市公司，20××年拟增发新股。甲企业为乙公司的老股东，经与乙公司协商，拟以一项专利权抵缴新购股款2 000 000元。双方确认，甲企业用于抵缴股款的专利技术的价值为3 000 000元，但专利权的公允价值（市价）为4 000 000元。乙公司账务处理为：

借：无形资产   4 000 000

  贷：股本   2 000 000

   资本公积   2 000 000

2. 无形资产的累计摊销

企业对使用寿命有限的无形资产计提的累计摊销，通过"累计摊销"科目核算。本科目可按无形资产项目进行明细核算。本科目期末贷方余额，反映企业无形资产的累计摊销额。

企业按期（月）计提无形资产的摊销，借记"管理费用""其他业务成本"等科目，贷记"累计摊销"科目。处置无形资产还应同时结转累计摊销。

【案例】甲企业于20××年6月购买了一项专利权，其入账价值为360 000元，有效使用年限为10年，按直线摊销：

根据专利权的有效期限计算每月摊销额：

年摊销额＝购入专利权的全部价款÷有效使用年限

    ＝360 000÷10

    ＝36 000（元/年）

月摊销额＝36 000÷12

    ＝3 000（元/月）

每月摊销时，账务处理为：

借：管理费用   3 000

  贷：累计摊销   3 000

3. 无形资产减值准备

企业无形资产的减值准备，通过"无形资产减值准备"科目核算。本科目可按无形资产项目进行明细核算。本科目期末贷方余额，反映企业已计提但尚未转销的无形资产减值准备。

资产负债表日，无形资产发生减值的，按应减记的金额，借记"资产减值损失"科目，贷记"无形资产减值准备"科目。处置无形资产还应同时结转减值准备。

【案例】2009 年 12 月末，某企业的一项无形资产发生减值损失，减值金额为 20 000 元。2010 年 3 月，该企业将这项无形资产对外出售，出售价格为 80 000 元，价款已收到。该项无形资产的账面价值为 120 000，已计提累计摊销金额为 15 000 元。营业税税率为 5%。账务处理为：

发生减值时：

借：资产减值损失	20 000
贷：无形资产减值准备	20 000

对外出售时：

借：银行存款	80 000
累计摊销	15 000
无形资产减值准备	20 000
营业外支出——处置非流动资产损失	9 000
贷：无形资产	120 000
应交税费——应交营业税	4 000

缴纳营业税时：

借：应交税费——应交营业税	4 000
贷：银行存款	4 000

4. 企业合并中商誉的核算

企业合并中形成的商誉价值，通过"商誉"科目核算。商誉发生减值的，可以单独设置"商誉减值准备"科目，比照"无形资产减值准备"科目进行处理。本科目期末借方余额，反映企业商誉的价值。

非同一控制下，购买方对合并成本大于合并中取得的被购买方可辨认净资产公允价值份额的差额，应当确认为商誉。企业合并中确定的商誉价值，借记"商誉"科目，贷记有关科目。

※资产减值案例及说明

1. 资产减值损失主要账务处理

（1）本科目核算企业计提各项资产减值准备所形成的损失。

（2）本科目可按资产减值损失的项目进行明细核算。

（3）企业的应收款项、存货、长期股权投资、持有至到期投资、固定资产、无形资产、贷款等资产发生减值的，按应减记的金额，借记本科目，贷记"坏账准备""存货跌价准备""长期股权投资减值准备""持有至到期投资减值准备""固定资产减值准备""无形资产减值准备""贷款损失准备"等科目。

在建工程、工程物资、生产性生物资产、商誉、抵偿资产、损余物资、采用成本模式计量的投资性房地产等资产发生减值的，应当设置相应的减值准备科目，比照上述规定进行处理。

（4）企业已计提坏账准备、存货跌价准备、持有至到期投资减值准备、贷款损失准备等，相关资产的价值又得以恢复的，应在原已计提的减值准备金额内，按恢复增加的金额，借记"坏账准备""存货跌价准备""持有至到期投资减值准备""贷款损失准备"等科目，贷记本科目。

（5）期末，应将本科目余额转入"本年利润"科目，结转后本科目无余额。

【案例】A公司2007年12月31日发现，该公司2004年12月31日购入一项专利设备，发现该设备在同类市场上已经出现，可能发生减值，相关数据如下：

①如果准备出售，有公司同意以1 100 000元的公允价值收购该设备（假设无处置费用）。

②尚可使用年限 5 年，未来 5 年的现金流量分别为 250 000 元，240 000元，230 000 元，220 000 元，210 000 元，第 6 年现金流量及使用寿命结束时预计处置带来现金流量 190 000 元。

③采用的折现率为 5%。

④2007 年的账面价值为 1500 000 元，已经计提折旧 250 000 元，以前年度已计提减值准备 100 000 元。

问题：

①如何对该企业进行减值测试？

②如果发生减值，该公司应如何进行账务处理？

第一步：计算该固定资产账面价值与可收回金额。

账面价值 = 账面原值 – 折旧 – 已计提资产减值准备

$$= 1\,500\,000 - 250\,000 - 100\,000$$

$$= 1\,150\,000\ （元）$$

该资产的可收回金额见表 2 – 10：

表 2 – 10

年份	预计未来现金流量	折现率	折现系数	现值
2008	250 000	5%	0.9524	238 100
2009	240 000	5%	0.9070	217 680
2010	230 000	5%	0.8638	198 674
2011	220 000	5%	0.8227	180 994
2012	210 000	5%	0.7835	164 535
2013	190 000	5%	0.7462	141 778
合计				1 141 761

第二步：比较固定资产账面价值与可收回金额。

该资产可收回金额为 1 141 761 元，账面价值为 1 150 000 元，该设备账面价值已经超过资产的可收回金额，因此该设备存在资产减值损失。确认资产减值损失为：

资产减值损失 = 1 150 000 − 1 141 761

= 8 239（元）

第三步：A公司账务处理如下：

借：资产减值损失　　　　　　　　　　　　　　　　　　　　　8 239

　　贷：固定资产减值准备　　　　　　　　　　　　　　　　　　8 239

2. 固定资产减值

具体实务操作中：

（1）要把握一个判断资产减值的原则，即应确保资产以不超过其可收回金额的前提下进行计量，如果资产价值超过其可收回金额，该资产视为已经减值，则资产应确认减值损失。

（2）计量资产减值应核查两个重要金额，即确认被核查资产的销售净价和使用价值。

（3）分三个步骤评估减值：

①评估一项资产是否存在减值迹象；

②确认资产可收回金额与账面价值比较；

③资产减值损失的会计处理。

【案例】2005年12月31日，A公司发现2002年12月31日购入一项利用专利技术设备，发现类似的专利技术在市场上已经出现，发现此项设备可能减值，①如果该企业准备出售，市场上厂商愿意以2 200 000元的销售净价收购该设备。②尚可使用5年，未来5年的现金流量为500 000元、480 000元、460 000元、440 000元、420 000元，第6年现金流量及使用寿命结束时预计处置带来现金流量为380 000元。③采用折现率5%，假设2005年账面价值3 000 000元，已经计提折旧500 000元，以前年度已计提减值准备200 000元。

如何对A企业进行减值测试？如发生减值损失，应如何进行会计处理？

第一，比较固定资产账面价值与可收回金额：

账面价值 = 原值 – 折旧 – 已计提资产减值准备

  = 3 000 000 – 500 000 – 200 000

  = 2 300 000（元）

销售净价 2 200 000 元，

该设备账面价值已经超过销售净价，因此该设备存在资产减值损失。

第二，计算资产使用价值。通过计算未来预计现金流量现值，来确定资产的使用价值。

表 2 – 11   预计未来现金流量现值计算表

年份	预计未来现金流量	折现率	折现系数	现值
2006	500 000	5%	0.9524	476 200
2007	480 000	5%	0.9070	435 360
2008	460 000	5%	0.8638	397 348
2009	440 000	5%	0.8227	361 988
2010	420 000	5%	0.7835	329 070
2011	380 000	5%	0.7462	283 556
合计				2 283 522

资产使用价值为 2 283 522 元，销售净价为 2 200 000 元，取两者较高者为资产可收回金额。确认资产减值损失为 16 478 元（2 300 000 – 2 283 522）。

第三，资产损失的会计处理：

借：资产减值损失   16 478

　　贷：固定资产减值准备   16 478

3. 商誉的减值测试与处理

由于商誉不能独立于其他资产产生现金流量，其减值测试必须结合相关的资产组或资产组组合，即能够从企业合并协同效应中受益的资产组或资产组组合，这就要求企业在合并日起应当将合并产生的商誉分摊至相关的资产组。

资产组或资产组组合减值损失分两步分摊：

第一步，抵减资产组或组合中商誉的账面价值，即减值损失应优先分摊至价值确定比较主观的资产；

第二步，根据资产组或组合中除商誉外的其他各项资产的账面价值比重，按比例抵减其他各项资产的账面价值。

【案例】 A 企业在 20 × × 年 1 月 1 日收购了 B 企业 80% 的权益，B 企业可辨认资产的公允价值为 1 500 万元。A 企业在其合并财务报表中确认：

①商誉 400 万元（1 600 − 80% × 1 500）；

②B 企业的公允价值为 1 500 万元的可辨认净资产；

③少数股东权益 300 万元。

假定 B 企业的全部资产是产生现金流量的最小组合。20 × × 年末，A 企业确定 B 企业的可收回金额为 1 000 万元，B 企业可辨认资产采用直线法按 10 年计提折旧，预计净残值为 0。如何对 B 企业进行减值测试？如发生减值损失，应如何分摊？

表 2 – 12　　　　　20 × × 年末对 B 企业进行资产减值测试

项目	商誉	可辨认净资产	合计
账面原值	400	1 500	1 900
累计折旧	–	（150）	（150）
账面价值总额	400	1 350	1 750
未确认少数股东权益	100	–	100
账面价值调整	500	1 350	1 850
可收回金额	1 000	（150）	850

如表中计算所得，资产组账面价值调整为 1 850 万元，可收回金额为 1 000 万元，判断存在资产减值损失 850 万元，但确认的商誉仅限于 A 企业持有 B 企业的所有者权益的 80% 部分，因此实际确认商誉的 80% 进行减

值，先冲减商誉 400 万元，再冲减可辨认净资产 350 万元。结果如下：

表 2 - 13　　　　　　　　20××年末资产减值的分摊

项目	商誉	可辨认净资产	合计
账面原值	400	1 500	1 900
累计折旧	–	（150）	（150）
账面价值总额	400	1 350	1 750
减值损失分摊	（400）	（350）	（750）
减值后的账面价值	0	1 000	1 000

会计处理：

①冲减商誉账面价值。

借：管理费用　　　　　　　　　　　　　　　　　　　　　400

　　贷：商誉　　　　　　　　　　　　　　　　　　　　　　400

②资产减值处理。

借：资产减值损失　　　　　　　　　　　　　　　　　　　350

　　贷：相关资产减值准备科目　　　　　　　　　　　　　　350

※职工薪酬案例及说明

1. "应付职工薪酬"的科目运用

为了核算企业应付给职工的各种薪酬，在会计上应设置"应付职工薪酬"科目。使用本科目时需注意：

（1）本科目主要核算企业根据有关规定应付给职工的各种薪酬。外商投资企业按规定从净利润中提取的职工奖励及福利基金，也在本科目核算。

（2）本科目应当按照"工资""职工福利""社会保险费""住房公积金""工会经费""职工教育经费""解除职工劳动关系补偿""股份支

付"等应付职工薪酬项目进行明细核算。

（3）"应付职工薪酬"的主要账务处理。

①企业按照有关规定向职工支付工资、奖金、津贴等，借记本科目，贷记"银行存款""现金"等科目。

企业从应付职工薪酬中扣还的各种款项（代垫的家属药费、个人所得税等），借记本科目，贷记"其他应收款""应交税费——应交个人所得税"等科目。

企业向职工支付职工福利费，借记本科目，贷记"银行存款""现金"等科目。

企业支付工会经费和职工教育经费用于工会运作和职工培训，借记本科目，贷记"银行存款"等科目。

企业按照国家有关规定缴纳社会保险费和住房公积金，借记本科目，贷记"银行存款"科目。

企业因解除与职工的劳动关系向职工给予的补偿，借记本科目，贷记"银行存款""现金"等科目。

企业支付租赁住房等资产供职工无偿使用所发生的租金，借记本科目，贷记"银行存款"等科目。

在行权日，企业以现金与职工结算股份支付，借记本科目，贷记"银行存款""现金"等科目。

②企业应当根据职工提供服务的受益对象，对发生的职工薪酬分别以下情况进行处理：

生产部门人员的职工薪酬，借记"生产成本""制造费用""劳务成本"科目，贷记本科目。

管理部门人员的职工薪酬，借记"管理费用"科目，贷记本科目。

销售人员的职工薪酬，借记"销售费用"科目，贷记本科目。

应由在建工程、研发支出负担的职工薪酬，借记"在建工程""研发支出"科目，贷记本科目。

因解除与职工的劳动关系给予的补偿，借记"管理费用"科目，贷记本科目。

无偿向职工提供住房等资产使用的，按应计提的折旧额，借记"管理费用"等科目，贷记本科目；同时，借记本科目，贷记"累计折旧"科目。

租赁住房等资产供职工无偿使用的，每期应支付的租金，借记"管理费用"等科目，贷记本科目。

在等待期内每个资产负债表日，根据股份支付准则确定的金额，借记"管理费用"等科目，贷记本科目。

在可行权日之后，根据股份支付准则确定的金额，借记或贷记"公允价值变动损益"科目，贷记或借记本科目。

外商投资企业按规定从净利润中提取的职工奖励及福利基金，借记"利润分配——提取的职工奖励及福利基金"科目，贷记本科目。

（4）本科目期末贷方余额，反映企业应付职工薪酬的结余。

2. 具体案例运用及说明

【案例】某企业20××年2月提取现金85 640元用于发放工资，企业为职工垫付的扣款项目为：储蓄存款、托儿费、饭票、房租水电等合计为9 560元，实发工资为76 080元。该公司账务处理如下：

提取现金准备发放工资时：

借：库存现金	76 080
贷：银行存款	76 080

发放工资时：

借：应付职工薪酬——工资	85 640
贷：其他应收款	9 560
库存现金	76 080

【案例】某公司本月支付工资总额30 000元，该公司账务处理如下：

借：应付职工薪酬——工资　　　　　　　　　　　　　　　　　30 000

　　贷：库存现金　　　　　　　　　　　　　　　　　　　　　　30 000

【案例】某公司本月代扣个人所得税4 500元，该公司账务处理如下：

借：应付职工薪酬——代扣个人所得税　　　　　　　　　　　　4 500

　　贷：应交税费——应交个人所得税　　　　　　　　　　　　　4 500

【案例】A公司为一家生产制造成型企业，该车间本月发生直接人工支出5 000元，职工福利按工资总额的14%提取。该公司账务处理如下：

借：制造费用　　　　　　　　　　　　　　　　　　　　　　　5 700

　　贷：应付职工薪酬——工资　　　　　　　　　　　　　　　　5 000

　　　　　　　　　　——职工福利　　　　　　　　　　　　　　700

【案例】某公司本月应付医疗保险2 500元，应付社会保险7 500元，该公司账务处理如下：

借：管理费用　　　　　　　　　　　　　　　　　　　　　　　10 000

　　贷：应付职工薪酬——医疗保险费　　　　　　　　　　　　　2 500

　　　　　　　　　　——社会保险费　　　　　　　　　　　　　7 500

【案例】B公司本月应付工资总额为20 000元，其中从工资总额中提取工会经费400元（按工资总额的2%提取），职工教育经费300元（按工资总额的1.5%提取），该公司账务处理如下：

借：管理费用　　　　　　　　　　　　　　　　　　　　　　　700

　　贷：应付职工薪酬——工会经费　　　　　　　　　　　　　　400

　　　　　　　　　　——职工教育经费　　　　　　　　　　　　300

【案例】某公司因解除与职工的劳动关系向职工给予的补偿3 000元，用现金支付，作账务处理如下：

借：应付职工薪酬——辞退补偿　　　　　　　　　　　　　　　3 000

　　贷：库存现金　　　　　　　　　　　　　　　　　　　　　　3 000

【案例】某企业20××年3月提取现金50 000元发放工资，月份终了，分配本月应付工资总额并计提福利费。其中：生产工人工资30 000

元，车间管理人员工资 10 000 元，在建工程人员工资 7 700 元，工会人员工资 2 300 元，另支付退休人员退休费 5 000 元，支付职工困难补助 1 200元、医药费 800 元。账务处理如下：

提取现金准备发工资时：

借：库存现金   50 000

  贷：银行存款   50 000

发放工资时：

借：应付职工薪酬——工资   50 000

  贷：库存现金   50 000

支付退休人员工资时：

借：管理费用   5 000

  贷：库存现金   5 000

月终分配工资费用时：

借：生产成本   30 000

  管理费用   12 300

  在建工程   7 700

  贷：应付职工薪酬——工资   50 000

提取职工福利费时：

借：生产成本   （30 000×14%）4 200

  管理费用   （12 300×14%）1 722

  在建工程   （7 700×14%）1 078

  贷：应付职工薪酬——职工福利   7 000

第 3 章

收入、费用、特殊交易准则的变化点及案例说明

◎收入、费用新旧准则内容比较

※收入新旧准则内容比较

新准则本着和国际会计准则趋同的原则，对原准则考虑不周的地方作了修改和补充，并且表述更清晰，范围更明确，体例更加符合中国人的习惯。具体变化如下：

1. 收入定义的变化

旧准则中收入的定义：企业在销售商品、提供劳务及让渡资产使用权等日常活动中所形成的经济利益的流入。

新准则中收入的定义：企业在日常活动中形成的、会导致所有者权益增加的、与所有者投入资本无关的经济利益的总流入。

2. 适用范围的变化

旧准则规定：本准则不涉及以下各项形成的收入：建造合同、非货币性交易、租赁、保险公司的保险合同、期货、投资、债务重组。

新准则规定：长期股权投资、建造合同、租赁、原保险合同、再保险合同等形成的收入，适用其他相关会计准则。

3. 表述的变化

旧准则中，销售商品收入的确认条件中有"相关收入和成本能够可靠地计量"，新准则将其表述为"收入的金额能够可靠的计量"和"相关已发生或将发生的成本能够可靠地计量"；旧准则提供劳务收入确认条件中有"劳务总收入和总成本能够可靠地计量"，新准则将其表述为"收入金额能够可靠地计量"和"交易中已发生和将发生的成本能够可靠地计量"。

由此可见，新准则这部分的实质内容与旧准则是一致的，只是表述更加准确。

4. 计量方法的变化

旧准则规定计量采用历史价值，规定："收入应按企业与购货方签定的合同或协议金额或双方接受的金额确定"。新准则要求采用公允价值，规定："企业应当按照从购货方已收或应收的合同或协议价款确定销售商品收入金额，但已收或应收的合同或协议价款不公允的除外。合同或协议价款的收取采用递延方式，实质上是具有融资性质的，应当按照应收的合同或协议价款的公允价值确定销售商品收入金额。应收的合同或协议价款与其公允价值之间的差额，应当在合同或协议期间内采用实际利率法进行摊销，计入当期损益。"

5. 商业折扣的变化

增加了商业折扣下销售收入的计量方法。新准则第七条规定："销售商品涉及商业折扣的，应当按照扣除商业折扣后的金额确定销售商品收入金额。"

6. 增加了"交易的区分"

新准则第十五条规定："企业与其他企业签订的合同或协议包括销售

商品和提供劳务时，销售商品部分和提供劳务部分能够区分且能够单独计量的，应当将销售商品的部分作为销售商品处理，将提供劳务的部分作为提供劳务处理。销售商品部分和提供劳务部分不能够区分，或虽能区分但不能够单独计量的，应当将销售商品部分和提供劳务部分全部作为销售商品处理。"

7. 披露部分的变化

新准则明确强调，报表附注中须披露收入确认所采用的会计政策，包括确定提供劳务交易完工进度的方法。

※建造合同新旧准则内容比较

本项准则在此次修订中并无太大改动，主要是进行体例上的修订，核算程序、方法都没有太大变动。与旧准则相比，新准则的变化主要体现在以下几点：

1. 核算内容的变化

建造合同中在建工程的金额一般都比较大，并且完成一项工程一般都需要较长的时间，有的更要长达几年，以致建造合同的开工日期与完工日期通常会分属于不同的会计年度，如果按照旧准则之规定"在一个会计年度内完成的建造合同，应在完成时确认合同收入和合同费用"进行核算显然是欠妥的，因此，新准则取消了这一条规定。

2. 合同分立的变化

新准则增加了一种合同分立的条件，即新准则的第六条："追加资产的建造，满足下列条件之一的，应当作为单项合同：

①该追加资产在设计、技术或功能上与原合同包括的一项或数项资产

存在重大差异。

②议定该追加资产的造价时，不需要考虑原合同价款。"

3. 合同收入计量的变化

在旧准则规定下，合同收入是以收到或应收的工程价款计量的，也就是以建造合同的总金额或总造价来计量。可是，如果工程价款显示的金额与公允价值差异较大，那么依旧按照工程价款来确认收入就不够准确了。因此，新准则中取消了这项规定。

4. 合同成本的变化

新准则对合同成本中的直接费用和间接费用并没有给出详细的定义，只是作出了原则性的规定，与旧准则相比更加简洁，便于理解。

在旧准则下，合同成本不包括企业筹集生产经营所需资金而发生的财务费用，即利息不计入合同成本。新准则规定，合同成本不包括应当计入当期损益的管理费用、销售费用和财务费用。这就意味着可以资本化的借款利息也可以计入合同成本。

5. 合同收入与合同费用的变化

新准则增加了一项规定，使建造合同的结果不能可靠估计的不确定因素不复存在的，应当采用完工百分比法确认与建造合同有关的收入和费用。

6. 披露的变化

旧准则规定的企业应披露的与建造合同有关的事项共有7项，新准则取消了其中"当期确认的合同收入和合同费用的金额"和"应收账款中尚未收到的工程进度款"两项内容，并对剩余5项加以修改和完善，规定企业应当在附注中披露与建造合同有关的以下4项信息：

（1）各项合同总金额，以及确定合同完工进度的方法。

（2）各项合同累计已发生成本、累计已确认毛利（或亏损）。

（3）各项合同已办理结算的价款金额。

（4）当期预计损失的原因和金额。

※ 借款费用新旧准则内容比较

1. 借款费用资本化的资产范围不同

旧准则规定，借款费用应予资本化的资产范围是固定资产。只有发生在固定资产购置或建造过程中的借款费用，才能在符合条件的情况下予以资本化；发生在其他资产（如存货、无形资产）上的借款费用，不能予以资本化。而新准则把旧准则局限于资产的范围扩大了许多，新准则中所指的可以资本化的资产不仅包括企业的固定资产，还包括需要相当长时间才能达到可销售状态的存货以及投资性房地产等，如有些以船舶、大型设备为生产产品的企业所发生的借款费用就应计入存货成本。由于新准则中借款费用资本化的资产范围有所变化，因此相对应地要增加与核算存货及投资性房地产上的借款费用资本化相关的会计科目的使用，要增加与此相对应的会计核算业务以及相应的会计处理。

2. 可予资本化的借款范围不同

在旧准则中，应予资本化的借款范围为专门借款，即为购建固定资产而专门借入的款项，不包括流动资金借款等。但是新准则把一般借款也包括了进来。这一变化能更确切地反映我国许多企业经济活动的实际情况。例如，有时候企业不可能取得中长期借款，只能取得流动资金借款，有很多企业的流动资金借款被用于购建固定资产。另外有些企业的存货生产周期较长，如果不对其利息费用予以资本化，不利于恰当反映企业的财务状况和经营成果。

3. 计算借款费用扣除项目不同

旧准则中，没有考虑在借款费用中扣除其用于短期投资所获得的投资收益，而新准则要求在借款费用中扣除其用于短期投资所获得的投资收益。例如，计算专门借款当期实际发生的利息费用时，要按全部借款费用减去将尚未动用的借款资金存入银行取得的利息收入或进行暂时性投资取得的投资收益后的金额确定。

4. 借款利息资本化金额的计算不同

旧准则中，每一会计期间利息的资本化金额等于至当期末止购建固定资产累计支出加权平均数乘以资本化率，而新准则中规定：

（1）为购建或者生产符合资本化条件的资产而借入专门借款的，应当以专门借款当期实际发生的利息费用，减去将尚未动用的借款资金存入银行取得的利息收入或进行暂时性投资取得的投资收益后的金额确定。

（2）为购建或者生产符合资本化条件的资产而占用了一般借款的，企业应当根据累计资产支出超过专门借款部分的资产支出加权平均数乘以所占用一般借款的资本化率，计算确定一般借款应予资本化的利息金额。资本化率应当根据一般借款加权平均利率计算确定。

◎ 特殊交易项目新旧准则内容比较

※ 非货币性资产交换新旧准则内容比较

新准则与旧准则相比，不管是在定义上还是在判断非货币性交易事项的标准上都是相一致的。所不同的是，新准则引入公允价值作为换入资产入账价值计价基础，且对非货币性交易损益的确认方式不同。具体变化如下：

1. 入账价值计价基础的变化

新准则以交易是否具有商业实质作为是否采用公允价值计量换入资产的重要判断标准。新准则第三条明确规定："非货币性资产交换同时满足下列条件的，应当以公允价值和应支付的相关税费作为换入资产的成本，公允价值与换出资产账面价值的差额计入当期损益：

①该项交换具有商业实质。

②换入资产或换出资产的公允价值能够可靠地计量。

换入资产和换出资产公允价值均能够可靠计量的，应当以换出资产的公允价值作为确定换入资产成本的基础，但有确凿证据表明换入资产的公允价值更加可靠的除外。"

2. 会计处理的变化

关于会计处理，新旧准则的变化主要体现在不涉及补价和涉及补价上的变化。

（1）不涉及补价的会计处理。

①旧准则的会计处理：以换出资产的账面价值，加上应支付的相关税费，作为换入资产的入账价值，不涉及损益。计算公式为：

换入资产的入账价值＝换出资产的账面价值＋应支付的相关税费

② 新准则的会计处理分为以下两种方式：

以公允价值计价时：以换出资产的公允价值加上应支付的相关税费，作为换入资产的入账价值，换出资产公允价值与其账面价值的差额计入当期损益。

以账面价值计价时：以换出资产的账面价值加上应支付的相关税费，作为换入资产的入账价值，不涉及损益。计算公式为：

换入资产的入账价值＝换出资产的账面价值＋应支付的相关税费

（2）支付补价的会计处理。

①旧准则的会计处理：以换出资产的账面价值，加上补价及应支付的相关税费，作为换入资产的入账价值，不涉及损益。计算公式为：

换入资产的入账价值＝换出资产的账面价值＋应支付的相关税费

②新准则的会计处理可分为以下两种形式：

以公允价值计价：以换出资产的公允价值，加上补价和应支付的相关税费，作为换入资产的入账价值。换出资产公允价值与账面价值的差额计入当期损益。计算公式为：

换入资产的入账价值＝换出资产的账面价值＋补价＋应支付的相关税费

以账面价值计价：以换出资产的账面价值，加上补价和应支付的相关税费，作为换入资产的入账价值，不涉及损益。

（3）收到补价的会计处理。

①旧准则的会计处理：以换出资产的账面价值，减去补价所含账面价值加上应支付的相关税费，作为换入资产的入账价值；并计算补价所含损益计入当期损益。计算公式为：

收到补价应确认的损益 = 补价 − （补价 ÷ 换出资产公允价值）× 换出资产账面价
值 − （补价 ÷ 换出资产公允价值）× 应支付相关税费

换入资产的入账价值 = 换出资产的账面价值 − （补价 − 应确认的收益）+ 应支付
的相关税费

②新准则的会计处理可分为以下两种情况：

以公允价值计价时：按照公允价值计量的情况下，以换出资产的公允
价值，减去补价和应支付的相关税费，作为换入资产的入账价值。换出资
产公允价值与其账面价值的差额计入当期损益。计算公式为：

换入资产的入账价值 = 换出资产的公允价值 − 补价 + 应支付的相关税费

以账面价值计价时：按照账面价值计量的情况下，以换出资产的账面
价值，减去补价和应支付的相关税费，作为换入资产的入账价值，不涉及
损益。计算公式为：

换入资产的入账价值 = 换出资产的账面价值 − 补价 + 应支付的相关税费

※债务重组新旧准则内容比较

新准则与旧准则相比，总体来说有三个方面的变化：债务重组的定义
不同；债务重组方式的变化；会计处理的不同。具体介绍如下：

1. 重新界定债务重组的定义

新准则第二条规定："债务重组，是指在债务人发生财务困难的情况
下，债权人按照其与债务人达成的协议或者法院的裁定作出让步的事项。"
定义中强调了"让步"的概念。"让步"是指债权人同意发生财务困难的
债务人现在或将来以低于重组债务账面价值的金额偿还债务。即新准则排
除了债务人不处于财务困难条件下的、处于清算或改组时的债务重组，以
及虽修改了债务条件，但实质上债权人并未作出让步的债务重组事项。

旧准则将债务重组定义为："债权人按照其与债务人达成的协议或法
院的裁决同意债务人修改债务条件的事项"，它表明只要是修改了原定债

务条件的事项均作为债务重组，不论债务人是否存在财务困难条件。

2. 债务重组方式的合并

旧准则中的"以低于债务账面价值的现金清偿债务"和"以非现金资产清偿债务"，在新准则中将其二者合并为"以资产清偿债务"方式，表述更为简洁易懂。

3. 债权人与债务人会计处理的变化

新准则在以实物抵债业务时，引进"公允价值"作为计量基础；另外，旧准则中，因债权人让步而导致债务人豁免或少偿还的负债计入资本公积，新准则规定将债务重组收益计入营业外收入。

※或有事项新旧准则内容比较

旧准则规定，预计负债的计量只有初始计量，即按履行相关现时义务所需支出的最佳估计数进行；新准则规定，预计负债的计量分为初始计量和后续计量：

（1）预计负债应当按照履行相关现时义务所需支出的最佳估计数进行初始计量，并应当综合考虑与或有事项有关的风险、不确定性和货币时间价值等因素。

（2）后续计量要求企业应当在资产负债表日对预计负债的账面价值进行复核。有确凿证据表明该账面价值不能真实反映当前最佳估计数的，应当按照当前最佳估计数对该账面价值进行调整。

【案例】20××年12月，甲企业因故被其他企业起诉，20××年12月31日尚未接到法院的判决。据专业人士的估计，赔偿金额可能在40～80万元之间。

根据新准则规定，甲企业在20××年12月31日的资产负债表中确认的负债金额为 60 万元[(40+80)÷2]。

【案例】20××年1月甲企业因故被其他企业起诉，要求支付赔偿金，法院对此诉讼正在审理中。甲企业很可能败诉，故在被提起诉讼当期确认了一项负债220万元，其中赔偿款为200万元，诉讼费为20万元，并将此项预计负债计入了当月的资产负债表和利润表。

所做会计处理如下：

借：管理费用 200 000

营业外支出 2 000 000

贷：预计负债 2 200 000

直到年末，该诉讼仍未有结果，而估计赔偿款将下降20万元，企业在年末应对此项预计负债的账面价值进行调整，即调减20万元，则当期的利润表中的"营业外支出"项目将减少20万元。资产负债表中"预计负债"项目也减少20万元。

企业的会计处理如下：

借：预计负债 200 000

贷：营业外支出 200 000

结果表明，此项未决诉讼引起的预计负债经过初始计量确认和后续计量确认导致甲企业当年亏损增加200万元，负债也增加了200万元。

※外币折算新旧准则内容比较

在发布新准则前，我国企业外币的折算主要通过2000年颁布的《企业会计制度》（以下简称旧制度）第9章第117~120条款进行规范。新准则主要是在旧制度的基础上，增加和删减了部分内容，与旧制度相比，增加和删减的主要内容有：

1. 增加了记账本位币

旧制度中明确了外币业务是指以记账本位币以外的货币进行的款项收付、往来结算等业务，但是没有对记账本位币进行明确的定义，也没有说明如何选定记账本位币。

外币折算准则不仅明确了记账本位币的定义，而且明确企业通常应选择人民币作为记账本位币。业务收支以人民币以外的货币为主的企业，可以依照不同情况选定某种货币作为记账本位币。但是，在编制财务报表时应当折算为人民币。

2. 增加了变更记账本位币的规定

旧制度中对企业变更记账本位币没有规定，而在新准则中明确规定："企业记账本位币一经确定，不得随意变更，除非企业经营所处的主要经济环境发生重大变化。企业因经营所处的主要经济环境发生重大变化，确需变更记账本位币的，应当采用变更当日的即期汇率将所有项目折算为变更后的记账本位币。"

3. 增加了处置境外经营的会计处理

旧制度中没有规定企业有关境外经营或处置境外经营的会计处理，而在新准则第十四条中明确规定："企业在处置境外经营时，应当将资产负债表中所有者权益项目下列示的、与该境外经营相关的外币财务报表折算差额，自所有者权益项目转入处置当期损益；部分处置境外经营的，应当按处置的比例计算处置部分的外币财务报表折算差额，转入处置当期损益。"

4. 没有规定分账制记账方法

（1）在企业会计制度和会计实践中应用的外币业务的记账方法有外币

统账制和外币分账制。

①外币统账制是指企业在发生外币业务时，即折算为记账本位币入账。会计实践中除金融企业外，多数企业都采用此种记账方法。

②外币分账制是指企业在日常核算时按照外币原价记账，分币种核算损益和编制会计报表；在资产负债表日将外币会计报表折算为记账本位币表示的会计报表，并与记账本位币会计报表进行汇总，编制企业整体业务的会计报表。会计实践中金融企业和进出口业务涉及多种货币的外贸企业多采用此种做账制，其他企业一般不用。

（2）在新发布的外币折算准则中没有规定分账制记账方法。

※企业合并新旧准则内容比较

1. 计量基础的变化

新准则与旧制度相比，最大的特点就是把企业合并行为分为同一控制下的企业合并和非同一控制下企业合并两种情况，并针对两种情况做了不同的规定。新准则和旧制度对企业合并的计量方法不同：旧制度对企业的合并，无论是吸收合并、新设合并还是控股合并，都是以被合并方的账面价值来计量；新准则规定同一控制下的企业合并采用账面价值计量，非同一控制下的企业合并采用公允价值计量。

（1）同一控制下企业合并的会计处理方法。在同一控制下，企业合并的会计处理主要采用权益结合法。所谓权益结合是指参与企业合并的股东联合控制其全部或实际上全部资产和经营，以便继续对联合实体分享利润和分担风险的合并。权益结合法就是在处理企业合并业务时，按照股权结合的方式来进行企业合并的会计处理。

（2）非同一控制下企业合并的会计处理方法。在非同一控制下，企业合并的会计处理主要采用购买法。购买法是指将企业合并看成一个企业购买另一个企业的交易行为，并以此为依据进行企业合并的会计处理方法。在购买法下，企业合并被看成是一个企业购买另一个企业的交易行为，这种购买行为与购买单项资产是类似的。这就决定了将合并企业净资产入账时应采用公允价值。

2. 投资差额处理的变化

旧制度规定，在控股合并情况下，产生长期股权投资初始成本的计量时，应当按照投资成本与投资企业拥有被投资企业的"份额"之间的差额作为股权投资差额处理；新准则要求将此部分差额作为商誉处理。

3. 增加了披露部分

新准则要求企业合并发生当期的期末，合并方应当在附注中披露如下信息：

同一控制下企业合并：

（1）参与合并企业的基本情况。

（2）属于同一控制下企业合并的判断依据。

（3）合并日的确定依据。

（4）以支付现金、转让非现金资产以及承担债务作为合并对价的，所支付对价在合并日的账面价值；以发行权益性证券作为合并对价的，合并中发行权益性证券的数量及定价原则，以及参与合并各方交换有表决权股份的比例。

（5）被合并方的资产、负债在上一会计期间资产负债表日及合并日的账面价值；被合并方自合并当期期初至合并日的收入、净利润、现金流量等情况。

（6）合并合同或协议约定将承担被合并方或有负债的情况。

（7）被合并方采用的会计政策与合并方不一致所作调整情况的说明。

（8）合并后已处置或准备处置被合并方资产、负债的账面价值、处置价格等。

非同一控制下企业合并：

（1）参与合并企业的基本情况。

（2）购买日的确定依据。

（3）合并成本的构成及其账面价值、公允价值及公允价值的确定方法。

（4）被购买方各项可辨认资产、负债在上一会计期间资产负债表日及购买日的账面价值和公允价值。

（5）合并合同或协议约定将承担被购买方或有负债的情况。

（6）被购买方自购买日起至报告期期末的收入、净利润和现金流量等情况。

（7）商誉的金额及其确定方法。

（8）因合并成本小于合并中取得的被购买方可辨认净资产公允价值的份额计入当期损益的金额。

（9）合并后已处置或准备处置被购买方资产、负债的账面价值、处置价格等。

※租赁新旧准则内容比较

1. 规定不适用准则的范围不同

新准则不适用出租人因融资租赁形成的长期债权的减值这种情况，而旧准则中则没有考虑。另外，旧准则不适用开采或使用石油、天然气、林木、金属及其他矿产等自然资源的租赁协议，但新准则中未提及。

2. 融资租赁中承租人的会计处理不同

旧准则的会计处理是，在租赁开始日，承租人通常应当将租赁开始日租赁资产原账面价值与最低租赁付款额的现值两者中较低者作为租入资产的入账价值，将最低租赁付款额作为长期应付款的入账价值，并将两者的差额记录为未确认融资费用。而新准则的会计处理则是，在租赁期开始日，承租人应当将租赁开始日租赁资产公允价值与最低租赁付款额现值两者中较低者作为租入资产的入账价值，将最低租赁付款额作为长期应付款的入账价值，其差额作为未确认融资费用。

3. 融资租赁中出租人的会计处理不同

旧准则中规定，出租人应当采用实际利率法计算当期的融资收入，与按实际利率法计算的结果无重大差异的情况下，也可以采用直线法、年数总和法等。但在新准则中规定，出租人应当采用实际利率法计算当期的融资收入。

4. 售后租回交易处理不同

新准则在旧准则的基础上作了如下补充：有确凿证据表明售后租回交易是按照公允价值达成的，售价与资产账面价值之间的差额应当计入当期损益。这将对发生该项业务的企业当期利润有一定影响。

※会计政策、会计估计变更和差错更正
新旧准则内容比较

新准则与旧准则相比，变化比较大，主要包括：增加了一些新条款、定义解释有变化、会计估计的要求、前期差错的处理方法、进一步规范了追溯调整或追溯重述限制条款、披露差异。

1. 增加了一些新条款

（1）增加了准则的范围条款。新准则第二条规定，会计政策变更和前

期差错更正的纳税影响适用《企业会计准则第 18 号——所得税》。旧准则没有提及。

（2）增加了会计政策一致性条款。新准则第三条规定，企业应当对相同或者相似的交易或者事项采用相同的会计政策进行处理。但是，其他会计准则另有规定的除外。旧准则没有提及。

2. 定义解释有变化

新准则不仅对原有术语的名称进行了修订，还修改、增加了一些定义。具体包括：

（1）将会计差错改为"前期差错"，取消了原有的"会计估计""会计差错"和"重大会计差错"定义。

（2）修改了"会计政策"定义。新准则第三条规定："会计政策是指企业在会计核算过程中所采用的原则、基础和会计处理方法。"旧准则第三条规定："会计政策指企业在会计核算时所遵循的具体原则以及企业所采纳的具体会计处理方法。"

新准则定义所称的会计政策，其在内涵和外延上都比较宽泛，实质上包含了会计的基本假设、会计的一般原则、具体原则、会计处理方法，甚至还包含某些非会计假设。

（3）增加了"前期差错""会计估计变更""追溯重述法"的定义：

"前期差错"是指由于没有运用或错误运用下列两种信息，而对前期财务报表造成省略或错报：一是，编报前期财务报表时预期能够取得并加以考虑的可靠信息；二是，前期财务报告批准报出时能够取得的可靠信息。从以上定义可以看出新准则不涉及本期发生的会计差错更正的会计处理，都是针对前期发生的会计差错的会计处理作出的规定。

"会计估计变更"是指由于资产和负债的当前状况及预期经济利益和义务发生了变化，从而对资产或负债的账面价值或者资产的定期消耗金额进行调整。此项定义是为解决在实务中，对一项变更是会计政策变更、会计估计变更还是前期差错更正的判断有分歧的情况。

在发生"会计政策变更""会计估计变更"和"前期差错更正"三种情况下，对如何进行处理和披露进行了规范。新准则规定将在这些情况下可能会分别采用的"追溯调整法""追溯重述法""未来适用法"均进行了定义。其中"追溯重述法"是新准则增加的定义，"指对某项交易或事项变更会计政策，视同该项交易或事项初次发生时即采用变更后的会计政策，并以此对财务报表相关项目进行调整的方法"。

3. 会计估计的要求

新准则第八条规定："会计估计变更的依据应当真实、可靠。"旧准则没有这方面的规定。

4. 前期差错的处理方法

（1）新准则第十二条规定："企业应当采用追溯重述法更正重要的前期差错，确定前期差错累积影响数不切实可行的除外。"

（2）旧准则第十五条规定："本期发现的与前期相关的重大会计差错，如影响损益。应将其对损益的影响数调整发现当期的期初留存收益，会计报表其他相关项目的期初数也应一并调整；如不影响损益，应调整会计报表相关项目的期初数。"

将新旧准则对比后不难发现，新准则只规范重要的差错，但对于前期重要差错的更正方法是一致的，只是新准则明确称为"追溯重述法"。

5. 进一步规范了追溯调整或者追溯重述限制的条款

（1）旧准则第八条规定："会计政策变更的累积影响数如果不能合理确定，会计政策变更应采用未来适用法"。

（2）当对前期追溯采用会计政策不切实可行时，新准则区分两种情况提供了解决办法：如果确定差错对列报的某一期或某几期的特定期间比较信息的影响不切实可行的，企业应当重述"追溯重述法"切实可行的最早期间（也可能是发现差错当期）的资产、负债和权益的期初余额；如果在变更当期期初确定所有期间采用新的会计政策的累积影响不切实可行时，企业应当自最早的切实可行日调整比较信息，采用未来适用法运用新的会计政策；如果确定会计政策变更对列报的某一期或某几期的特定期间比较信息的影响不切实可行时，企业应当在"追溯调整法"切实可行的最早期间（也可能是变更当期）的期初，将新的会计政策运用于资产和负债的账面金额，并对该期每一受影响的权益的组成部分的期初余额进行相应的调整。

（3）当以追溯重述法更正前期差错不切实可行时，新准则也区分两种情况提供了解决办法：如果确定差错对列报的某一期或某几期的特定期间比较信息的影响不切实可行的，企业应当重述"追溯重述法"切实可行的最早期间（也可能是发现差错当期）的资产、负债和权益的期初余额；如果在当期期初确定差错对所有前期的累积影响不切实可行时，企业应当自最早的切实可行日重述比较信息，采用未来适用法更正差错。

6. 披露差异

（1）前期差错更正披露。新准则增加了要披露"前期差错的性质""无法进行追溯重述的，说明对前期差错开始进行更正的时点、具体更正情况"等信息。

（2）会计政策变更披露。新准则增加了需要披露"会计政策变更的性质""无法进行追溯调整的，开始应用变更后的会计政策的时点，具体应用情况"等信息。

最后，新准则第十八条还增加了以后期间的财务报表中不需要再重复披露的规定。

※资产负债表日后事项新旧准则内容比较

新准则与旧准则相比，总体来说基本没有变化，只对现金股利的处理略有调整。具体介绍如下：

1. 旧准则规定

资产负债表日后至财务报告批准报出日之间由董事会或类似机构所制定利润分配方案中分配的现金股利在资产负债表所有者权益中单独列示，股票股利在附注中披露。

2. 新准则规定

将拟分配的股票股利和现金股利在报表附注中进行披露。

◎新准则与国际会计准则的比较分析

※收入新准则与国际会计准则比较分析

我国的《企业会计准则第14号——收入》相比国际会计准则中的《国际会计准则第18号——收入》（IAS18），只有细微的差异，主要差异见表3-1：

表3-1 新准则与国际会计准则差异对照表

比较项目	《企业会计准则第14号——收入》	《国际会计准则第18号——收入》
适用范围	涉及范围相对较大。	涉及范围相对较小，未涉及金融资产和金融负债公允价值的变动及其处置、其他流动资产价值的变动、农产品的自然增长、矿产的开采等项目。
收入的计量	不只规定了一般原则，更具体到销售商品收入、提供劳务收入等的计量方法。	仅规定了收入计量的一般原则，即收入应以其已收或应收的对价的公允价值来计量。
	对此类业务的规定主要在《企业会计准则第7号——非货币性资产交换》中进行规范。	认为不同类交换才能视为产生收入的交易，而同类交换则不能；在产生收入的情况下，收入以收到的商品或者劳务的公允价值来计量，以转让的现金或现金等价物金额来调整；如果不能可靠地计量公允价值，则以转让的现金或现金等价物金额来调整。

续表

比较项目	《企业会计准则第 14 号——收入》	《国际会计准则第 18 号——收入》
现金折扣的核算	采用总价法，即以扣除现金折扣前的金额确认为销售收入和应收账款，在实际发生现金折扣时确认为当期费用。	采用净价法，即以扣除现金折扣后的金额确认为销售收入和应收账款。
披露部分	对或有事项的披露规定主要在《企业会计准则第 13 号——或有事项》中进行规范。	要求披露或有利得和或有损失。

※建造合同新准则与国际会计准则比较分析

新修订的《企业会计准则——建造合同》与国际会计准则基本一样，本质上并没有太大区别，是目前已经发布的新会计准则中与国际会计准则最一致的一项准则，但是在个别地方还有些差异，具体情况见表 3－2：

表 3－2   新准则与国际会计准则差异对照表

比较项目	我国《企业会计准则第 15 号——建造合同》	国际会计准则
合同收入的计量	无此规定。	按已收或应收价款的公允价值予以计量。
合同成本的内容及处理	更详细地列举了合同成本的具体核算内容，可操作性更强。	对合同成本的内容及处理有明确规定，内容与我国大体相同。
合同成本的确认	无明确规定。	部分借款利息可以列入合同成本。
因订立合同发生的有关费用	直接计入当期损益。	视情况可计入合同成本。

续表

比较项目	我国《企业会计准则第 15 号——建造合同》	国际会计准则
合同收入与合同费用的确认	相关内容并不明确。	如果对已经包括在合同收入中并已在收益表中确认的金额的可收回性有怀疑时,则不可收回的金额或补偿的可能性已不复存在的金额,应确认为费用,而不是作为合同收入额的调整。
发生估计变更	相关内容没有明确	对合同收入或合同成本的估计变更的影响,或合同结果的估计变更的影响,应作为会计估计变更处理。
财务预算和报告制度	相关内容没有明确	企业有必要建立一套有效的内部财务预算和报告制度。随着合同的进展,企业应审议、必要时还要修订合同收入和合同成本的预计数。
披露	企业应当在附注中披露与建造合同有关的下列信息: ①各项合同总金额,以及确定合同完工进度的方法。 ②各项合同累计已发生成本、累计已确认毛利(或亏损)。 ③各项合同已办理结算的价款金额。 ④当期预计损失的原因和金额。	还包括确定本期所确认的合同收入所采用的方法以及作为负债反映的应向客户支付的合同工程的总金额。

※借款费用新准则与国际会计准则比较分析

我国的《企业会计准则第17号——借款费用》相当于《国际会计准则第23号——借款费用》，新准则与国际会计准则基本相同，主要差异见表3-3：

表3-3   新准则与国际会计准则差异对照表

比较项目	《企业会计准则第17号——借款费用》	《国际会计准则第23号——借款费用》
借款费用范围	指借款而发生的利息、折价或溢价的摊销和辅助费用，以及因外币借款而发生的汇兑差额。	还包括银行透支利息及依照《国际会计准则第17号——租赁》确认的融资租赁所形成的融资租赁费。
借款费用资本化的资产范围	包括固定资产、需要经过相当长时间的购建或者生产活动才能达到可使用或可销售状态的存货和投资性房地产。	包括需要相当长时间才能达到可销售状态的存货；建造合同；厂房和设备，如制造车间、发电设施及投资性房地产；内部研发无形资产。
借款费用金额的确定	为购建或者生产符合资本化条件的资产而借入专门借款的，应当以专门借款当期实际发生的利息费用，减去将尚未动用的借款资金存入银行取得的利息收入或进行暂时性投资取得的投资收益后的金额确定；为购建或者生产符合资本化条件的资产而占用了一般借款的，企业应当根据累计资产支出超过专门借款部分的资产支出加权平均数乘以所占用一般借款的资本化率，计算确定一般借款应予资本化的利息金额。资本化率应当根据一般借款加权平均利率计算确定。	对于符合资本化条件资产的借款发生的借款费用减去该借款进行临时投资收益后的余额予以资本化，作为应资本化的借款费用金额；对于一般性借款用于符合条件的资产上，采用以该资产支出乘资本化率计算资本化借款费用的金额。
借款费用暂停资本化的时间限定	符合资本化条件的资产在购建或者生产过程中发生非正常中断、且中断时间连续超过3个月的，应当暂停借款费用的资本化。	这些费用属于持有部门完工的资产而发生的费用，因而不具备资本化的条件，应暂停资本化。但未规定较长中断期的时间界限。
借款费用的披露	披露当期资本化的借款费用金额，和当期用于确定资本化金额的资本化率。	还需披露为借款费用所采用的会计政策。

※非货币性资产交换新准则与国际会计准则比较分析

我国的《企业会计准则第7号——非货币性资产交换》与国际会计准则基本相同，但在会计处理上略有差异，新准则与国际会计准则相比主要差异见表3-4：

表3-4   **新准则与国际会计准则差异对照表**

比较项目	《企业会计准则第7号——非货币性资产交换》	国际会计准则
会计处理	新准则强调非货币性交易要同时满足两个条件：一是交易应具有商业实质；二是换入或换出资产至少两者之一的公允价值能够可靠计量。新准则要求必须同时满足两个条件时，才以公允价值计量，不满足两个条件时，以换出资产的账面价值计量。	所有的资产交换交易均应以公允价值计量，除非该项交易不具有商业实质，或者所收到资产和所放弃资产的公允价值均不能可靠计量。此时，以放弃资产的账面价值作为收到资产的成本。如果主体能可靠确定收到资产或放弃资产的公允价值，应按所放弃资产的公允价值作为收到资产的成本，除非取得资产的成本更加可靠。

※债务重组新准则与国际会计准则比较分析

新准则规定，对于债务重组时转出资产、债权人因放弃债权而享有的股权以及修改债务条件后的债务均采用公允价值计量，且与原账面金额之间的差额计入当期损益。

债务重组准则是我国特有的会计准则，在国际会计准则中没有单独的列示，仅在第39号"金融工具的确认和计量"中有类似的规定。具体规定如下："现有借款人和出借人之间交换条款存在显著的债务工具，应当作为原金融负债的消除和一项新金融负债的确认进行核算。类似地，对现有金融负债或部分金融负债的条款的重大修改（无论是否归属于债务人的财务困难）应作为原金融负债的消除和一项新金融负债的确认进行核算。消除的或转让给另一方的金融负债（或金融负债的一部分）的账面金额和所支付对价之间的差额，包括转让的所有非现金资产或承担的所有负债，应当计入损益。"

由此可见，新准则较国际会计准则更清楚、更具体，操作性更强。

※或有事项新准则与国际会计准则比较分析

我国新会计准则与国际会计准则的或有事项基本一致。区别如下：

国际会计准则中将"或有"一词仅用于不予确认的资产和负债，对其中符合负债确认的部分命名为"准备"，容易与有关国家会计规范中的一些"坏账准备"等概念相混淆。

我国新企业会计准则的做法是仍使用"或有事项"概念，并将包含在"或有事项"中可以确认为负债的部分，以"预计负债"确认，对"预计负债"的计量分为初始计量和后续计量。

※外币折算新准则与国际会计准则比较分析

1983 年，国际会计准则委员会发布了《国际会计准则第 21 号——汇率变动影响的会计》。1993 年，《国际会计准则第 21 号——汇率变动影响的会计》重新修订，更名为《国际会计准则第 21 号——汇率变动的影响》。

我国的《企业会计准则第 19 号——外币折算》借鉴国际会计准则的《国际会计准则第 21 号——汇率变动的影响》而制定，新准则与国际会计准则中的内容基本上是一致的，但在表述上略有不同，主要差异见表 3 - 5：

表3-5   新准则与国际会计准则差异对照表

比较项目	《企业会计准则第19号 ——外币折算》	《国际会计准则第21号 ——汇率变动的影响》
记账本位币	新准则只明确了采用记账本位币记账时，境外经营处于恶性通货膨胀的记账原则；在境外经营不再处于恶性通货膨胀经济中时，停止重述，按照停止之日的价格水平重述的财务报表进行折算等。	国际会计准则第14条明确规定："如果功能货币是恶性通货膨胀经济下的货币，则主体财务报表应按照《国际会计准则第29号——恶性通货膨胀经济的财务报告》进行重述"。
列报货币	新准则明确规定企业通常应选择人民币作为记账本位币，业务收支以人民币以外的货币为主的企业，也可以选定以该种货币作为记账本位币记账，但是，编报的财务报表应当折算为人民币。就是说，会计核算可以选定货币作为记账本位币，而列报货币只能是人民币。	国际会计准则第38条中提出："主体财务报表可以按任意一种（或几种）货币列报。如果列报货币不同于主体的功能货币，其经营成果和财务状况需要折算成列报货币。"

※企业合并新准则与国际会计准则比较分析

国际会计准则中对企业合并的规范是在《国际会计准则第22号——企业合并》中进行的，与我国新发布的企业合并准则相比较，其主要差异见表3-6：

表 3 - 6 　　　　　　　　　新准则与国际会计准则差异对照表

比较项目	《企业会计准则第 20 号 ——企业合并》	《国际会计准则第 22 ——企业合并》
分类不同	将企业合并分为同一控制下的合并和非同一控制下的合并。	没有这个说法。
会计处理方法有差异	对于同一控制下的企业合并，按照权益结合法进行会计处理，并按账面价值计价；非同一控制下的企业合并，采用购买法进行会计处理，并按公允价值计价。	所有企业合并只允许采用购买法进行会计处理，步骤为：认定购买方；确认购买日；确定购买成本；将购买成本按公允价值在所取得的可辨认的资产和负债之间分配；确认合并商誉或负商誉。
合并相关费用处理不同	同一控制下：合并方为进行企业合并而发生的相关直接费用于发生时直接计入当期管理费用。 非同一控制下：企业合并发生的直接或间接相关费用，计入当期损益。	企业合并中支付给为实现合并而聘请的会计师、法律顾问、评估师及其他咨询人员的业务费用直接归属于合并成本；一般行政管理费用，包括购买部门的运营成本以及其他不能直接归属于所核算的特定合并的成本，发生的当期确认为费用。

※租赁新准则与国际会计准则比较分析

　　新准则是在国际会计准则的基础上进行了修订，主要差异体现在对承租人和出租人的会计处理上，其它方面差异不大。两者差异见表 3 - 7：

表 3 - 7 　　　　　　　　　新准则与国际会计准则差异对照表

比较项目	《企业会计准则第 21 号 ——租赁》	《国际会计准则第 17 号 ——租赁》
准则的范围	不涉及土地使用权的租赁协议。	包括土地使用权的租赁协议。
准则的定义	未对"租赁期开始日""初始直接费""经济寿命""使用寿命""租赁投资总额"作出定义。	只有"最低租赁付款额"的概念，没有"最低租赁收款额"的概念。

续表

比较项目	《企业会计准则第 21 号——租赁》	《国际会计准则第 17 号——租赁》
经营租赁与融资租赁的分类	不涉及土地使用权的租赁协议。	包含了土地和建筑物租赁类别的判断。
融资租赁下承租人租入资产的入账价值	承租人在租赁开始日将租赁资产公允价值与最低租赁付款额的现值中的较低者作为租入资产的入账价值,确认为一项资产;将最低租赁付款额作为长期应付款的入账价值,确认一项负债,并将两者差额作为"未确认的融资费用"。	按租赁开始日租入资产公允价值与最低租赁付款额现值中较低者等额确认一项资产和负债。
融资租赁下承租人的折现率	在计算最低租赁付款额的现值时,若能确定出租人的内含利率,应将其作为折现率,否则应采用租赁合同规定的利率。如果两者均无法确定,应采用同期银行贷款利率。	在计算最低租赁付款额的现值时,如果能确定租赁中的内含利率,应将其作为折现率,否则应采用承租人的增量借款利率。
融资费用的处理	融资费用采用待摊的方法。	融资费用金额需与负债金额形成一个固定比例,不能随意分摊。
融资租赁下出租人的资产入账价值	出租人在租赁开始日将最低租赁付款额与初始直接费用之和作为应收融资租赁款的入账价值,同时记录未担保余值,将最低租赁收款额未担保余值之和与现值之和的差额计为未实现的融资收益;未实现融资收益在租赁期内按实际利率确认。	将租赁投资净额列为应收款,收到租金时按应收融资租赁款余额的固定比例确认融资收益,同时减少本金。
售后租回的会计处理	售价与账面价值的差额应予递延,并在租赁期内按照与确认租金费用相一致的方法进行分摊,作为租金费用的调整。出售资产形成的损益递延计入租赁期内各期损益。	售价低于公允价值时,应立即确认利润或损失,但当损失能由低于市场价的未来租赁付款额补偿时,则应将其递延,并按租赁付款比例分摊于预计的资产使用期限内;若高于公允价值,高于部分应予以递延并在预计的使用期限内摊销。

比较项目	《企业会计准则第 21 号——租赁》	《国际会计准则第 17 号——租赁》
租赁的披露	承租人需披露每类租入资产在资产负债表日的账面原值、累计折旧及账面净值，需披露资产负债表日后连续三个会计年度每年将支付的最低租赁付款额及以后年度将支付的最低租赁付款总额。 出租人融资租赁时，只需披露资产负债表日后连续三年每年将收到的最低租赁收款额以及以后年度将收到的最低租赁收款总额，未实现融资收益的余额及分摊未实现融资收益所采用的方法。	承租人只需披露每类租入资产在资产负债表日的净值。要披露最低租赁付款额总额及现值，并按一年以内、一至五年、五年以上三个期间反映，同时需披露总额与现值间进行的调节。 出租人融资租赁时，只能通过披露租赁投资总额与应收最低租赁付款的现值间调节来反映本期确认的收益，对于未实现融资收益则须单独披露。

※会计政策、会计估计变更和差错更正新准则与国际会计准则比较分析

从总体来看，新发布的《企业会计准则第 28 号——会计政策、会计估计变更和差错更正》与《国际会计准则第 8 号——会计政策、会计估计的变更和差错》没有太大的区别，准则的定义、内容、处理方法和披露都没有大的变动。通过对两个准则的对比分析，主要存在以下几处差异，见表 3-8：

表3-8　　　　　　　　　　新准则与国际会计准则差异对照表

比较项目	《企业会计准则——会计政策、会计估计变更和差错更正》	《国际会计准则第8号——会计政策、会计估计的变更和差错》
"重要性"术语的定义	我国准则中没有对重要性的概念和运用进行描述。	除"重要性"术语的定义外,还强调采用会计政策和更正差错时(包括计量项目中的差错)如何应用重要性。
"不切实可行性"术语的定义	没有类似规定。	是指如果主体在做出所有合理努力后仍然无法采用某项规定,那么即可认为采用该项规定是不切实可行的。
作为单独部分增加了"关于追溯调整和追溯重述的不切实可行性"	没有类似规定。	阐述了在对前一期或前几期的比较信息进行追溯调整和追溯重述的过程中可能出现不切实可行的情况。
关于选择和运用会计政策的规定	没有类似规定。	关于选择和运用会计政策,清晰地规定了管理层应如何选择和运用会计政策,尤其是在没有准则和解释公告的情况下管理层选择会计政策时应参照的文献。
对可能需要进行会计估计的项目进行说明	新准则取消了会计估计的定义,没有对需要进行会计估计的项目进行列举。	准则第32段对可能需要进行会计估计的项目进行了举例说明。
对确认会计估计变更的影响规定的例外情况	新准则第九条概括地规定,会计估计变更仅影响变更当期的,其影响数应当在变更当期予以确认;既影响变更当期又影响未来期间的,其影响数应当在变更当期和未来期间予以确认。	准则第37段中增加了对确认会计估计变更的影响规定了例外情况,如果会计估计变更导致了资产和负债的改变,或者仅与权益项目相关,主体应当以调整变更当期相关资产、负债或权益账面金额的方式予以确认。
会计政策变更披露	没有类似规定。	准则要求而不是鼓励主体披露有关信息,包括该主体尚未采用准则或解释公告的事实,以及与估计采用该项新准则或解释公告对主体在首次采用期间的财务报表可能产生的影响相关的已知或能够合理估计的信息。

※资产负债表日后事项新准则与国际
会计准则比较分析

我国在对原资产负债表日后事项会计准则修订时，基本上是参照《国际会计准则第 10 号——资产负债表日后事项》的规定进行的，故修订后的新准则《企业会计准则第 29 号——资产负债表日后事项》与国际会计准则趋同。

◎收入、费用、特殊交易新准则的主要内容

※新会计准则第07号——非货币性资产交换

1. 非货币性资产交换的认定

非货币性资产交换，是指交易双方主要以存货、固定资产、无形资产和长期股权投资等非货币性资产进行的交换。该交换不涉及或只涉及少量的货币性资产（即补价）。其中，货币性资产，是指企业持有的货币资金和将以固定或可确定的金额收取的资产，包括现金、银行存款、应收账款和应收票据以及债券投资等。非货币性资产，是指货币性资产以外的资产。

认定涉及少量货币性资产的交换为非货币性资产交换，通常以补价占整个资产交换金额的比例低于25%作为参考。支付的货币性资产占换入资产公允价值（或占换出资产公允价值与支付的货币性资产之和）的比例低于25%（不含25%）的，视为非货币性资产交换；高于25%（含25%）的，则视为货币性资产取得非货币性资产。

2. 非货币性资产交换的确认和计量

（1）非货币性资产交换具有商业实质的判断。

满足下列条件之一的非货币性资产交换具有商业实质：

①换入资产的未来现金流量在风险、时间和金额方面与换出资产显著不同。

主要包括以下几种情形：

● 未来现金流量的风险、金额相同，时间不同。此种情形是指换入资产和换出资产产生的未来现金流量总额相同，获得这些现金流量的风险相同，但现金流量流入企业的时间不同。

● 未来现金流量的时间、金额相同，风险不同。此种情形是指换入资产和换出资产产生的未来现金流量时间和金额相同，但企业获得现金流量的不确定性程度存在明显差异。

● 未来现金流量的风险、时间相同，金额不同。此种情形是指换入资产和换出资产的现金流量总额相同，预计为企业带来现金流量的时间跨度相同，风险也相同，但各年产生的现金流量金额存在明显差异。

②换入资产与换出资产的预计未来现金流量现值不同，且其差额与换入资产和换出资产的公允价值相比是重大的。这种情况是指换入资产对换入企业的特定价值（即预计未来现金流量现值）与换出资产存在明显差异。其中，资产的预计未来现金流量现值，应当按照资产在持续使用过程中和最终处置时所产生的预计税后未来现金流量，根据企业自身而不是市场参与者对资产特定风险的评价，选择恰当的折现率对其进行折现后的金额加以确定。

在确定非货币性资产交换是否具有商业实质时，企业应当关注交易各方之间是否存在关联方关系。关联方关系的存在可能导致发生的非货币性资产交换不具有商业实质。

（2）非货币性资产交换的确认和计量。

①非货币性资产交换具有商业实质，且换入资产或换出资产的公允价值能够可靠地计量的，应当以公允价值和应支付的相关税费作为换入资产的成本，公允价值与换出资产账面价值的差额计入当期损益。

符合下列情形之一的，表明换入资产或换出资产的公允价值能够可靠地计量：

• 换入资产或换出资产存在活跃市场。对于存在活跃市场的存货、长期股权投资、固定资产、无形资产等非货币性资产，应当以该资产的市场价格为基础确定其公允价值。

• 换入资产或换出资产不存在活跃市场、但同类或类似资产存在活跃市场。对于同类或类似资产存在活跃市场的存货、长期股权投资、固定资产、无形资产等非货币性资产，应当以同类或类似资产市场价格为基础确定其公允价值。

• 换入资产或换出资产不存在同类或类似资产的可比市场交易，应当采用估值技术确定其公允价值。该公允价值估计数的变动区间很小，或者在公允价值估计数变动区间内，各种用于确定公允价值估计数的概率能够合理确定的，视为公允价值能够可靠计量。

企业在按照公允价值和应支付的相关税费作为换入资产成本的情况下，发生补价的，应当分别下列情况处理：

• 支付补价的，应当以换出资产的公允价值加上支付的补价（或换入资产的公允价值）和应支付的相关税费，作为换入资产的成本。

• 收到补价的，应当以换出资产的公允价值减去补价（或换入资产的公允价值）加上应支付的相关税费，作为换入资产的成本。

• 换出资产公允价值与其账面价值的差额，应当分别不同情况处理：

换出资产为存货的，应当作为销售处理，根据本书"收入准则"相关内容的规定，按其公允价值确认收入，同时结转相应的成本；换出资产为固定资产、无形资产的，换出资产公允价值与其账面价值的差额，计入营业外收入或营业外支出；换出资产为长期股权投资的，换出资产公允价值与其账面价值的差额，计入投资损益。

②非货币性资产交换不具有商业实质，或换入资产或换出资产的公允价值不能可靠计量的，应当以换出资产的账面价值和应支付的相关税费作为换入资产的成本，不确认损益。

企业在按照换出资产的账面价值和应支付的相关税费作为换入资产成本的情况下，发生补价的，应当分别下列情况处理：

• 支付补价的，应当以换出资产的账面价值，加上支付的补价和应支付的相关税费，作为换入资产的成本，不确认损益。

• 收到补价的，应当以换出资产的账面价值，减去收到的补价并加上应支付的相关税费，作为换入资产的成本，不确认损益。

③涉及多项资产的非货币性资产交换。

非货币性资产交换同时换入多项资产的，在确定各项换入资产的成本时，应当分别下列情况处理：

• 非货币性资产交换具有商业实质，且换入资产的公允价值能够可靠计量的，应当按照换入各项资产的公允价值占换入资产公允价值总额的比例，对换入资产的成本总额进行分配，确定各项换入资产的成本。

• 非货币性资产交换不具有商业实质，或者虽具有商业实质但换入资产的公允价值不能可靠计量的，应当按照换入各项资产的原账面价值占换入资产原账面价值总额的比例，对换入资产的成本总额进行分配，确定各项换入资产的成本。

※新会计准则第 12 号——债务重组

1. 债务重组的概念

债务重组，是指在债务人发生财务困难的情况下，债权人按照其与债务人达成的协议或者法院的裁定作出让步的事项。

债务人发生财务困难，是指因债务人出现资金周转困难、经营陷入困境或者其他方面的原因等，导致其无法或者没有能力按原定条件偿还债务。

债权人作出让步，是指债权人同意发生财务困难的债务人现在或者将来以低于重组债务账面价值的金额或者价值偿还债务。债权人作出让步的情形主要包括：债权人减免债务人部分债务本金或者利息、降低债务人应付债务的利率等。

2. 债务重组的方式

债务重组主要有以下几种方式：

（1）以资产清偿债务，是指债务人转让其资产给债权人以清偿债务的债务重组方式。债务人通常用于偿债的资产主要有：现金、债券投资、股权投资、存货、固定资产、无形资产等。这里所指现金，包括库存现金、银行存款和其他货币资金。在债务重组的情况下，以现金清偿债务，是指以低于债务的账面价值的现金清偿债务。如以等量的现金偿还所欠债务，则不属于本章所指的债务重组。

（2）将债务转为资本，是指债务人将债务转为资本，同时债权人将债权转为股权的债务重组方式。但债务人根据转换协议，将应付可转换公司债券转为资本的，则属于正常情况下的债务转为资本，不能作为本章所指债务重组。

债务转为资本时，对股份有限公司而言是将债务转为股本；对其他企业而言，是将债务转为实收资本。债务转为资本的结果是，债务人因此而增加股本（或实收资本），债权人因此而增加股权。

（3）修改其他债务条件，是指修改不包括上述第一、第二种情形在内的债务条件进行债务重组的方式，如减少债务本金、减少债务利息等。

（4）以上三种方式的组合，是指采用以上三种方式共同清偿债务的债务重组形式。如，以转让资产清偿某项债务的一部分，另一部分债务通过修改其他债务条件进行债务重组。

3. 债务重组的会计处理

（1）以现金清偿债务。

①以现金清偿债务的，债务人应当在满足金融负债终止确认条件时，

终止确认重组债务，并将重组债务的账面价值与实际支付现金之间的差额，计入当期损益（营业外收入）。

②以现金清偿债务的，债权人应当将重组债权的账面余额与收到的现金之间的差额，计入当期损益（营业外支出）。债权人已对债权计提减值准备的，应当先将该差额冲减减值准备，冲减后尚有余额的，计入营业外支出（债务重组损失）；冲减后减值准备仍有余额的，应予转回并抵减当期资产减值损失。

（2）以非现金资产清偿债务。

①以非现金资产清偿债务的，债务人应当在符合金融负债终止确认条件时，终止确认重组债务，并将重组债务的账面价值与转让的非现金资产公允价值之间的差额，计入当期损益（营业外收入）。转让的非现金资产公允价值与其账面价值之间的差额，计入当期损益。

非现金资产公允价值与账面价值的差额，应当分别下列情况进行处理：

● 非现金资产为存货的，应当视同销售处理，根据本书"收入"相关规定，按非现金资产的公允价值确认销售商品收入，同时结转相应的成本。

● 非现金资产为固定资产、无形资产的，其公允价值和账面价值的差额，计入营业外收入或营业外支出。

● 非现金资产为长期股权投资的，其公允价值和账面价值的差额，计入投资损益。

②以非现金资产清偿债务的，债权人应当对受让的非现金资产按其公允价值入账，重组债权的账面余额与受让的非现金资产的公允价值之间的差额，在符合金融资产终止确认条件时，计入当期损益（营业外支出）。债权人已对债权计提减值准备的，应当先将该差额冲减减值准备，冲减后尚有余额的，计入营业外支出（债务重组损失）；冲减后减值准备仍有余额的，应予转回并抵减当期资产减值损失。

（3）将债务转为资本。

①将债务转为资本的，债务人应当在满足金融负债终止确认条件时，终止确认重组债务，并将债权人放弃债权而享有股份的面值总额确认为股本（或者实收资本），股份的公允价值总额与股本（或者实收资本）之间的差额确认为资本公积。重组债务的账面价值与股份的公允价值总额之间的差额，计入当期损益（营业外收入）。

②将债务转为资本的，债权人应当将享有股份的公允价值确认为对债务人的投资，重组债权的账面余额与股份的公允价值之间的差额，比照以非现金资产清偿债务的债务重组会计处理规定进行处理。债权人已对债权计提减值准备的，应当先将该差额冲减减值准备，冲减后尚有余额的，计入营业外支出（债务重组损失）；冲减后减值准备仍有余额的，应予转回并抵减当期资产减值损失。

（4）修改其他债务条件。

①修改其他债务条件的，债务人应当将修改其他债务条件后债务的公允价值作为重组后债务的入账价值。重组债务的账面价值与重组后债务的入账价值之间的差额，计入当期损益（营业外收入）。

修改后的债务条款如涉及或有应付金额，且该或有应付金额符合预计负债确认条件的，债务人应当将该或有应付金额确认为预计负债。例如，债务重组协议规定，债务人在债务重组后一定期间内，其业绩改善到一定程度或者符合一定要求（如扭亏为盈、摆脱财务困境等），应向债权人额外支付一定款项，当债务人承担的或有应付金额符合预计负债确认条件时，应当将该或有应付金额确认为预计负债。

重组债务的账面价值，与重组后债务的入账价值和预计负债金额之和的差额，计入当期损益（营业外收入）。

或有应付金额，是指需要根据未来某种事项出现而发生的应付金额，而且该未来事项的出现具有不确定性。或有应付金额在随后会计期间没有发生的，企业应当冲销已确认的预计负债，同时确认营业外收入。

②修改其他债务条件的，债权人应当将修改其他债务条件后的债权的公允价值作为重组后债权的账面价值，重组债权的账面余额与重组后债权的账面价值之间的差额，比照以现金清偿债务的债务重组会计处理规定进行处理。

修改后的债务条款中涉及或有应收金额的，债权人不应当确认或有应收金额，不得将其计入重组后债权的账面价值。

或有应收金额，是指需要根据未来某种事项出现而发生的应收金额，而且该未来事项的出现具有不确定性。

（5）混合重组。

①债务重组采用以现金清偿债务、非现金资产清偿债务、债务转为资本、修改其他债务条件等方式的组合进行的，债务人应当依次以支付的现金、转让的非现金资产公允价值、债权人享有股份的公允价值冲减重组债务的账面价值，再按照修改其他债务条件的债务重组会计处理规定进行处理。

②债务重组采用以现金清偿债务、非现金资产清偿债务、债务转为资本、修改其他债务条件等方式的组合进行的，债权人应当依次以收到的现金、接受的非现金资产公允价值、债权人享有股份的公允价值冲减重组债权的账面余额，再按照修改其他债务条件的债务重组会计处理规定进行处理。

※新会计准则第 13 号——或有事项

1. 或有事项的特征

或有事项，是指过去的交易或者事项形成的，其结果须由某些未来事项的发生或不发生才能决定的不确定事项。

或有事项具有以下特征：

（1）由过去交易或事项形成。

即或有事项的现存状况是过去交易或事项引起的客观存在。

（2）结果具有不确定性。

即或有事项的结果是否发生具有不确定性，或者或有事项的结果预计将会发生，但发生的具体时间或金额具有不确定性。

（3）由未来事项决定。

即或有事项的结果只能由未来不确定事项的发生或不发生才能决定。

常见的或有事项有：未决诉讼或仲裁、债务担保、产品质量保证（含产品安全保证）、环境污染整治、承诺、亏损合同、重组义务等。

2. 或有事项的确认和计量

（1）或有事项的确认。

与或有事项相关的义务同时满足以下条件的，应当确认为预计负债：

①该义务是企业承担的现时义务。企业没有其他现实的选择，只能履行该义务，如法律要求企业必须履行、有关各方合理预期企业应当履行等。

②履行该义务很可能导致经济利益流出企业。即企业履行与或有事项相关的现时义务将导致经济利益流出的可能性超过50%。

履行或有事项相关义务导致经济利益流出的可能性，通常按照下列情况加以判断：

- "基本确定"指发生的可能性大于95%但小于100%。
- "很可能"指发生的可能性大于50%但小于或等于95%。
- "可能"指发生的可能性大于5%但小于或等于50%。
- "极小可能"指发生的可能性大于0但小于或等于5%。

③该义务的金额能够可靠地计量。即因或有事项产生的现时义务的金额能够合理地估计。

（2）或有事项的计量。

或有事项的计量主要涉及两方面：一是最佳估计数的确定；二是预期可获得补偿的处理。

①预计负债应当按照履行相关现时义务所需支出的最佳估计数进行初始计量。所需支出存在一个连续范围，且该范围内各种结果发生的可能性相同的，最佳估计数应当按照该范围内的中间值确定。

在其他情况下，最佳估计数应当分别下列情况处理：

• 或有事项涉及单个项目的，按最可能发生金额确定。

"涉及单个项目"指或有事项涉及的项目只有一个，如一项未决诉讼、一项未决仲裁或一项债务担保等。

• 或有事项涉及多个项目的，按照各种可能结果及相关概率计算确定。

"涉及多个项目"指或有事项涉及的项目不止一个。如在产品质量保证中，提出产品保修要求的可能有许多客户，相应地，企业对这些客户负有保修义务，应根据发生质量问题的概率及相关的保修费用计算确定应予确认的负债金额。

企业在确定最佳估计数时，首先，应当综合考虑与或有事项有关的风险、不确定性和货币时间价值等因素。货币时间影响重大的，应当通过对相关未来现金流出进行折现后确定最佳估计数。例如，油气井或核电站的弃置费用等，应当按照未来应支付金额的现值确定。其次，或有事项与未来事项（如未来技术进步、相关法规出台等）相关，且该未来事项将会发生的，应当在确定预计负债金额时考虑该未来事项的影响。再者，确定预计负债的金额不应考虑预期处置相关资产形成的利得。

②企业清偿预计负债所需支出全部或部分预期由第三方补偿的，补偿金额只有在基本确定能够收到时才能作为资产单独确认。确认的补偿金额不应超过预计负债的账面价值。

企业应当在资产负债表日对预计负债的账面价值进行复核，有确凿证据表明该账面价值不能真实反映当前最佳估计数的，应当按照当前最佳估计数对该账面价值进行调整。

（3）待执行合同、重组事项形成的或有事项的确认和计量。

①待执行合同。

待执行合同，是指合同各方尚未履行任何合同义务，或部分地履行了同等义务的合同。企业与其他企业签订的尚未履行任何合同义务或部分地履行了同等义务的商品买卖合同、劳务合同、租赁合同等，均属于待执行合同。

企业在履行合同义务过程中，发生的成本预期将超过与合同相关的未来流入的经济利益的，待执行合同即变成了亏损合同。该亏损合同产生的义务满足预计负债确认条件的，应当确认为预计负债。

待执行合同变成亏损合同时，企业拥有合同标的资产的，应当先对标的资产进行减值测试并按规定确认减值损失，如预计亏损超过该减值损失，应将超过部分确认为预计负债。无合同标的资产的，亏损合同相关义务满足预计负债确认条件时，应当确认为预计负债。

企业不应就未来经营亏损确认预计负债。

②重组事项。

重组，是指企业制定和控制的，将显著改变企业组织形式、经营范围或经营方式的计划实施行为。

属于重组的事项主要包括：

• 出售或终止企业的部分经营业务。

• 对企业的组织结构进行较大调整。

• 关闭企业的部分营业场所，或将营业活动由一个国家或地区迁移到其他国家或地区。

企业承担的重组义务满足或有事项确认条件的，应当确认为预计负债。企业应当按照与重组有关的直接支出确定该预计负债金额。直接支出不包括留用职工岗前培训、市场推广、新系统和营销网络投入等支出。

下列情况同时存在时，表明企业承担了重组义务：

• 有详细、正式的重组计划，包括重组涉及的业务、主要地点、需要补偿的职工人数及其岗位性质、预计重组支出、计划实施时间等。

• 该重组计划已对外公告。

※新会计准则第14号——收入

1. 销售商品收入的确认和计量

（1）销售商品收入的确认条件。

销售商品收入只有同时满足以下条件时，才能加以确认：

①企业已将商品所有权上的主要风险和报酬转移给购货方。

与商品所有权有关的风险，是指商品可能发生减值或毁损等形成的损失；与商品所有权有关的报酬，是指商品价值增值或通过使用商品等产生的经济利益。

商品所有权上的主要风险和报酬转移给购货方，指与商品所有权有关的主要风险和报酬同时转移。当一项商品发生的任何损失均不需要销货方承担，带来的经济利益也不归销货方所有，则意味着该商品所有权上的风险和报酬已从该销货方转出。

判断一项商品所有权上的主要风险和报酬是否已转移给买方，需要关注每项交易的实质，并结合所有权凭证的转移进行判断。

通常情况下，转移商品所有权凭证并交付实物后，商品所有权上的主要风险和报酬随之转移，如大多数零售商品。某些情况下，转移商品所有权凭证但未交付实物，商品所有权上的主要风险和报酬随之转移，企业只保留了次要风险和报酬，如交款提货方式销售商品。有时，已交付实物但未转移商品所有权凭证，商品所有权上的主要风险和报酬未随之转移，如采用支付手续费方式委托代销的商品。

②企业既没有保留通常与所有权相联系的继续管理权，也没有对已售

出的商品实施有效控制。

对售出商品实施继续管理，既可能源于仍拥有商品的所有权，也可能与商品的所有权没有关系。如果商品售出后企业仍保留与该商品的所有权相联系的继续管理权，则说明此项销售商品交易没有完成，销售不能成立，不能确认收入。同样地，如果商品售出后企业仍对售出的商品可以实施有效控制，也说明此项销售没有完成，不能确认收入。

③收入的金额能够可靠地计量。

收入的金额能否可靠地计量，是确认收入的基本前提。企业在销售商品时，售价通常已经确定。但销售过程中由于某种不确定因素，也有可能出现售价变动的情况，则新的售价未确定前不应确认收入。

④相关的经济利益很可能流入企业。

在销售商品的交易中，相关的经济利益主要表现为销售商品的价款。销售商品的价款能否有把握收回，是收入确认的一个重要条件。企业在销售商品时，如估计价款收回的可能性不大，即使收入确认的其他条件均已满足，也不应当确认收入。

销售商品的价款能否收回，主要根据企业以前和买方交往的直接经验，或从其他方面取得的信息和政府的有关政策等进行判断。

⑤相关的已发生或将发生的成本能够可靠地计量。

根据收入和费用配比原则，与同一项销售有关的收入和成本应在同一会计期间予以确认。成本不能可靠计量，相关的收入也不能确认。如已收到价款，收到的价款应确认为一项负债。

（2）销售商品收入确认条件的具体运用。

①下列商品销售，通常按规定的时点确认为收入，有证据表明不满足收入确认条件的除外：

• 销售商品采用托收承付方式的，在办妥托收手续时确认收入。

• 销售商品采用预收款方式的，在发出商品时确认收入，预收的货款应确认为负债。

●销售商品需要安装和检验的，在购买方接受商品以及安装和检验完毕前，不确认收入，待安装和检验完毕时确认收入。如果安装程序比较简单，可在发出商品时确认收入。

●销售商品采用以旧换新方式的，销售的商品应当按照销售商品收入确认条件确认收入，回收的商品作为购进商品处理。

●销售商品采用支付手续费方式委托代销的，在收到代销清单时确认收入。

②采用售后回购方式销售商品的，收到的款项应确认为负债；回购价格大于原售价的，差额应在回购期间按期计提利息，计入财务费用。有确凿证据表明售后回购交易满足销售商品收入确认条件的，销售的商品按售价确认收入，回购的商品作为购进商品处理。

③采用售后租回方式销售商品的，收到的款项应确认为负债；售价与资产账面价值之间的差额，应当采用合理的方法进行分摊，作为折旧费用或租金费用的调整。有确凿证据表明认定为经营租赁的售后租回交易是按照公允价值达成的，销售的商品按售价确认收入，并按账面价值结转成本。

（3）销售商品收入的计量。

企业应当按照从购货方已收或应收的合同或协议价款确定销售商品收入金额，但已收或应收的合同或协议价款不公允的除外。

从购货方已收或应收的合同或协议价款，通常为公允价值。某些情况下，合同或协议价款的收取采用递延方式，如分期收款销售商品，实质上具有融资性质的，应当按照应收的合同或协议价款的公允价值确定销售商品收入金额。应收的合同或协议价款与其公允价值之间的差额，应当在合同或协议期间内采用实际利率法进行摊销，冲减财务费用。

销售商品涉及商业折扣的，应当按照扣除商业折扣后的金额确定销售商品收入金额。商业折扣，是指企业为促进商品销售而在商品标价上给予的价格扣除。

（4）现金折扣、销售折让和销售退回的处理。

①现金折扣的概念。

现金折扣，是指债权人为鼓励债务人在规定的期限内付款而向债务人提供的债务扣除。

②现金折扣的会计处理。

现金折扣在实际发生时计入当期损益。

（5）销售折让。

①销售折让的概念。

销售折让，是指企业因售出商品的质量不合格等原因而在售价上给予的减让。

②销售折让的会计处理。

企业已经确认销售商品收入的售出商品发生销售折让的，应当在发生时冲减当期的销售商品收入。销售折让属于资产负债表日后事项的，适用《企业会计准则第29号——资产负债表日后事项》。

（6）销售退回。

①销售退回的概念。

销售退回，是指企业售出的商品由于质量、品种不符合要求等原因而发生的退货。

②销售退回的会计处理。

企业已经确认销售商品收入的售出商品发生销售退回的，应当在发生时冲减当期销售商品收入。销售退回属于资产负债表日后事项的，适用《企业会计准则第29号——资产负债表日后事项》。

2. 提供劳务收入的确认和计量

（1）提供劳务收入确认条件。

①在资产负债表日，提供劳务交易的结果能够可靠估计。

企业在资产负债表日提供劳务交易的结果能够可靠估计的，应当采用完工百分比法确认提供劳务收入。

完工百分比法，是指按照提供劳务交易的完工进度确认收入与费用的方法。

提供劳务的交易结果能否可靠估计，依据以下条件进行判断。如同时满足下列条件，则表明提供劳务交易的结果能够可靠地估计：

· 收入的金额能够可靠地计量。

· 相关的经济利益很可能流入企业。

· 交易的完工进度能够可靠地确定。企业确定提供劳务交易的完工进度，通常可以选用下列方法：已完工作的测量、已经提供的劳务占应提供劳务总量的比例，以及已经发生的成本占估计总成本的比例。

· 交易中已发生和将要发生的成本能够可靠地计量。

②在资产负债表日，提供劳务交易结果不能可靠估计。

企业在资产负债表日提供劳务交易结果不能够可靠估计的，应当分别下列情况处理：

· 已经发生的劳务成本预计能够得到补偿的，应当按照已经发生的劳务成本金额确认提供劳务收入，并按相同金额结转劳务成本。

· 已经发生的劳务成本预计只能部分得到补偿的，应当按照能够得到补偿的劳务成本金额确认收入，并按已经发生的劳务成本结转劳务成本。

· 已经发生的劳务成本预计全部不能得到补偿的，应当将已经发生的劳务成本计入当期损益，不确认提供劳务收入。

③提供劳务收入确认条件的具体运用。

下列提供劳务满足收入确认条件的，应按规定确认收入：

· 安装费，在资产负债表日根据安装的完工进度确认收入。安装工作是商品销售附带条件的，安装费在确认商品销售实现时确认收入。

· 宣传媒介的收费，在相关的广告或商业行为开始出现于公众面前时确认收入。广告的制作费，在资产负债表日根据制作广告的完工进度确认收入。

● 为特定客户开发软件的收费，在资产负债表日根据开发的完工进度确认收入。

● 包括在商品售价内可区分的服务费，在提供服务的期间内分期确认收入。

● 艺术表演、招待宴会和其他特殊活动的收费，在相关活动发生时确认收入。收费涉及几项活动的，预收的款项应合理分配给每项活动，分别确认收入。

● 申请人会费和会员费只允许取得会籍，所有其他服务或商品都要另行收费的，在款项收回不存在重大不确定性时确认收入。申请人会费和会员费能使会员在会员期内得到各种服务或商品，或者以低于非会员的价格销售商品或提供服务的，在整个受益期内分期确认收入。

● 属于提供设备和其他有形资产的特许权费，在交付资产或转移资产所有权时确认收入；属于提供初始及后续服务的特许权费，在提供服务时确认收入。

● 长期为客户提供重复的劳务收取的劳务费，在相关劳务活动发生时确认收入。

④提供劳务收入的计量。

企业应当按照从接受劳务方已收或应收的合同或协议价款确定提供劳务收入总额，但已收或应收的合同或协议价款不公允的除外。

在采用完工百分比法确认收入时，收入和相关成本应按以下公式计算：

本期确认的收入＝提供劳务收入总额×完工进度－以前会计期间累
计已确认提供劳务收入

本期确认的成本＝提供劳务预计成本总额×完工进度－以前会计期
间累计已确认提供劳务成本

⑤销售商品和提供劳务的区分。

企业与其他企业签订的合同或协议包括销售商品和提供劳务时，销售商品部分和提供劳务部分能够区分且能够单独计量的，应当将销售商品的部分作为销售商品处理，将提供劳务的部分作为提供劳务处理。

销售商品部分和提供劳务部分不能够区分，或虽能区分但不能够单独计量的，应当将销售商品部分和提供劳务部分全部作为销售商品处理。

3. 让渡资产使用权收入的确认和计量

（1）让渡资产使用权收入的确认。

让渡资产使用权收入包括利息收入、使用费收入等，其应在同时满足下列条件时，才能予以确认：

①相关的经济利益很可能流入企业。

②收入的金额能够可靠地计量。

（2）让渡资产使用权收入的计量。

企业应当分别下列情况确定让渡资产使用权收入金额：

①利息收入金额，按照他人使用本企业货币资金的时间和实际利率计算确定。

②使用费收入金额，按照有关合同或协议约定的收费时间和方法计算确定。

4. 建造合同收入的确认和计量

（1）建造合同的概念。

建造合同，是指为建造一项或数项在设计、技术、功能、最终用途等方面密切相关的资产而订立的合同。其中，所建造的资产主要包括房屋、道路、桥梁、水坝等建筑物，以及船舶、飞机、大型机械设备等。

建造合同不同于一般的材料采购合同和劳务合同，而是有其自身的特征，主要表现在：

①先有买主（即客户），后有标的（即资产），建造资产的造价在签订合同时已经确定。

②资产的建设期长，一般都要跨越一个会计年度，有的长达数年。

③所建造的资产体积大，造价高。

④建造合同一般为不可取消的合同。

固定造价合同指按照固定的合同价或固定单价确定工程价款的建造合同。

成本加成合同，是指以合同允许其他方式议定的成本为基础，加上该成本的一定比例或定额费用确定工程价款的建造合同。

固定造价合同与成本加成合同的主要区别在于风险的承担者不同。前者的风险主要由建造承包方承担，后者主要由发包方承担。

（2）合同的分立与合并。

企业通常应当按照单项建造合同进行会计处理。但是，在某些情况下，为了反映一项或一组合同的实质，需要将单项合同进行分立或将数项合同进行合并。

①一项包括建造数项资产的建造合同，同时满足下列条件的，每项资产应当分立为单项合同：

● 每项资产均有独立的建造计划。

● 与客户就每项资产单独进行谈判，双方能够接受或拒绝与每项资产有关的合同条款。

● 每项资产的收入和成本可以单独辨认。

②追加资产的建造，满足下列条件之一的，应当作为单项合同：

● 该追加资产在设计、技术或功能上与原合同包括的一项或数项资产存在重大差异。

● 议定该追加资产的造价时，不需要考虑原合同价款。

③一组合同无论对应单个客户还是多个客户，同时满足下列条件的，应当合并为单项合同：

● 该组合同按一揽子交易签订。

● 该组合同密切相关，每项合同实际上已构成一项综合利润率工程的组成部分。

● 该组合同同时或依次履行。

（3）合同收入和合同费用的确认和计量。

①合同收入的内容。

合同收入包括合同规定的初始收入以及因合同变更、索赔、奖励等形成的收入两部分。

● 合同的初始收入，即建造承包商与客户在双方签订的合同中最初商定的合同总金额，它构成合同收入的基本内容。

● 因合同变更、索赔、奖励等形成的收入。这部分收入并不构成合同双方在签订合同时已在合同中商定的合同总金额，而是在执行合同过程中由于合同变更、索赔、奖励等原因而形成的收入。建造承包商不能随意确认这些收入，只有在符合规定条件时才能构成合同总收入。

合同变更，是指客户为改变合同规定的作业内容而提出的调整。因合同变更而增加的收入，应在同时符合以下条件时加以确认，构成合同收入：

◆客户能够认可因变更而增加的收入。

◆收入能够可靠地计量。

索赔款，是指因客户或第三方的原因造成的、由建造承包商向客户或第三方收取的、用于补偿不包括在合同造价中的成本的款项。因发生索赔而形成的收入即为索赔款收入，其应在同时符合以下条件时才能加以确认，构成合同收入：

◆根据谈判情况，预计对方能够同意这项索赔。

◆对方同意接受的金额能够可靠地计量。

奖励款，是指工程达到或超过规定的标准时，客户同意支付给建造承包商的额外款项。因奖励而形成的收入应在同时符合以下条件时加以确认，构成合同收入：

◆根据目前合同的完成情况，是以判断工程进度和工程质量能够达到或超过既定的标准。

◆奖励金额能够可靠地计量。

②建造合同成本。

建造合同成本包括从合同签订开始至合同完成止所发生的、与执行合同有关的直接费用和间接费用。

直接费用，是指为完成合同所发生的、可以直接计入合同成本核算对象的各项费用支出。直接费用包括四项：耗用的人工费用、耗用的材料费用、耗用的机械使用费和其他直接费用（指直接可计入合同成本的费用）。

间接费用是企业下属的施工单位或生产单位为组织生产和管理施工生产活动所发生的费用，包括临时设施摊销费用和施工、生产单位管理人员工资、奖金、职工福利费、劳动保护费、固定资产折旧费及修理费、物料消耗、低值易耗品摊销、取暖费、水电费、办公费、差旅费、财产保险费、工程保修费、排污费等。

直接费用在发生时直接计入合同成本；间接费用应在期末按系统、合理的方法分摊计入合同成本。常见的用于间接费用分摊的方法有人工费用比例法和直接费用比例法。

合同完成后处置残余物资取得的收益等与合同有关的零星收益，应当冲减合同成本。

合同成本不包括应当计入当期损益的管理费用、销售费用和财务费用。因订立合同而发生的有关费用，应当直接计入当期损益。

③合同收入和合同费用的确认和计量。

在确认和计量建造合同的收入和费用时，首先应当判断建造合同的结果能否可靠地估计。

● 在资产负债表日，建造合同的结果能够可靠地估计。

在资产负债表日，建造合同的结果能够可靠地估计的，应当根据完工百分比法确认合同收入和合同费用。在判断建造合同结果是否能够可靠地估计时，应注意区分固定造价合同和成本加成合同。

固定造价合同的结果能够可靠估计，是指同时满足下列条件：

第一，合同总收入能够可靠地计量；

第二，与合同相关的经济利益很可能流入企业；

第三，实际发生的合同成本能够清楚地区分和可靠地计量；

第四，合同完工进度和为完成合同尚需发生的成本能够可靠地确定。

• 成本加成合同的结果能够可靠估计，是指同时满足下列条件：

第一，与合同相关的经济利益很可能流入企业；

第二，实际发生的合同成本能够清楚地区分和可靠地计量。

根据完工百分比法确认建造合同收入和费用的公式如下：

当期合同收入 = 合同总收入 × 完工进度 − 以前会计期间累计已确认的收入

当期合同费用 = 合同预计总成本 × 完工进度 − 以前会计期间累计已确认费用

当期确认的毛利 = (合同总收入 − 合同预计总成本) × 完工进度 − 以前期间累

计已确认毛利

• 其中，完工进度是指累计完工进度。企业确定合同完工进度可以选用下列方法：

第一种，累计实际发生的合同成本占合同预计总成本的比例。

第二种，已经完成的合同工作量占合同预计总工作量的比例。

第三种，实际测定的完工进度。

在采用第一种方法的情况下，累计实际发生的合同成本不包括施工中尚未安装或使用的材料成本等与合同未来活动相关的合同成本，以及在分包工程的工作量完成之前预付给分包单位的款项。

④在资产负债表日，建造合同的结果不能可靠地估计。

在资产负债表日，建造合同的结果不能可靠估计的，应当分别下列情况处理：

• 合同成本能够收回的，合同收入根据能够收回的实际合同成本予以确认，合同成本在其发生的当期确认为合同费用。

• 合同成本不可能收回的，在发生时立即确认为合同费用，不确认合同收入。

需要指出的是，使建造合同的结果不能可靠估计的不确定因素不复存在的，应当改按完工百分比法确认合同收入和合同费用。

如果合同预计总成本超过合同预计总收入，应将预计损失确认为当期费用。

※新会计准则第15号——建造合同

新准则共分为六章二十八条，包括：总则、合同的分立与合并、合同收入、合同成本、合同收入与合同费用的确认、披露。

1. 总则部分

"总则"部分共分三条，分别规定了本项准则的制定目标和依据、建造合同的定义以及建造合同的类型。

（1）本准则制定的目标和依据。

新准则第一条规定："为了规范企业（建造承包商，下同）建造合同的确认、计量和相关信息的披露，根据《企业会计准则——基本准则》，制定本准则。"

（2）建造合同的定义。

建造合同，是指为建造一项或数项在设计、技术、功能、最终用途等方面密切相关的资产而订立的合同。

（3）建造合同的类型。

建造合同分为两类：固定造价合同和成本加成合同。

固定造价合同，是指按照固定的合同价或固定单位确定工程价款的建造合同。

成本加成合同，是指以合同约定或其他方式议定的成本为基础，加上该成本的一定比例或定额费用确定工程价款的建造合同。

2. 合同的分立与合并部分

"合同的分立与合并"部分共四条，包含三个原则：建造合同核算对象确认原则、合同分立的原则、合同合并的原则。

（1）建造合同核算对象确认原则。

企业通常应当按照单项建造合同进行会计处理。但是，在某些情况下，为了反映一项或一组合同的实质，需要将单项合同进行分立或将数项合同进行合并。

（2）合同分立的原则。

一项包括建造数项资产的建造合同，同时满足下列条件的，每项资产应当分立为单项合同：

● 每项资产均有独立的建造计划。

● 与客户就每项资产单独进行谈判，双方能够接受或拒绝与每项资产有关的合同条款。

● 每项资产的收入和成本可以单独辨认。

在新准则的第六条中，还规定了另一种合同分立的条件——追加资产的建造，满足下列条件之一的，应当作为单项合同：

● 该追加资产在设计、技术或功能上与原合同包括的一项或数项资产存在重大差异。

● 议定该追加资产的造价时，不需要考虑原合同价款。

（3）合同合并的原则。

一组合同无论对应单个客户还是多个客户，同时满足下列条件的，应当合并为单项合同：

● 该组合同按一揽子交易签订。

● 该组合同密切相关，每项合同实际上已构成一项综合利润率工程的组成部分。

● 该组合同同时或依次履行。

3. 合同收入部分

"合同收入"部分共有四条，分别规定了合同收入的组成、确认合同变更收入的标准、确认合同索赔款收入的标准以及确认奖励款收入的标准。

（1）合同收入的组成。

合同收入应当包括下列内容：

- 合同规定的初始收入。
- 因合同变更、索赔、奖励等形成的收入。

（2）确认合同变更收入的标准。

合同变更，是指客户为改变合同规定的作业内容而提出的调整。合同变更款同时满足下列条件的，才能构成合同收入：

- 客户能够认可因变更而增加的收入。
- 该收入能够可靠地计量。

（3）确认合同索赔款收入的标准。

索赔款，是指因客户或第三方的原因造成的、向客户或第三方收取的、用以补偿不包括在合同造价中成本的款项。索赔款同时满足下列条件的，才能构成合同收入：

- 根据谈判情况，预计对方能够同意该项索赔。
- 对方同意接受的金额能够可靠地计量。

（4）确认奖励款收入的标准。

奖励款，是指工程达到或超过规定的标准，客户同意支付的额外款项。奖励款同时满足下列条件的，才能构成合同收入：

- 根据合同目前完成情况，足以判断工程进度和工程质量能够达到或超过规定的标准。
- 奖励金额能够可靠地计量。

4. 合同成本部分

"合同成本"部分共六条，包括三方面内容：合同成本的组成、合同成本的会计处理、核算合同成本注意的问题。

（1）合同成本的组成。

合同成本应当包括从合同签订开始至合同完成止所发生的、与执行合同有关的直接费用和间接费用。

合同的直接费用应当包括下列内容：

● 耗用的材料费用。

● 耗用的人工费用。

● 耗用的机械使用费。

● 其他直接费用，指其他可以直接计入合同成本的费用。

间接费用是企业下属的施工单位或生产单位为组织和管理施工生产活动所发生的费用。

（2）合同成本的会计处理。

直接费用在发生时直接计入合同成本，间接费用在资产负债表日按照系统、合理的方法分摊计入合同成本。

（3）核算合同成本注意的问题。

合同完成后处置残余物资取得的收益等与合同有关的零星收益，应当冲减合同成本。合同成本不包括应当计入当期损益的管理费用、销售费用和财务费用。因订立合同而发生的有关费用，应当直接计入当期损益。

5. 合同收入与合同费用的确认部分

"合同收入与合同费用的确认"部分共十条，是本项准则中内容最多的一部分，包括合同收入与合同费用的确认原则、资产负债表日建造合同的结果能够可靠估计的条件、合同完工进度的确定方法、完工百分比法的应用和合同预计损失的会计处理。

（1）合同收入与合同费用的确认原则。

在资产负债表日，建造合同的结果能够可靠估计的，应当根据完工百分比法确认合同收入和合同费用。完工百分比法，是指根据合同完工进度确认收入与费用的方法。

建造合同的结果不能可靠估计的，应当分别下列情况处理：

• 合同成本能够收回的，合同收入根据能够收回的实际合同成本予以确认，合同成本在其发生的当期确认为合同费用。

• 合同成本不可能收回的，在发生时立即确认为合同费用，不确认合同收入。

（2）资产负债表日建造合同的结果能够可靠估计的条件。

固定造价合同的结果能够可靠估计，是指同时满足下列条件：

• 合同总收入能够可靠地计量。

• 与合同相关的经济利益很可能流入企业。

• 实际发生的合同成本能够清楚地区分和可靠地计量。

• 合同完工进度和为完成合同尚需发生的成本能够可靠地确定。

成本加成合同的结果能够可靠估计，是指同时满足下列条件：

• 与合同相关的经济利益很可能流入企业。

• 实际发生的合同成本能够清楚地区分和可靠地计量。

此外，使建造合同的结果不能可靠估计的不确定因素不复存在的，应当根据完工百分比法确认合同收入和合同费用。

（3）合同完工进度的确定方法。

企业确定合同完工进度可以选用下列方法：

• 累计实际发生的合同成本占合同预计总成本的比例。

• 已经完成的合同工作量占合同预计总工作量的比例。

• 实际测定的完工进度。

采用累计实际发生的合同成本占合同预计总成本的比例确定合同完工进度的，累计实际发生的合同成本不包括下列内容：

● 施工中尚未安装或使用的材料成本等与合同未来活动相关的合同成本。

● 在分包工程的工作量完成之前预付给分包单位的款项。

（4）完工百分比法的应用。

在资产负债表日，尚未完工的建造合同应当按照合同总收入乘以完工进度扣除以前会计期间累计已确认收入后的金额，确认为当期合同收入；同时，按照合同预计总成本乘以完工进度扣除以前会计期间累计已确认费用后的金额，确认为当期合同费用。

以前年度开工本期完成的建造合同，应当按照实际合同总收入扣除以前会计期间累计已确认收入后的金额，确认为当期合同收入；同时，按照累计实际发生的合同成本扣除以前会计期间累计已确认费用后的金额，确认为当期合同费用。

（5）合同预计损失的会计处理。

合同预计总成本超过合同总收入的，应当将预计损失确认为当期费用。

6. 披露部分

本准则的第二十八条为"披露"部分，规定企业应当在附注中披露与建造合同有关的下列信息：

（1）各项合同总金额，以及确定合同完工进度的方法。

（2）各项合同累计已发生成本、累计已确认毛利（或亏损）。

（3）各项合同已办理结算的价款金额。

（4）当期预计损失的原因和金额。

※新会计准则第17号——借款费用

1. 借款费用的确认

（1）借款费用的概念。

借款费用，是指企业因借款而发生的利息及其他相关成本。

借款费用包括借款利息、折价或者溢价的摊销、辅助费用以及因外币借款而发生的汇兑差额等。

借款利息，包括企业向银行或者其他金融机构等借入资金发生的利息、发行公司债券发生的利息，以及为购建或者生产符合资本化条件的资产而发生的带息债务所承担的利息等。

折价或者溢价的摊销，主要包括发行公司债券等所发生的折价或者溢价在每期的摊销金额。

辅助费用，包括企业在借款过程中发生的诸如手续费、佣金、印刷费等交易费用。

因外币借款而发生的汇兑差额，是指由于汇率变动导致市场汇率与账面汇率出现差异，从而对外币借款本金及其利息的记账本位币金额所产生的影响金额。

（2）借款费用的确认原则。

企业发生的借款费用，可直接归属于符合资本化条件的资产的购建或者生产的，应当予以资本化，计入符合资本化条件的资产成本。其他借款费用，应当在发生时根据其发生额确认为财务费用，计入当期损益。

符合资本化条件的资产，是指需要经过相当长时间的购建或者生产活动才能达到预定可使用或者可销售状态的固定资产、投资性房地产和存货等资产。

符合借款费用资本化条件的存货，主要包括房地产开发企业开发的用于对外出售的房地产开发产品、企业制造的用于对外出售的大型机器设备等。这类存货通常需要经过相当长时间的建造或者生产过程，才能达到预定可销售状态。其中"相当长时间"，是指为资产的购建或者生产所必需的时间，通常为一年以上（含一年）。企业购入即可使用的资产，或者购入后需要安装但所需安装时间较短的资产，或者需要建造或者生产但所需建造或者生产时间较短的资产，均不属于符合资本化条件的资产。

（3）借款费用应予资本化的借款范围。

借款费用应予资本化的借款范围既包括专门借款，也包括一般借款。其中，对于一般借款，只有在购建或者生产符合资本化条件的资产占用了一般借款时，才应将与一般借款相关的借款费用资本化；否则，所发生的借款费用应当计入当期损益。

专门借款，是指为购建或者生产符合资本化条件的资产而专门借入的款项。专门借款应当有明确的专门用途，即为购建或者生产某项符合资本化条件的资产而专门借入的款项，通常应当有标明专门用途的借款合同。

一般借款，是指除专门借款之外的借款，一般借款在借入时，其用途通常没有特指必须用于符合资本化条件的资产的购建或者生产。

（4）借款费用资本化期间的确定。

借款费用资本化期间，是指从借款费用开始资本化时点到停止资本化时点的期间，但借款费用暂停资本化的期间不包括在内。只有发生在资本化期间内的借款费用，才允许资本化，它是借款费用确认和计量的重要前提。

①借款费用开始资本化时点的确定。

借款费用同时满足下列条件的，才能开始资本化：

• 资产支出已经发生。资产支出包括为购建或者生产符合资本化条件的资产而以支付现金、转移非现金资产或者承担带息债务形式发生的支出。

• 借款费用已经发生。

• 为使资产达到预定可使用或者可销售状态所必要的购建或者生产活动已经开始。

企业只有在上述三个条件同时满足的情况下，有关借款费用才可开始资本化，只要其中有一个条件没有满足，借款费用就不能开始资本化。

②借款费用暂停资本化时间的确定。

符合资本化条件的资产在购建或者生产过程中发生非正常中断、且中断时间连续超过3个月的，应当暂停借款费用的资本化。在中断期间所发生的借款费用，应当计入当期损益，直至购建或者生产活动重新开始。但是，如果中断是使所购建或者生产的符合资本化条件的资产达到预定可使用或者可销售状态必要的程序，所发生的借款费用应当继续资本化。

非正常中断，通常是由于企业管理决策上的原因或者其他不可预见的原因等所导致的中断。例如，企业因与施工方发生了质量纠纷，或者工程、生产用料没有及时供应，或者资金周转发生了困难，或者施工、生产发生了安全事故，或者发生了与资产购建、生产有关的劳动纠纷等原因，导致资产购建或者生产活动发生中断，均属于非正常中断。

非正常中断与正常中断显著不同。正常中断通常仅限于因购建或者生产符合资本化条件的资产达到预定可使用或者可销售状态所必要的程序，或者事先可预见的不可抗力因素导致的中断。例如，某些工程建造到一定阶段必须暂停下来进行质量或者安全检查，检查通过后才可继续下一阶段的建造工作，这类中断是在施工前可以预见的，而且是工程建造必须经过的程序，属于正常中断。

某些地区的工程在建造过程中，由于可预见的不可抗力因素（如雨季或冰冻季节等原因）导致施工出现停顿，也属于正常中断。例如，某企业在北方某地建造某工程期间，正遇冰冻季节，工程施工因此中断，待冰冻季节过后方能继续施工。由于该地区在施工期间出现较长时间的冰冻为正常情况，由此导致的施工中断是可预见的不可抗力因素导致的中断，属于正常中断。

③借款费用停止资本化时间的确定。

购建或者生产符合资本化条件的资产达到预定可使用或者可销售状态时，借款费用应当停止资本化。在符合资本化条件的资产达到预定可使用或者可销售状态之后所发生的借款费用，应当在发生时根据其发生额确认为费用，计入当期损益。

资产达到预定可使用或者可销售状态，是指所购建或者生产的符合资本化条件的资产已经达到建造方、购买方或者企业自身等预先设计、计划或者合同约定的可以使用或者可以销售的状态。企业在确定借款费用停止资本化的时点时需要运用职业判断，应当遵循实质重于形式的原则，针对具体情况，依据经济实质判断所购建或者生产的符合资本化条件的资产达到预定可使用或者可销售状态的时点。具体可从以下几个方面进行判断：

● 符合资本化条件的资产的实体建造（包括安装）或者生产工作已经全部完成或者实质上已经完成。

● 所购建或者生产的符合资本化条件的资产与设计要求、合同规定或者生产要求相符或者基本相符，即使有极个别与设计、合同或者生产要求不相符的地方，也不影响其正常使用或者销售。

● 继续发生在所购建或生产的符合资本化条件的资产上的支出金额很少或者几乎不再发生。

购建或者生产符合资本化条件的资产需要试生产或者试运行的，在试生产结果表明资产能够正常生产出合格产品，或者试运行结果表明资产能够正常运转或者营业时，应当认为该资产已经达到预定可使用或者可销售状态。

● 在符合资本化条件的资产的实际购建或者生产过程中，如果所购建或者生产的资产分别建造、分别完工的，企业也应当遵循实质重于形式的原则，区别下列情况，界定借款费用停止资本化的时点：

◆ 所购建或者生产的符合资本化条件的资产的各部分分别完工，且每部分在其他部分继续建造或者生产过程中可供使用或者可对外销售，且为使该部分资产达到预定可使用或可销售状态所必要的购建或者生产活动实质上已经完成的，应当停止与该部分资产相关的借款费用的资本化，因为该部分资产已经达到了预定可使用或者可销售状态。

◆购建或者生产的资产的各部分分别完工，但必须等到整体完工后才可使用或者对外销售的，应当在该资产整体完工时停止借款费用的资本化。在这种情况下，即使各部分资产已经完工，也不能认为该部分资产已经达到了预定可使用或者可销售状态，企业只能在所购建或者生产的资产整体完工时，才能认为资产已经达到了预定可使用或者可销售状态，借款费用才可停止资本化。

2. 借款费用资本化金额的确定与借款费用的披露

（1）借款利息资本化金额的确定。

在借款费用资本化期间内，每一会计期间的利息（包括折价或溢价的摊销）资本化金额，应当按照下列方法确定：

①为购建或者生产符合资本化条件的资产而借入专门借款的，应当以专门借款当期实际发生的利息费用，减去将尚未动用的借款资金存入银行取得的利息收入或进行暂时性投资取得的投资收益后的金额确定。

②为购建或者生产符合资本化条件的资产而占用了一般借款的，企业应当根据累计资产支出超过专门借款部分的资产支出加权平均数乘以所占用一般借款的资本化率，计算确定一般借款应予资本化的利息金额。资本化率应当根据一般借款加权平均利率计算确定。有关计算公式如下：

一般借款利息费用资本化金额 = 累计资产支出超过专门借款部分的资产支出加权平均数 × 所占用一般借款的资本化率

所占用一般借款的资本化率 = 所占用一般借款加权平均利率

= 所占用一般借款当期实际发生的利息之和 ÷ 所占用一般借款本金加权平均数

所占用一般借款本金加权平均数 = Σ（所占用每笔一般借款本金 × 每笔一般借款在当期所占用的天数/当期天数）

③借款存在折价或者溢价的，应当按照实际利率法确定每一会计期间应摊销的折价或者溢价金额，调整每期利息金额。在资本化期间，每一会计期间利息的资本化金额，不应当超过当期相关借款实际发生的利息金额。

（2）借款辅助费用资本化金额的确定。

专门借款发生的辅助费用，在所购建或者生产的符合资本化条件的资产达到预定可使用或者可销售状态之前发生的，应当在发生时根据其发生额予以资本化，计入符合资本化条件的资产的成本；在所购建或者生产的符合资本化条件的资产达到预定可使用或者可销售状态之后发生的，应当在发生时根据其发生额确认为费用，计入当期损益。

一般借款发生的辅助费用，也应当按照上述原则确定其发生额并进行处理。

（3）因外币借款而发生的汇兑差额资本化金额的确定。

在资本化期间内，外币专门借款本金及利息的汇兑差额，应当予以资本化，计入符合资本化条件的资产的成本。

※新会计准则第 19 号——外币折算

1. 外币交易的会计处理

（1）外币交易的概念。

外币交易，是指以外币计价或者结算的交易，包括买入或者卖出以外币计价的商品或者劳务、借入或者借出外币资金和其他以外币计价或者结算的交易。

外币是企业记账本位币以外的货币。

（2）记账本位币的确定。

记账本位币，是指企业经营所处的主要经济环境中的货币。企业通常应选择人民币作为记账本位币。业务收支以人民币以外的货币为主的企业，可以按规定选定其中一种货币作为记账本位币。但是，编报的财务报表应当折算为人民币。

企业选定记账本位币，应当考虑下列因素：

①该货币主要影响商品和劳务的销售价格，通常以该货币进行商品和劳务的计价和结算。

②该货币主要影响商品和劳务所需人工、材料和其他费用，通常以该货币进行上述费用的计价和结算。

③融资活动获得的货币以及保存从经营活动中收取款项所使用的货币。

企业选定境外经营的记账本位币，除考虑上述因素外，还应当考虑下列因素：

④境外经营对其所从事的活动是否拥有很强的自主性。

⑤境外经营活动中与企业的交易是否在境外经营活动中占有较大比重。

⑥境外经营活动产生的现金流量是否直接影响企业的现金流量、是否可以随时汇回。

⑦境外经营活动产生的现金流量是否是以偿还其现有债务和可预期的债务。

企业记账本位币一经确定，不得随意变更，除非企业经营所处的主要经济环境发生重大变化。

企业因经营所处的主要经济环境发生重大变化，确需变更记账本位币的，应当采用变更当日的即期汇率将所有项目折算为变更后的记账本位币。

（3）外币交易的会计处理原则。

①对于发生的外币交易，应当将外币金额折算为记账本位币金额。

②外币交易应当在初始确认时，采用交易发生日的即期汇率将外币金

额折算为记账本位币金额；也可以采用按照系统合理的方法确定的、与交易发生日即期汇率近似的汇率折算。

即期汇率，通常是指中国人民银行公布的当日人民币外汇牌价的中间价。企业发生的外币兑换业务或涉及外币兑换的交易事项，应当按照交易实际采用的汇率（即银行买入价或卖出价）折算。

即期汇率的近似汇率，是指按照系统合理的方法确定的、与交易发生日即期汇率近似的汇率，通常采用当期平均汇率或加权平均汇率等。

企业通常应当采用即期汇率进行折算。汇率变动不大的，也可以采用即期汇率的近似汇率进行折算。

企业收到投资者以外币投入的资本，应当采用交易发生日即期汇率折算，不得采用合同约定汇率和即期汇率的近似汇率折算，外币投入资本与相应的货币性项目的记账本位币金额之间不产生外币资本折算差额。

（4）在资产负债表日，应当按照下列规定对外币货币性项目和外币非货币性项目进行处理：

①外币货币性项目，采用资产负债表日即期汇率折算。因资产负债表日即期汇率与初始确认时或者前一资产负债表日即期汇率不同而产生的汇兑差额，计入当期损益。

另外，结算外币货币性项目时，因汇率波动而形成的汇兑差额也应当计入当期损益。

货币性项目，是指企业持有的货币资金和将以固定或可确定的金额收取的资产或者偿付的负债。例如，现金、银行存款、应收账款、其他应收款、长期应收款、短期借款、应付账款、其他应付款、长期借款、应付债券、长期应付款等。

②以历史成本计量的外币非货币性项目，仍采用交易发生日的即期汇率折算，不改变其记账本位币金额。

非货币性项目，是指货币性项目以外的项目。例如，存货、长期股权投资、固定资产、无形资产等。

③以公允价值计量的外币非货币性项目，如交易性金融资产（股票、基金等），采用公允价值确定日的即期汇率折算，折算后的记账本位币金额与原记账本位币金额的差额，作为公允价值变动处理，计入当期损益。

2. 外币财务报表折算

（1）外币财务报表折算的一般原则。

境外经营，是指企业在境外的子公司、合营企业、联营企业、分支机构。在境内的子公司、合营企业、联营企业、分支机构，采用的记账本位币不同于企业的记账本位币的，也视同境外经营。

企业对境外经营的财务报表进行折算时，应当遵循下列规定：

①资产负债表中的资产和负债项目，采用资产负债表日的即期汇率折算，所有者权益项目除"未分配利润"项目外，其他项目采用发生时的即期汇率折算。

②利润表中的收入和费用项目，采用交易发生日的即期汇率折算；也可以采用按照系统合理的方法确定的、与交易发生日即期汇率近似的汇率折算。

按照上述规定折算产生的外币财务报表折算差额，在资产负债表中所有者权益项目下单独列示。需要注意的是，企业编制合并财务报表涉及境外经营的，如有实质上构成对境外经营净投资的外币货币性项目，因汇率变动而产生的汇兑差额，也应列入所有者权益"外币报表折算差额"项目；处置境外经营时，计入处置当期损益。

比较财务报表的折算比照上述规定处理。

企业选定的记账本位币不是人民币的，应当按照境外经营财务报表折算原则将其财务报表折算为人民币财务报表。

（2）境外经营的处置。

企业在处置境外经营时，应当将资产负债表中所有者权益项目下列示的、与该境外经营相关的外币财务报表折算差额，自所有者权益项目转入处置当期损益；部分处置境外经营的，应当按处置的比例计算处置部分的外币财务报表折算差额，转入处置当期损益。

（3）恶性通货膨胀经济情况下外币财务报表的折算。

①企业对处于恶性通货膨胀经济中的境外经营的财务报表，应当按照下列规定进行折算：

• 对资产负债表项目运用一般物价指数予以重述，对利润表项目运用一般物价指数变动予以重述，再按照最近资产负债表日的即期汇率进行折算。

• 在境外经营不再处于恶性通货膨胀经济中时，应当停止重述，按照停止之日的价格水平重述的财务报表进行折算。

②恶性通货膨胀经济，通常按照以下特征进行判断：

• 3 年累计通货膨胀率接近或超过 100%。

• 利率、工资和物价与物价指数挂钩。

• 一般公众不是以当地货币、而是以相对稳定的外币为单位作为衡量货币金额的基础。

• 一般公众倾向于以非货币性资产或相对稳定的外币来保存自己的财富，持有的当地货币立即用于投资以保持购买力。

• 即使信用期限很短，赊销、赊购交易仍按补偿信用期预计购买力损失的价格成交。

※新会计准则第 20 号——企业合并

1. 新准则的基本内容

本准则共分为四章十九条，其中包括总则、同一控制下的企业合并、非同一控制下的企业合并和披露四部分。

（1）总则部分。

在"总则"部分，明确了制定新准则的目的和依据，以及企业合并的定义。把企业合并分为"同一控制"下的企业合并和"非同一控制"下的企业合并。总则部分进一步明确了不属于新准则规范范围内的企业合并形式，即："两方或者两方以上形成合营企业的企业合并"和"仅通过合同而不是所有权份额将两个或者两个以上单独的企业合并形成一个报告主体的企业合并"。

（2）同一控制下的企业合并部分。

在"同一控制下的企业合并"部分，明确了同一控制下的企业合并的概念、合并中取得的资产和负债的计量方法、企业合并中被合并方与合并方会计政策不一致时的处理方法、发生的各项直接相关费用的计量方法、合并资产负债表、合并利润表、合并现金流量表等会计处理要求。

同一控制下的企业合并的概念："参与合并的企业在合并前后均受同一方或相同的多方最终控制且该控制并非暂时性的，为同一控制下的企业合并。"

合并日，是指合并方实际取得对被合并方控制权的日期。

此部分同时明确了编制合并财务报表时，参与合并各方的内部交易等，应当按照《企业会计准则第33号——合并财务报表》处理。

（3）非同一控制下的企业合并部分。

在"非同一控制下的企业合并"部分，明确了非同一控制下的企业合并的概念、合并成本的计量方法、合并成本的分配方法、被购买方各项可辨认资产、负债及或有负债的确认条件等会计处理要求。

非同一控制下的企业合并的概念："参与合并的各方在合并前后不受同一方或相同的多方最终控制的，为非同一控制下的企业合并。"

购买日，是指购买方实际取得对被购买方控制权的日期。

此部分还规定了企业合并形成母子公司关系的，母公司应当编制购买日的合并资产负债表，因企业合并取得的被购买方各项可辨认资产、负债及或有负债应当以公允价值列示。母公司的合并成本与取得的子公司可辨认净资产公允价值份额的差额，按照本准则规定处理的结果列示。

（4）披露部分。

在"披露"部分，规定企业合并发生当期的期末，合并方应当在附注中披露与同一控制下企业合并有关的信息和与非同一控制下企业合并有关的信息。

2. 新准则与相关制度法规比较与应用分析

（1）计量基础的变化。

新准则与旧制度相比，最大的特点就是把企业合并行为分为同一控制下的企业合并和非同一控制下企业合并两种情况，并针对两种情况做了不同的规定。新准则和旧制度对企业合并的计量方法不同：旧制度对企业的合并，无论是吸收合并、新设合并还是控股合并，都是以被合并方的账面价值来计量；新准则规定同一控制下的企业合并采用账面价值计量，非同一控制下的企业合并采用公允价值计量。

①同一控制下企业合并的会计处理方法。

在同一控制下，企业合并的会计处理主要采用权益结合法。所谓权益结合是指参与企业合并的股东联合控制其全部或实际上全部资产和经营，以便继续对联合实体分享利润和分担风险的合并。权益结合法就是在处理企业合并业务时，按照股权结合的方式来进行企业合并的会计处理。

②非同一控制下企业合并的会计处理方法。

在非同一控制下，企业合并的会计处理主要采用购买法。购买法是指将企业合并看成一个企业购买另一个企业的交易行为，并以此为依据进行企业合并的会计处理方法。在购买法下，企业合并被看成是一个企业购买另一个企业的交易行为，这种购买行为与购买单项资产是类似的。这就决定了将合并企业净资产入账时应采用公允价值。购买法的运用举例如下：

【案例】甲公司和乙公司是不具有关联关系的两个独立的公司。20××年1月27日，甲、乙两公司达成合并协议，由甲公司将乙公司合并。20××年7

月1日，甲公司以公允价值为1 500万元、账面价值为1 400万元的资产作为对价合并乙公司。20××年7月1日乙公司持有资产情况见表3-9：

表3-9   20××年7月1日乙公司持有资产情况   单位：万元

项　目	账面价值	公允价值
固定资产	800	1 000
长期投资	600	800
长期借款	500	500
净资产	900	1 300

运用购买法进行企业合并的会计处理应遵循以下步骤：

第一步：认定购买方。不难看出，本例中的购买方为甲公司。

第二步：确定购买日。购买日是指购买方实际获得对被购买方控制权的日期。通过一次交换交易实现合并的，购买日即为交易完成日；通过多次交换交易实现合并的，购买日是指购买方最终确认被购买方的投资或者净资产的日期。本例中的购买日为20××年7月1日。

第三步：确定购买成本。根据新准则规定，甲公司的合并成本为1 500万元，公允价值与账面价值的差额为100万元（1 500－1 400）。该差额应计入当期损益，作为资产处置收益。

第四步：将购买成本按公允价值在所取得的可辨认的资产和负债之间分配。分配情况如下：

固定资产1 000（万元）

长期投资800（万元）

长期借款500（万元）

净资产的公允价值1 300（万元）

第五步：确认合并商誉或负商誉。将合并成本与所取得的可辨认净资产公允价值差额，确认为商誉。本例中应确认的商誉为200万元（1 500－1 300）。

根据上述分析，甲公司在购买日所作的会计分录为：

借：固定资产   10 000 000

     长期投资   8 000 000

     商誉   2 000 000

     贷：长期借款   5 000 000

        相关资产   14 000 000

        资产处置收益   1 000 000

（2）投资差额处理的变化。

旧制度规定，在控股合并情况下，产生长期股权投资初始成本的计量时，应当按照投资成本与投资企业拥有被投资企业的"份额"之间的差额作为股权投资差额处理；新准则要求将此部分差额作为商誉处理。

（3）增加了披露部分。

新准则要求企业合并发生当期的期末，合并方应当在附注中披露如下信息：

同一控制下企业合并：

①参与合并企业的基本情况。

②属于同一控制下企业合并的判断依据。

③合并日的确定依据。

④以支付现金、转让非现金资产以及承担债务作为合并对价的，所支付对价在合并日的账面价值；以发行权益性证券作为合并对价的，合并中发行权益性证券的数量及定价原则，以及参与合并各方交换有表决权股份的比例。

⑤被合并方的资产、负债在上一会计期间资产负债表日及合并日的账面价值；被合并方自合并当期期初至合并日的收入、净利润、现金流量等情况。

⑥合并合同或协议约定将承担被合并方或有负债的情况。

⑦被合并方采用的会计政策与合并方不一致所作调整情况的说明。

⑧合并后已处置或准备处置被合并方资产、负债的账面价值、处置价格等。

非同一控制下企业合并：

①参与合并企业的基本情况。

②购买日的确定依据。

③合并成本的构成及其账面价值、公允价值及公允价值的确定方法。

④被购买方各项可辨认资产、负债在上一会计期间资产负债表日及购买日的账面价值和公允价值。

⑤合并合同或协议约定将承担被购买方或有负债的情况。

⑥被购买方自购买日起至报告期期末的收入、净利润和现金流量等情况。

⑦商誉的金额及其确定方法。

⑧因合并成本小于合并中取得的被购买方可辨认净资产公允价值的份额计入当期损益的金额。

⑨合并后已处置或准备处置被购买方资产、负债的账面价值、处置价格等。

※新会计准则第 21 号——租赁

新准则共由八章三十九条组成，分别是：总则、租赁的分类、融资租赁中承租人的会计处理、融资租赁中出租人的会计处理、经营租赁中承租人的会计处理、经营租赁中出租人的会计处理、售后租回交易和列报。

1. 总则

在"总则"部分，包括制定新准则的目的和依据、租赁的定义、不适用的范围。

2. 租赁的分类

承租人和出租人应当在租赁开始日将租赁分为融资租赁和经营租赁。

3. 融资租赁中承租人的会计处理

（1）在租赁期开始日，承租人应当将租赁开始日租赁资产公允价值与最低租赁付款额现值两者中较低者作为租入资产的入账价值，将最低租赁付款额作为长期应付款的入账价值，其差额作为未确认融资费用。可归属于租赁项目的手续费、律师费、差旅费、印花税等初始直接费用，应当计入租入资产价值。

（2）承租人在计算最低租赁付款额的现值时，能够取得出租人租赁内含利率的，应当采用租赁内含利率作为折现率；否则，应当采用租赁合同规定的利率作为折现率。承租人无法取得出租人的租赁内含利率且租赁合同没有规定利率的，应当采用同期银行贷款利率作为折现率。

（3）未确认融资费用应当在租赁期内各个期间进行分摊。

（4）或有租金应当在实际发生时计入当期损益。

4. 融资租赁中出租人的会计处理

（1）在租赁期开始日，出租人应当将租赁开始日最低租赁收款额与初始直接费用之和作为应收融资租赁款的入账价值，同时记录未担保余值；将最低租赁收款额、初始直接费用及未担保余值之和与其现值之和的差额确认为未实现融资收益。

（2）未实现融资收益应当在租赁期内各个期间进行分配，出租人应当采用实际利率法计算确认当期的融资收入。

（3）出租人至少应当于每年年度终了，对未担保余值进行复核。未担保余值增加的，不作调整。

（4）或有租金应当在实际发生时计入当期损益。

5. 经营租赁中承租人的会计处理

（1）对于经营租赁的租金，承租人应当在租赁期内各个期间按照直线法计入相关资产成本或当期损益；其他方法更为系统合理的，也可以采用其他方法。

（2）承租人发生的初始直接费用，应当计入当期损益。

（3）或有租金应当在实际发生时计入当期损益。

6. 经营租赁中出租人的会计处理

（1）出租人应当按资产的性质，将用作经营租赁的资产包括在资产负债表中的相关项目内。

（2）对于经营租赁的租金，出租人应当在租赁期内各个期间按照直线法确认为当期损益；其他方法更为系统合理的，也可以采用其他方法。出租人发生的初始直接费用，应当计入当期损益。

（3）或有租金应当在实际发生时计入当期损益。

7. 售后租回交易

（1）承租人和出租人应当根据新准则第二章对租赁的分类的规定，将售后租回交易认定为融资租赁或经营租赁。

（2）售后租回交易认定为融资租赁的，售价与资产账面价值之间的差额应当予以递延，并按照该项租赁资产的折旧进度进行分摊，作为折旧费用的调整。

（3）售后租回交易认定为经营租赁的，售价与资产账面价值之间的差额应当予以递延，并在租赁期内按照与确认租金费用相一致的方法进行分摊，作为租金费用的调整。但是，有确凿证据表明售后租回交易是按照公允价值达成的，售价与资产账面价值之间的差额应当计入当期损益。

8. 列报

（1）承租人应当在资产负债表中，将与融资租赁相关的长期应付款减去未确认融资费用的差额，分别长期负债和一年内到期的长期负债列示。应当在附注中披露与融资租赁有关的下列信息：各类租入固定资产的期初和期末原价、未确认融资费用的余额等。

（2）出租人应当在资产负债表中，将应收融资租赁款减去未实现融资收益的差额，作为长期债权列示。应当在附注中披露与融资租赁有关的下列信息：资产负债表日后连续三个会计年度每年将收到的最低租赁收款额、未实现融资收益的余额等。

※新会计准则第28号——会计政策、会计估计变更和差错更正

1. 会计政策变更

（1）会计政策变更的概念。

会计政策，是指企业在会计确认、计量和报告中所采用的原则、基础和会计处理方法。企业采用的会计计量基础也属于会计政策。

企业应当对相同或者相似的交易或事项采用相同的会计政策进行处理，另有规定的除外。企业会计实务中某项交易或事项的会计处理，具体会计准则或应用指南未作规范的，应当根据《企业会计准则——基本准则》规定的原则、基础和方法进行处理；待作出具体规定时，从其规定。

会计政策变更，是指企业对相同的交易或事项由原来采用的会计政策改用另一会计政策的行为。

企业应当根据企业会计准则的规定，结合本企业的实际情况，确定会计政策，经股东大会或董事会、经理（厂长）会议或类似机构批准，按照

法律、行政法规等的规定报送有关各方备案。企业的会计政策一经确定，不得随意变更。如需变更，应重新履行上述程序，并按企业会计准则的规定处理。

（2）会计政策变更的条件。

企业采用的会计政策，在每一会计期间和前后各期应当保持一致，不得随意变更。会计政策变更并不意味着以前期间的会计政策是错误的，而是由于情况发生了变化，或者掌握了新的信息，积累了更多的经验，使得变更会计政策能够更好地反映企业的财务状况、经营成果和现金流量。如果以前期间会计政策的运用是错误的，则属于差错，应按前期差错更正的规定进行处理。

满足下列条件之一的，企业可以变更会计政策：

①法律、行政法规或者国家统一的会计制度等要求变更。

这种情况是指法律、行政法规或者国家统一的会计制度要求企业采用新的会计政策。例如，《企业会计准则第38号——首次执行企业会计准则》要求企业在首次执行日，对于满足预计负债确认条件且该日之前尚未计入资产成本的弃置费用，应当增加该项资产成本，并确认相应的负债；同时，将应补提的折旧（折耗）调整留存收益。

②会计政策变更能够提供更可靠、更相关的会计信息。

这种情况是指由于经济环境、客观情况的改变，使企业采用原来的会计政策所提供的会计信息已不能恰当地反映企业的财务状况、经营成果和现金流量等情况，因而有必要改变原有的会计政策，采用新的会计政策。

以下各项不属于会计政策变更：

● 本期发生的交易或者事项与以前相比具有本质差别而采用新的会计政策。

● 对初次发生的或不重要的交易或者事项采用新的会计政策。

（3）会计政策变更的会计处理。

①企业根据法律、行政法规或者国家统一的会计制度等要求变更会计

政策的，应当按照国家相关会计规定执行。

会计政策变更能够提供更可靠、更相关的会计信息的，应当采用追溯调整法处理，将会计政策变更累积影响数调整列报前期最早期初留存收益，其他相关项目的期初余额和列报前期披露的其他比较数据也应当一并调整，但确定该项会计政策变更累积影响数不切实可行的除外。留存收益包括当年和以前年度的未分配利润和按照相关法律规定提取并累积的盈余公积。调整期初留存收益是指对期初未分配利润和盈余公积两个项目进行调整。

追溯调整法，是指对某项交易或事项变更会计政策，视同该项交易或事项初次发生时即采用变更后的会计政策，并以此对财务报表相关项目进行调整的方法。

会计政策变更累积影响数，是指按照变更后的会计政策对以前各期追溯计算的列报前期最早期初留存收益应有金额与现有金额之间的差额。

②确定会计政策变更对列报前期影响数不切实可行的，应当从可追溯调整的最早期间期初开始应用变更后的会计政策。

在当期期初确定会计政策变更对以前各期累积影响数不切实可行的，应当采用未来适用法处理。例如，企业因账簿、凭证超过法定保存期限而销毁，或因火灾、水灾等不可抗力以及因盗窃、故意毁坏等人为因素而毁坏、遗失等，可能使当期期初确定会计政策变更对以前各期累积影响数不切实可行。

未来适用法，是指将变更后的会计政策应用于变更日及以后发生的交易或者事项，或者在会计估计变更当期和未来期间确认会计估计变更影响数的方法。

2. 会计估计变更

（1）会计估计变更条件。

会计估计，是指企业对其结果不确定的交易或事项以最近可利用的信息为基础所作的判断。

会计估计变更，是指由于资产和负债的当前状况及预期经济利益和义务发生了变化，从而对资产或负债的账面价值或者资产的定期消耗金额进行调整。例如，固定资产折旧方法由直线法改为年数总和法。

企业据以进行估计的基础发生了变化，或者由于取得新信息、积累更多经验以及后来的发展变化，可能需要对会计估计进行修订。会计估计变更的依据应当真实、可靠。

企业应当根据企业会计准则的规定，结合本企业的实际情况，确定会计估计，经股东大会或董事会、经理（厂长）会议或类似机构批准，按照法律、行政法规等的规定报送有关各方备案。企业的会计估计一经确定，不得随意变更。如需变更，应重新履行上述程序，并按企业会计准则的规定处理。

如果以前期间的会计估计是错误的，则属于差错，按前期差错更正的规定进行会计处理。

（2）会计估计变更的会计处理。

企业对会计估计变更应当采用未来适用法处理。

①会计估计的变更仅影响变更当期的，其影响数应当在变更当期予以确认。

②会计估计的变更既影响变更当期又影响未来期间的，其影响数应当在变更当期和未来期间予以确认。

③难以对某项变更区分为会计政策变更或会计估计变更的，应当将其作为会计估计变更处理。

3. 前期差错更正

（1）前期差错的概念。

前期差错，是指由于没有运用或错误运用下列两种信息，而对前期财务报表造成省略或错报：

①编报前期财务报表时预期能够取得并加以考虑的可靠信息；

②前期财务报告批准报出时能够取得的可靠信息。

前期差错通常包括计算错误、应用会计政策错误、疏忽或曲解事实以及舞弊产生的影响，以及存货、固定资产盘盈等。

（2）前期差错更正的会计处理。

企业应当采用追溯重述法更正重要的前期差错，但确定前期差错累积影响数不切实可行的除外。对于不重要的前期差错，可以采用未来适用法更正。前期差错的重要程度，应根据差错的性质和金额加以具体判断。

追溯重述法，是指在发现前期差错时，视同该项前期差错从未发生过，从而对财务报表相关项目进行更正的方法。追溯重述法的会计处理与追溯调整法相同。

确定前期差错影响数不切实可行的，可以从可追溯重述的最早期间开始调整留存收益的期初余额，财务报表其他相关项目的期初余额也应当一并调整，也可以采用未来适用法。

企业应当在重要的前期差错发现当期的财务报表中，调整前期比较数据。

※新会计准则第 29 号——资产负债表日后事项

1. 资产负债表日后事项概述

（1）资产负债表日后事项的概念。

资产负债表日后事项，是指资产负债表日至财务报告批准报出日之间发生的有利或不利事项。它包括资产负债表日后调整事项和资产负债表日后非调整事项。

资产负债表日包括年度末和中期（中期是指短于一个完整的会计年度的报告期间）期末。年度资产负债表日，是指每年的 12 月 31 日；中期资产负债表日，是指年度中间各期期末，例如，提供半年度财务报告时，资产负债表日是该年度的 6 月 30 日。这里的财务报告是指对外提供的财务报告，不包括为企业内部管理部门提供的内部报表。

财务报告批准报出日，是指董事会或类似机构批准财务报告报出的日期。

（2）资产负债表日后事项涵盖的期间。

资产负债表日后事项所涵盖的期间是资产负债表日后至财务报告批准报出日之间。就上市公司而言，在这个期间内涉及几个日期，包括完成财务报告编制日、注册会计师出具审计报告日、董事会批准财务报告可以对外公布日、实际对外公布日等。就年度资产负债表日后事项而言，以报告年度次年的 1 月 1 日（含 1 月 1 日）为起点，就中期报告而言，以报告期间下一期的第一天为起点。这个期间的截止日期为董事会或类似机构批准财务报告对外公布的日期。

董事会或类似机构批准财务报告对外公布的日期至实际对外公布日之间发生的与资产负债表日后事项有关的事项，影响财务报告对外公布日期的，应以董事会或类似机构再次批准财务报告对外公布的日期为截止日期。

（3）持续经营。

通常情况下，企业会计核算应当建立在持续经营基础上，其对外提供的财务报告也应当以持续经营为基础进行编制。如果资产负债表日后事项表明持续经营不再适用的，则企业不应当在持续经营基础上编制财务报告。

2. 资产负债表日后调整事项

（1）资产负债表日后调整事项的概念。

资产负债表日后调整事项，是指对资产负债表日已经存在的情况提供了新的或进一步证据的事项。

调整事项的特点是：

①在资产负债表日已经存在，资产负债表日后得以证实的事项。

②对按资产负债表日存在状况编制的财务报表产生重大影响的事项。

以下是资产负债表日后调整事项：

• 资产负债表日后诉讼案件结案，法院判决证实了企业在资产负债表日已经存在现时义务，需要调整原先确认的与该诉讼案件相关的预计负债，或确认一项新负债。

• 资产负债表日后取得确凿证据，表明某项资产在资产负债表日发生了减值或者需要调整该项资产原先确认的减值金额。

• 资产负债表日后进一步确定了资产负债表日前购入资产的成本或售出资产的收入。

• 资产负债表日后发现了财务报表舞弊或差错。

（2）资产负债表日后调整事项的处理。

资产负债表日后发生的调整事项，应当如同资产负债表所属期间发生的事项一样，作出相关账务处理，并对资产负债表日已经编制的财务报表进行调整。这里的财务报表包括资产负债表、利润表及所有者权益变动表等内容，但不包括现金流量表。

由于资产负债表日后事项发生在次年，上年度的有关账目已经结转，特别是损益类科目在结账后已无余额。因此，资产负债表日后发生的调整事项，应当分别以下情况进行处理：

①涉及损益的事项，通过"以前年度损益调整"科目核算。调整增加以前年度利润或调整减少以前年度亏损的事项，记入"以前年度损益调整"科目的贷方；调整减少以前年度利润或调整增加以前年度亏损的事项，记入"以前年度损益调整"科目的借方。

由于以前年度损益调整增加的所得税费用，记入"以前年度损益调整"科目的借方，同时贷记"应交税费——应交所得税"等科目；由于以前年度损益调整减少的所得税费用，记入"以前年度损益调整"科目的贷方，同时借记"应交税费——应交所得税"等科目。调整完成后，应将"以前年度损益调整"科目的贷方或借方余额，转入"利润分配——未分配利润"科目。

②涉及利润分配调整的事项，直接在"利润分配——未分配利润"科目核算。

③不涉及损益以及利润分配的事项，调整相关科目。

④通过上述账务处理后，还应同时调整财务报表相关项目的数字，包括：

- 资产负债表日编制的财务报表相关项目的期末或本年发生数。
- 当期编制的财务报表相关项目的期初数或上年数。
- 经过上述调整后，如果涉及报表附注内容的，还应当调整报表附注相关项目的数字。

3. 资产负债表日后非调整事项

（1）资产负债表日后非调整事项的概念。

资产负债表日后非调整事项，是指表明资产负债表日后发生的情况的事项。

非调整事项的特点是：

①资产负债表日并未发生或存在，完全是资产负债表日后才发生的事项。

②对理解和分析财务报告有重大影响的事项。

以下是资产负债表日后非调整事项：

- 资产负债表日后发生重大诉讼、仲裁、承诺。
- 资产负债表日后资产价格、税收政策、外汇汇率发生重大变化。
- 资产负债表日后因自然灾害导致资产发生重大损失。
- 资产负债表日后发行股票和债券以及其他巨额举债。
- 资产负债表日后资本公积转增资本。

- 资产负债表日后发生巨额亏损。
- 资产负债表日后发生企业合并或处置子公司。

（2）资产负债表日后非调整事项的处理。

资产负债表日后发生的非调整事项，是资产负债表日后才发生或存在的事项，不影响资产负债表日存在状况，不应当调整资产负债表日的财务报表。但由于事项影响重大，如不加以说明，将会影响财务报告使用者作出正确估计和决策，因此，应在附注中加以披露。

资产负债表日后，企业利润分配方案中拟分配的以及经审议批准宣告发放的股利或利润，不确认为资产负债表日负债，但应当在附注中单独披露。

◎ 新准则案例运用及说明

※ 非货币性资产交换案例及说明

非货币性资产交换的确认和计量，首先要对此项交易进行商业实质的判断。满足下列条件之一的非货币性资产交换具有商业实质：

（1）换入资产的未来现金流量在风险、时间和金额方面与换出资产显著不同。

这种情形主要包括以下几种情况：

①未来现金流量的风险、金额相同、时间不同。

②未来现金流量的时间、金额相同，风险不同。

③未来现金流量的风险、时间相同，金额不同。

（2）换入资产与换出资产的预计未来现金流量现值不同，且其差额与换入资产和换出资产的公允价值相比是重大的。这种情况是指换入资产对换入企业的特定价值（即预计未来现金流量现值）与换出资产存在明显差异。

1. 具有商业实质且公允价值能够可靠计量的非货币性资产交换

非货币性资产交换同时满足下列条件的，应当以公允价值和应支付的相关税费作为换入资产的成本，公允价值与换出资产账面价值的差额计入当期损益：

①该项交换具有商业实质。

②换入资产或换出资产的公允价值能够可靠地计量。

换入资产和换出资产公允价值均能可靠计量的，应当以换出资产的公允价值作为确定换入资产成本的基础，但有确凿证据表明换入资产的公允价值更加可靠的除外。

换入资产成本＝换出资产公允价值＋应支付的相关税费－可抵扣的增值税进项税额

（1）支付补价。

换入资产成本＝换出资产公允价值＋应支付的相关税费－可抵扣的增值税
进项税额＋支付的补价

换入资产成本与换出资产账面价值加支付的补价、应支付的相关税费之和的差额，应计入当期损益。

（2）收到补价。

换入资产成本＝换出资产公允价值＋应支付的相关税费－可抵扣的增值税
进项税额－收到的补价

收到补价的，换入资产成本加收到的补价之和与换出资产账面价值加应支付的相关税费之和的差额，应当计入当期损益。

换出资产公允价值与其账面价值的差额，应当分别不同情况处理：

①换出资产为存货的，应当作为销售处理，根据本书"收入"相关内容的规定，按其公允价值确认收入，同时结转相应的成本。

②换出资产为固定资产、无形资产的，换出资产公允价值与其账面价值的差额，计入营业外收入或营业外支出。

③换出资产为长期股权投资的，换出资产公允价值与其账面价值的差额，计入投资损益。

（3）非货币性资产交换同时换入多项资产。

非货币性资产交换具有商业实质，且换入资产的公允价值能够可靠计量的，应当按照换入各项资产的公允价值占换入资产公允价值总额的比例，对换入资产的成本总额进行分配，确定各项换入资产的成本。

每项换入资产成本＝该项资产的公允价值/换入资产公允价值总额×换入资产的成本总额

2. 不具有商业实质或者公允价值不能可靠计量的非货币性资产交换

未同时满足准则规定的两个条件的非货币性资产交换，即未同时满足：

（1）该项交换具有商业实质。

（2）换入资产或换出资产的公允价值能够可靠地计量。

在这种情况下，应当以换出资产的账面价值和应支付的相关税费作为换入资产的成本，不确认损益。

换入资产成本 = 换出资产账面价值 + 应支付的相关税费 − 可抵扣的增值税进项税额

（1）支付补价。

换入资产成本 = 换出资产账面价值 + 应支付的相关税费 − 可抵扣的增值税进项税额 + 支付的补价

（2）收到补价。

换入资产成本 = 换出资产账面价值 + 应支付的相关税费 − 可抵扣的增值税进项说额 − 收到的补价

（3）非货币性资产交换同时换入多项资产。

非货币性资产交换不具有商业实质，或者虽具有商业实质但换入资产的公允价值不可能可靠计量的，应当按照换入各项资产的原账面价值占换入资产原账面价值总额的比例，对换入资产的成本总额进行分配，确定各项换入资产的成本。

每项换入资产成本 = 该项资产的原账面价值/换入资产原账面价值总额 × 换入资产的成本总额

【案例】 宏远股份有限公司（以下简称宏远公司）系工业生产企业，为增值税一般纳税人，适用的增值税税率为17%，所得税税率为33%。宏远公司采用实际成本法对发出材料进行日常核算，宏远公司和兴发公司不考虑增值税以外的其他税费。宏远公司2009年和2010年发生如下交易或事项：

（1）2009 年 3 月 1 日，宏远公司购入一台不需要安装的甲设备用于生产新产品，取得的增值税专用发票上注明设备买价为 100 万元（不含增值税额）、增值税进项税额为 17 万元。宏远公司以银行存款支付运杂费及途中保险费 3 万元。购入的设备采用直线法计提折旧，预计使用年限为 5 年，无残值。

（2）2009 年 12 月 31 日，甲设备的可回收金额为 86.4 万元，此时预计设备尚可使用年限为 4 年。

（3）2010 年 4 月 30 日，因新产品停止生产，宏远公司不需要甲设备。宏远公司将甲设备与南方公司的一批 A 材料进行交换，换入的 A 材料用于生产 B 产品。双方商定设备的公允价值为 80 万元，换入原材料的发票上注明的售价为 60 万元，增值税为 10.2 万元。宏远公司收到补价 9.8 万元。

（4）由于市场供应发生变化，宏远公司决定停止生产 B 产品。2010 年 6 月 30 日，按市场价格计算的该批 A 材料的价值为 60 万元（不含增值税额）。销售该批 A 材料预计发生销售费用及相关税费为 3 万元。该批材料在 6 月 30 日全部保存在仓库中。2010 年 6 月 30 日前，该批 A 材料未计提跌价准备。

假定上述公司之间换入资产的未来现金流量在风险、时间和金额方面与换出资产显著不同。

编制宏远公司购买甲设备、甲设备计提减值准备、非货币性资产交换和换入材料计提减值准备的会计分录。（金额单位用万元表示）

①2009 年 3 月 1 日

借：固定资产 　　　　　　　　　　　　　　　　　　　120

　　贷：银行存款 　　　　　　　　　　　　　　　　　120

②2009 年 12 月 31 日

2009 年 12 月 31 日，设备的账面净值 = 120 - 120/5 × 9/12

$$= 102（万元）$$

甲设备应计提减值准备 = 102 – 86.4

      = 15.6 万元

借：资产减值损失   15.6

  贷：固定资产减值准备   15.6

③2010 年 4 月 30 日

2010 年 4 月 30 日设备的账面价值 = 86.4 – 86.4/4 × 4/12

        = 79.2（万元）

借：固定资产清理   79.2

  固定资产减值准备   15.6

  累计折旧   25.2

  贷：固定资产   120

借：原材料   60

  应交税费——应交增值税（进项税额）   10.2

  银行存款   9.8

  贷：固定资产清理   79.2

    营业外收入   0.8（80 – 79.2）

④2010 年 6 月 30 日

宏远公司 6 月 30 日对 A 材料计提跌价准备 = 60 –（60 – 3）

         = 3 万元

借：资产减值损失   3

  贷：存货跌价准备   3

※ 债务重组案例及说明

1. 以现金偿还债务

债务人以低于债务账面价值的现金清偿债务时，债务人应将重组债务的账面价值与支付的现金之间的差额，确认为当期损益；债权人应将债权的账面价值与收到的现金之间的差额，确认为当期损失。需要注意的是，债权人已对债权计提了坏账准备的，在确认当期损失时，应先冲坏账准备。

【案例】20××年2月10日，A公司销售一批材料给B公司，不含税价格为100 000元，增值税税率为17%。当年3月20日，B公司财务发生困难，无法按合同规定偿还债务，经双方协议，A公司同意减免B公司20 000元债务，余额用现金立即偿清。A公司未对债权计提坏账准备。

B公司（债务人）：

①计算

债务重组日

重组债务的账面价值与应支付的现金之间的差额 = 117 000 - 97 000

$$= 20\ 000（元）$$

②账务处理：

B公司：

借：应付账款		117 000
贷：银行存款		97 000
营业外收入——债务重组收益		20 000

A公司（债权人）：

借：银行存款		97 000
营业外支出——债务重组损失		20 000
贷：应收账款		117 000

2. 以非现金资产偿还债务

以非现金资产清偿某项债务的，债务人应将重组债务的账面价值与转让的非现金资产公允价值和相关税费之和的差额，确认为当期损益；债权人应按重组债权的账面价值与受让的非现金资产的公允价值的差额，确认为当期损益。

依据以上原则，下面分别就债务人所转让资产的类型加以说明。

【案例】20××年 1 月 1 日，深广公司销售一批材料给红星公司，含税价为 105 000 元。20××年 7 月 1 日，红星公司发生财务困难，无法按合同规定偿还债务，经双方协议，深广公司同意红星公司用产品抵偿该应收账款。该产品市价为 80 000 元，增值税税率为 17%，产品成本为 70 000 元。红星公司为转让的材料计提了存货跌价准备 500 元，深广公司为债权计提了坏账准备 500 元。假定不考虑其他税费。

红星公司（债务人）：

①计算：

债务重组日，重组债务的账面价值 105 000 元

减：所转让产品的公允价值（80 000 - 500）79 500 元

增值税销项税额（80 000 × 17%）13 600 元

当期损益 11 900（105 000 - 79 500 - 13 600 = 11 900）元

②账务处理：

借：应付账款		105 000
存货跌价准备		500
贷：主营业务收入		80 000
应交税费——应交增值税（销项税额）		13 600
营业外收入——债务重组收益		11 900
借：主营业务成本		70 000
贷：库存商品		70 000

深广公司（债权人）：

借：应交税费——应交增值税（进项税额）		13 600
坏账准备		500
存货（原材料）		80 000
营业外支出——债务重组损失		10 900
贷：应收账款		105 000

【案例】20××年2月10日，深广公司销售一批材料给红星公司，同时收到红星公司签发并承兑的一张面值100 000元、年利率7%、6个月期、到期还本付息的票据。当年8月10日，红星公司发生财务困难，无法兑现票据，经双方协议，深广公司同意红星公司用一台设备抵偿该应收票据。这台设备的公允价值为80 000元，历史成本为120 000元，累计折旧为30 000元，清理费用等1 000元，计提的减值准备为9 000元。深广公司未对债权计提坏账准备。假定不考虑其他相关税费。

红星公司（债务人）：

借：固定资产清理	90 000
累计折旧	30 000
贷：固定资产	120 000
借：固定资产清理	1 000
贷：银行存款	1 000

"固定资产清理"科目余额 = 90 000 + 1 000

= 91 000（元）

借：应付票据	103 500
固定资产减值准备	9 000
营业外支出——处置固定资产净损失	2 000
贷：固定资产清理	91 000
营业外收入——债务重组收益	23 500

深广公司（债权人）：

借：固定资产	80 000
营业外支出——债务重组损失	23 500
贷：应收票据	103 500

假定红星公司用于偿债的设备的公允价值为100 000元，其他资料保持不变，则红星公司和深广公司的账务处理如下：

红星公司（债务人）：

借：固定资产清理 90 000
累计折旧 30 000
贷：固定资产 120 000
借：固定资产清理 1 000
贷：银行存款 1 000

"固定资产清理"科目余额 = 90 000 + 1 000
= 91 000（元）

借：应付票据 103 500
固定资产减值准备 9 000
贷：固定资产清理 91 000
营业外收入——处置固定资产净收益 18 000
营业外收入——债务重组收益 3 500

深广公司（债权人）：
借：固定资产 100 000
营业外支出——债务重组损失 3 500
贷：应收票据 103 500

【案例】2009年12月31日，A公司销售一批材料给B公司，含税价为468 000元。2010年5月1日，B公司资金周转暂时发生困难，经双方协议，A公司同意B公司将其拥有的一项长期股权投资用于抵偿债务。该项长期股权投资的公允价值为430 000元，账面价值为470 000元，计提的相关减值准备为51 700元。B公司转让该项长期股权投资时发生相关费用2 000元，A公司对相关债权提取了70 200元坏账准备。假定不考虑其他相关税费。

B公司（债务人）：
①计算：
债务重组日，重组债务的账面价值468 000元
减：所转让投资的账面价值（470 000 - 51 700）418 300元

发生的相关费用 2 000 元

所转让投资公允价值与账面价值差（430 000 – 418 300）11 700 元

重组差额 38 000 元

②账务处理：

借：应付账款   468 000

  长期投资减值准备   51 700

  贷：长期股权投资   470 000

    银行存款   2 000

    投资收益   9 700

    营业外收入——债务重组收益   38 000

A 公司：

借：长期股权投资   430 000

  坏账准备   70 200

  贷：应收账款   468 000

    管理费用   32 200

3. 债务转为资本

新准则规定，"以债务转为资本清偿某项债务，债务人应将重组债务的账面价值与债权人因放弃债权而享有的股权的公允价值之间的差额，作为重组收益，确认为当期损益。"相比旧准则而言，重组收益最终计入了当期损益，公允价值与账面价值之差作为资产转让损益。

债务转为资本时，股权的公允价值一定小于债务的账面价值，二者的差额为债务重组损益，计入营业外收入。按股权份额或股份的面值确认为实收资本或股本。股权的公允价值与股权份额或股份面值的差额应当计入资本公积。

债务转为资本时，债务人可能会发生一些税费，如印花税。一般情况下，这些费用应在发生时计入当期损益。

对债权人而言，债权转股权的投资成本包括股权的公允价值与相关税费（如印花税），股权的公允价值与债权的账面价值的差额为债务重组损失，计入营业外支出。

【案例】20××年2月10日，深广公司销售一批材料给红星公司（股份有限公司），同时收到红星公司签发并承兑的一张面值100 000元、年利率7%、6个月期、到期还本付息的票据。8月10日，红星公司与深广公司协商，以其普通股抵偿该票据。红星公司用于抵债的普通股为10 000股，股票市价为每股9.6元。假定印花税税率为0.4%，不考虑其他税费。

红星公司：

①计算：

债务重组日，重组债务的账面价值（100 000 + 3 500）103 500元

减：债权人享有股份的面值总额10 000元

债权人享有股份市价与面值差额86 000元

重组差额7 500元

②账务处理：

借：应付票据	103 500
贷：股本	10 000
资本公积——股本溢价	86 000
营业外收入——债务重组收益	7 500
借：管理费用——印花税	384
贷：银行存款	384

深广公司：

借：长期股权投资	96 384
营业外支出——债务重组损失	7 500
贷：应收票据	103 500
银行存款	384

4. 修改债务条件

新准则中以修改债务条件（包括延长债务偿还期限、延长债务偿还期限并加收利息、延长债务偿还期限并减少债务本金或债务利息等）进行债务重组的，将来应付金额的现值与重组债务账面价值的差额，作为重组收益，确认为当期损益。

如果涉及了或有支出，应将或有支出包括在将来应付金额中予以折现，确定债务重组收益。实际发生时冲减重组后债务的账面价值，如未发生则作为结算债务当期的债务重组收益，计入当期损益。最大的改变就是现值的计算和损益的确认。

以修改其他债务条件进行债务重组的，如果重组债务的账面价值大于将来应付金额的现值，债务人应将重组债务的账面价值减记至将来应付金额现值，减记的金额确认为当期收益；债权人应将重组债权的账面价值减记至将来应收金额现值，减记的金额确认为当期损失。

采用修改其他债务条件进行债务重组时，如果债务人涉及或有支出，根据谨慎原则，应将或有支出计入将来应付金额，重组债务的账面价值大于将来应付金额的差额作为债务重组收益。将来实际发生的或有支出冲减重组后债务的账面价值，若或有支出没有发生，则于债务结清时确认为当期重组收益。

对债权人，如果涉及或有收益，根据谨慎原则，或有收益不计入将来应收金额。重组债权的账面价值大于将来应收金额的差额作为债务重组损失。将来实际发生的或有收益计入当期损益。

【案例】深广公司销售一批商品给红星公司，价款 5 200 000 元（含增值税）。双方协议规定，款项应于 20××年 3 月 20 日之前付清。由于连年亏损，资金周转发生困难，红星公司不能在规定的时间内偿付深广公司。经协商，于 20××年 3 月 20 日进行债务重组。重组协议如下：深广公司同意豁免红星公司债务 200 000 元，其余款项于重组日起一年后付清；债务延长期间，深广公司加收余款2%的利息，利息与债务本金一同支付。假定深广公司为债权计提的坏账准备为520 000元，现行贴现率为6%。

红星公司：

①计算重组债务的账面价值与将来应付金额现值之间的差额：

债务重组日，重组债务的账面价值 = 5 200 000（元）

将来应付金额 =（5 200 000 - 200 000）×（1 + 2%）

　　　　　　　= 5 100 000（元）

将来应付金额的现值 = 5 100 000 × 0.943

　　　　　　　　　= 4 809 300（元）（查表得现值系数0.943）

差额为390 700元。

②账务处理：

● 债务重组日。

借：应付账款　　　　　　　　　　　　　　　　　　5 200 000

　　贷：应付账款——债务重组　　　　　　　　　　　4 809 300

　　　　营业外收入——债务重组收益　　　　　　　　　390 700

● 重组日后一年末红星公司偿付余款及应付利息。

借：应付账款——债务重组　　　　　　　　　　　　4 809 300

　　财务费用　　　　　　　　　　　　　　　　　　　290 700

　　贷：银行存款　　　　　　　　　　　　　　　　　5 100 000

深广公司：

①计算重组债务的账面价值与将来应收金额现值之间的差额

债务重组日，重组债权的账面价值 = 5 200 000（元）

将来应收金额 = 5 000 000 ×（1 + 2%）

　　　　　　= 5 100 000（元）

将来应收金额现值 = 4 809 300（元）

差额为290 700元，应在债务重组日扣除相关的坏账准备后确认为当期损失。

②账务处理

• 债务重组日。

借：应收账款——债务重组　　　　　　　　　　　　4 809 300

　　坏账准备　　　　　　　　　　　　　　　　　　　290 700

　　　贷：应收账款　　　　　　　　　　　　　　　　　　　5 100 000

• 重组日后一年末红星公司偿付余款及加收的利息。

借：银行存款　　　　　　　　　　　　　　　　　　5 100 000

　　坏账准备　　　　　　　　　　　　　　　　　　　129 300

　　　贷：应收账款——债务重组　　　　　　　　　　　　　4 809 300

　　　　　财务费用　　　　　　　　　　　　　　　　　　　420 000

5. 混合重组

以混合方式重组债务，处理顺序按照旧准则规定，先以资产、资本抵偿债务，再按照修改债务条件的方式进行处理。

混合重组方式，指以下四种方式中的两种或两种以上的组合：以低于债务账面价值的现金清偿债务、以非现金资产清偿债务、债务转为资本以及修改其他债务条件。根据组合方法不同，混合重组可以有多种不同的方式。一般情况下，应先考虑以现金清偿，接下来是以非现金资产清偿或以债务转为资本方式清偿，最后是修改其他债务条件。修改其他债务条件的结果是，债务实质上还要延续，因此将其放在最后考虑是比较合理的。

【案例】深广公司持有红星公司的应收票据为20 000元，票据到期时，累计利息为1 000元。由于红星公司资金周转发生困难，经与深广公司协商，同意红星公司支付5 000元现金，同时转让一项无形资产以清偿该项债务。该项无形资产的账面价值和公允价值为14 000元，红星公司因转让无形资产应交纳的营业税为900元。假定红星公司没有对转让的无形资产计提减值准备，且不考虑其他税费。

红星公司：

①计算：

债务重组日，重组债务的账面价值（20 000 + 1 000）21 000 元

减：支付的现金 5 000 元

转让的无形资产账面价值 14 000 元

支付的相关税费 900 元

债务重组收益 1 100 元

②账务处理：

借：应付票据   21 000

    贷：银行存款   5 000

        无形资产   14 000

        应交税费——营业税   900

        营业外收入——债务重组收益   1 100

深广公司：

借：银行存款   5 000

    无形资产   14 000

    营业外支出——债务重组损失   2 000

    贷：应收票据   21 000

※或有事项案例及说明

1. 或有事项的会计计量

或有事项的计量主要涉及两个问题：一是最佳估计数的确定；二是预期可获得的补偿的处理。

（1）最佳估计数按照如下方法确定：

①预计负债应当按照履行相关现时义务所需支出的最佳估计数进行初始计量。所需支出存在一个连续范围，且该范围内各种结果发生的可能性

相同的，最佳估计数应当按照该范围内的中间值确定。假设甲公司认为很可能赔偿的金额在 50 万元—70 万元之间，且该范围内各种结果发生的可能性相同，则按其中间值确定预计负债为 60 万元。

②在其他情况下，最佳估计数应当分别下列情况处理：

• 或有事项涉及单个项目的，按最可能发生金额确定。"涉及单个项目"指或有事项涉及的项目只有一个，如一项未决诉讼、一项未决仲裁或一项债务担保等。

• 或有事项涉及多个项目的，按照各种可能结果及相关概率确定。"涉及多个项目"指或有事项涉及的项目不只一个。如在产品质量保证中，提出产品保修要求的可能有许多客户，相应地，企业对这些客户负有保修义务，应根据发生质量问题的概率及相关的保修费用计算确定应予确认的负债金额（即计算加权平均数）。

【案例】甲公司 20××年销售产品 1 000 万元，并将在产品保修期内对发生的质量问题免费维修。按照以往经验，不发生质量问题的可能性为 80%，无须支付维修费；发生较小质量问题的可能性为 15%，发生较小质量问题后发生的维修费为销售收入的 2%；发生较大质量问题的可能性为 4%，发生较大质量问题后发生的维修费为销售收入的 10%；发生严重质量问题的可能性为 1%，发生严重质量问题后发生的维修费为销售收入的 20%。

则 20××年应计提的产品质量保证金 =（1 000×2%）×15% +（1 000×10%）×4% +（1 000×20%）×1% = 3 + 4 + 2 = 9（万元）。甲公司的账务处理是：

借：销售费用   90 000

    贷：预计负债——产品质量保证金   90 000

（2）企业清偿预计负债所需支出全部或部分预期由第三方补偿的，补偿金额只有在基本确定能够收到时才能作为资产单独确认。

在确定补偿金额时应注意：

①补偿金额只有在"基本确定"能收到时予以确认，即发生的概率在

95% 以上时才能做账，将补偿金额计入账内。

②补偿金额应单独确认为资产，即应记入"其他应收款"科目，不能直接冲减"预计负债"。

③确认入账的金额不能超过预计负债的金额。如果确认补偿金的金额超过了预计负债的金额，将使利润出现正数，等于确认了或有资产，这违背了谨慎原则。

常见的预期可获得补偿的情况有：发生交通事故等情况时，企业通常可从保险公司获得合理的补偿；在某些索赔诉讼中，企业可通过反诉的方式对索赔人或第三方另行提出赔偿要求；在债务担保业务中，企业在履行担保义务的同时，通常可向被担保企业提出追偿要求。

【案例】20×× 年 12 月 25 日甲公司因侵犯 B 企业的专利权被 B 企业起诉，要求赔偿 100 万元，至 12 月 31 日法院尚未判决。甲公司经研究认为，侵权事实成立，本诉讼败诉的可能性为 80%，最大可能赔偿金额为 60 万元，甲公司确认了预计负债 60 万元。

如果上述侵权行为是由于甲公司委托的 C 公司在完成该专利项目时造成侵权，甲公司已向 C 公司索赔 80 万元，基本确定能获赔 50 万元，则甲公司会计处理如下：

借：其他应收款　　　　　　　　　　　　　　　500 000
　　贷：营业外支出　　　　　　　　　　　　　　500 000

（3）企业应当在资产负债表日对预计负债的账面价值进行复核。有确凿证据表明该账面价值不能真实反映当前最佳估计数的，应当按照当前最佳估计数对该账面价值进行调整。例如，前期对未决诉讼已确认预计负债 500 万元，现有确凿证据表明，赔偿的金额很可能是 600 万元，则应将预计负债调增 100 万元，同时确认损失 100 万元；调整后预计负债为 600 万元。

2. 待执行合同、企业重组形成的或有事项的确认和计量

在新准则中，对待执行合同、企业重组形成的或有事项作了特别的强调，属于新增加的内容。

（1）待执行合同形成的或有事项的确认和计量。

待执行合同，是指合同各方尚未履行任何合同义务，或部分地履行了同等义务的合同。比如，企业与其他企业签订的商品销售合同、劳务提供合同、让渡资产使用权合同、租赁合同等，均属于待执行合同。待执行合同本身不属于或有事项准则规范的内容，只有待执行合同变为亏损合同的，应当作为或有事项准则规范的或有事项。亏损合同分为两种情况处理：

①企业在履行合同义务过程中发生的成本可能出现超过预期经济利益的情况时，待执行合同即变成了亏损合同，此时，如果与该合同相关的义务不需支付任何补偿即可撤销，通常不存在现时义务，不应确认预计负债。

②待执行合同变成亏损合同的，该亏损合同产生的义务满足或有事项确认条件的，应当确认为预计负债。如果与该合同相关的义务不可撤销，企业就存在了现时义务，同时满足该义务很可能导致经济利益流出企业和金额能够可靠地计量的，通常应当确认预计负债。

【案例】2008 年 11 月 4 日，宏远股份有限公司与丙公司签订合同，合同约定：

（1）从 2009 年 1 月 1 日至 2010 年 12 月 31 日的 2 年内，由宏远公司承包经营丙公司。

（2）宏远公司每年应保证丙公司实现净利润 1 000 万元，净利润超过 1 000 万元部分由宏远公司享有，净利润低于 1 000 万元的部分应由宏远公司补足。

2009 年丙公司实现净利润 1 200 万元。2009 年末，由于丙企业产品在销售中出现滑坡，全行业竞争加剧，预计丙公司无法实现规定的利润，

2007年最可能完成的净利润为600万元。对此，宏远公司应作的会计处理是：

因宏远公司对丙企业实行承包经营，要求按固定金额完成利润。对于丙公司实际实现的利润与合同中规定需实现利润差额形成或有事项，即如果利润超过1 000万元，则有经济利益流入；如果利润少于1 000万元，则将导致经济利益流出企业。对于这一或有事项，宏远公司应在2006年末确认预计负债400万元（1 000万-600万），同时确认当期损失400万元。宏远公司的账务处理是：

借：管理费用　　　　　　　　　　　　　　　　　　4 000 000
　　贷：预计负债　　　　　　　　　　　　　　　　　　4 000 000

但应注意：待执行合同变为亏损合同时，合同存在标的资产的，应当对标的资产进行减值测试并按规定确认减值损失，通常不确认预计负债；合同不存在标的资产的，亏损合同相关义务满足规定条件时，应当确认预计负债。以商品销售合同为例，商品销售合同属于待执行合同，在其售价低于成本时，该合同即变为亏损合同。该合同存在标的资产（存货）的，应当确认减值损失和存货跌价准备，不确认预计负债；如果合同不存在标的资产（存货），企业应在满足确认条件时确认预计负债。

【案例】宏远公司与乙公司于2009年8月签订不可撤销合同，宏远公司向乙公司销售设备50台，合同价格每台100万元（不含税）。该批设备在2010年1月25日交货。

由于原材料价格上涨，至2009年末宏远公司已生产40台设备，单位成本达到102万元，本合同已成为亏损合同。预计其余未生产的10台设备的单位成本与已生产的设备的单位成本相同。则宏远公司对有标的的部分应计提存货跌价准备，对没有标的部分确认预计负债。会计处理如下：

①有标的部分，合同为亏损合同，确认减值损失：

借：资产减值损失　　　　　　　　　　　　　　　　800 000
　　贷：存货跌价准备（40×2万）　　　　　　　　　800 000

②无标的部分，合同为亏损合同，确认预计负债：

借：营业外支出 200 000

　　贷：预计负债（10×2 万） 200 000

在产品生产出来后，将预计负债冲减成本：

借：预计负债 200 000

　　贷：库存商品 200 000

这说明，在合同变成亏损合同的时候，就已经将损失反映在当期的损益中了。

（2）企业重组形成的或有事项的确认和计量。

①重组，是指企业制定和控制的，将显著改变企业组织形式、经营范围或经营方式的计划实施行为。属于重组的事项主要包括：出售或终止企业的部分业务；对企业的组织结构进行较大调整；关闭企业的部分营业场所，或将营业活动由一个国家或地区迁移到其他国家或地区。应特别注意企业重组、企业合并和债务重组之间的区别：企业重组通常是企业内部资源的调整和组合，谋求现有资产效能的最大化，执行《或有事项》准则；企业合并是在不同企业之间的资本重组和规模扩张，执行《企业合并》准则；债务重组是债权人对债务人作出让步，债务人减轻债务负担，债权人尽可能减少损失，执行《债务重组》准则。

②企业重组的会计处理。

• 企业承担的重组义务满足或有事项确认条件的，应当确认为预计负债。企业应当按照与重组有关的直接支出确定该预计负债金额。直接支出不包括留用职工岗前培训、市场推广、新系统和营销网络投入等支出。下列情况同时存在时，表明企业承担了重组义务：有详细、正式的重组计划，包括重组涉及的业务、主要地点、需要补偿的职工人数及其岗位性质、预计重组支出、计划实施时间等；该重组计划已对外公告。

【案例】20××年12月甲公司因第五业务分部长期亏损，决定进行重大业务重组。按照重组计划，需要发生直接重组支山 300 万元。该重组业务所涉及到的人员，实施计划等详细计划已于20××年年末前对外公布。甲公司应按或有事项准则确认预计负债300万元，其账务处理如下：

借：管理费用（营业外支出）　　　　　　　　　　3 000 000
　　贷：预计负债　　　　　　　　　　　　　　　　　　3 000 000

● 企业承担的重组义务不满足或有事项确认条件的，不应当确认为预计负债。例如，某公司董事会决定关闭一个事业部。如果有关决定尚未传达到受影响的各方，也未采取任何措施实施该项决定，表明该公司没有承担重组义务，不应确认预计负债。

※ 收入案例及说明

1. 商品收入的确认

（1）下列商品销售，通常按规定的时点确认为收入，有证据表明不满足收入确认条件的除外：

①销售商品采用托收承付方式的，在办妥托收手续时确认收入。

②销售商品采用预收款方式的，在发出商品时确认收入，预收的货款应确认为负债。

③销售商品需要安装和检验的，在购买方接受商品以及安装和检验完毕前，不确认收入，待安装和检验完毕时确认收入。如果安装程序比较简单，可在发出商品时确认收入。

④销售商品采用以旧换新方式的，销售的商品应当按照销售商品收入确认条件确认收入，回收的商品作为购进商品处理。

⑤销售商品采用支付手续费方式委托代销的，在收到代销清单时确认收入。

（2）采用售后回购方式销售商品的，收到的款项应确认为负债；回购价格大于原售价的，差额应在回购期间按期计提利息，计入财务费用。有确凿证据表明售后回购交易满足销售商品收入确认条件的，销售的商品按售价确认收入，回购的商品作为购进商品处理。

（3）采用售后租回方式销售商品的，收到的款项应确认为负债；售价与资产账面价值之间的差额，应当采用合理的方法进行分摊，作为折旧费用或租金费用的调整。有确凿证据表明认定为经营租赁的售后租回交易是按照公允价值达成的，销售的商品按售价确认收入，并按账面价值结转成本。

2. 劳务收入的确认

下列提供劳务满足收入确认条件的，应按规定确认收入：

（1）安装费，在资产负债表日根据安装的完工进度确认收入。安装工作是商品销售附带条件的，安装费在确认商品销售实现时确认收入。

（2）宣传媒介的收费，在相关的广告或商业行为开始出现于公众面前时确认收入。广告的制作费，在资产负债表日根据制作广告的完工进度确认收入。

（3）为特定客户开发软件的收费，在资产负债表日根据开发的完工进度确认收入。

（4）包括在商品售价内可区分的服务费，在提供服务的期间内分期确认收入。

（5）艺术表演、招待宴会和其他特殊活动的收费，在相关活动发生时确认收入。收费涉及几项活动的，预收的款项应合理分配给每项活动，分别确认收入。

（6）申请入会费和会员费只允许取得会籍，所有其他服务或商品都要另行收费的，在款项收回不存在重大不确定性时确认收入。申请入会费和会员费能使会员在会员期内得到各种服务或商品，或者以低于非会员的价格销售商品或提供服务的，在整个受益期内分期确认收入。

（7）属于提供设备和其他有形资产的特许权费，在交付资产或转移资产所有权时确认收入；属于提供初始及后续服务的特许权费，在提供服务时确认收入。

（8）长期为客户提供重复的劳务收取的劳务费，在相关劳务活动发生时确认收入。

3. 具体实务案例

【案例】某企业销售一批化妆品，增值税专用发票上注明售价 200 000元，增值税 34 000 元。货款未收到。该批产品适用的消费税税率为 5%，生产成本为 160 000 元。

如果该项销售符合收入的确认条件，则账务处理为：

借：应收账款	234 000
贷：主营业务收入	200 000
应交税费——应交增值税（销项税额）	34 000
借：营业税金及附加	10 000
贷：应交税费——应交消费税	10 000

如果不符合销售商品收入确认的条件，但产品已发出时：

借：发出商品	160 000
贷：库存商品	160 000

【案例】A 公司于 20××年 9 月 15 日根据合同售给 B 公司某商品 500件，增值税专用发票列明商品价款 42 735 元、增值税额 7 264.95 元，共计49 999.95元，商品已经发出，A 公司以银行存款代垫运费 2 000 元（发票已经转交）。货款及代垫运费已向银行办妥托收手续，取得托收承付结算凭证回单。账务处理为：

借：应收账款——B 公司	51 999.95
贷：主营业务收入	42 735
应交税费——应交增值税（销项税额）	7 264.95
银行存款	2 000

当公司收到银行转来的 B 公司承付货款及代垫运费 51 999.95 元的收

账通知时，应记录：

    借：银行存款   51 999.95
        贷：应收账款——B 公司   51 999.95

【案例】甲公司为增值税的一般纳税人。按照合同规定，20××年5月8日，甲公司收到丁公司预付的货款6 000元。15日，甲公司向丁公司发出A产品200件，售价为10 000元，应交增值税1 700元。

5月8日甲公司收到丁公司预付的货款时，应记录：

    借：银行存款   6 000
        贷：预收账款——丁公司   6 000

5月15日甲公司向丁公司发出商品时，应记录：

    借：预收账款——丁公司   11 700
        贷：主营业务收入   10 000
            应交税费——应交增值税（销项税额）   1 700

5月25日甲公司收到丁公司补付的货款时，应记录：

    借：银行存款   5 700
        贷：预收账款——丁公司   5 700

【案例】某公司销售给境外A公司一批商品，按FOB计价，货款为20 000美元，商品已经发出，并向银行办理交单手续，当日美元汇率为1：8.8。该公司账务处理为：

    借：应收账款——A公司——美元户   （＄20 000）176 000
        贷：主营业务收入——外销   （＄20 000）176 000

接银行通知收到A公司货款，当日美元汇率为1：8.7。分录如下：

    借：银行存款——美元户   （US＄20 000）174 000
        财务费用——汇兑损益   2 000
        贷：应收账款——A公司——美元户   （US＄20 000）176 000

【案例】A企业委托B企业销售甲商品100件，该商品成本60元/件。假定代销合同规定，B企业应按每件100元售给顾客，A企业按售价的

10% 支付 B 企业手续费。B 企业实际销售时，即向买方开一张增值税专用发票，发票上注明甲商品售价 10 000 元，增值税额 1 700 元。A 企业在收到 B 企业交来的代销清单时，向 B 企业开具一张相同金额的增值税发票。A 企业的账务处理为：

A 企业将甲商品交付 B 企业时：

借：委托代销商品   6 000

    贷：库存商品   6 000

A 企业收到代销清单时：

借：应收账款——B 企业   11 700

    贷：主营业务收入   10 000

        应交税费——应交增值税（销项税额）   1 700

借：销售费用——代销手续费   1 000

    贷：应收账款——B 企业   1 000

收到 B 企业汇来的货款净额 10 700（11 700 - 1 000）元时：

借：银行存款   10 700

    贷：应收账款——B 企业   10 700

【案例】20××年 4 月 13 日，甲公司售给乙公司一批商品，增值税发票上的售价 80 000 元，增值税额 13 600 元。4 月 15 日，货到后买方发现商品质量不合格，要求在价格上给予 5% 的折让。

销售实现时，甲公司应作如下会计分录：

借：应收账款——乙公司   93 600

    贷：主营业务收入   80 000

        应交税费——应交增值税（销项税额）   13 600

发生销售折让时：

借：主营业务收入   4 000

    应交税费——应交增值税（销项税额）   680

    贷：应收账款——乙公司   4 680

实际收到款项时：

借：银行存款　　　　　　　　　　　　　　　　　　88 920

　　贷：应收账款——乙公司　　　　　　　　　　　　　88 920

若乙公司发现商品质量不合格时要求退货，则：

销售实现时，甲公司应作如下会计分录：

借：应收账款——乙公司　　　　　　　　　　　　　93 600

　　贷：主营业务收入　　　　　　　　　　　　　　　80 000

　　　　应交税费——应交增值税（销项税额）　　　　13 600

发出销售退回时：

借：主营业务收入　　　　　　　　　　　　　　　　80 000

　　应交税费——应交增值税（销项税额）　　　　　　13 600

　　贷：应收账款——乙公司　　　　　　　　　　　　93 600

【案例】甲企业于20××年10月1日接受一项产品安装任务，安装期4个月，合同总收入500 000元，至年底已预收款项420 000元，实际发生成本300 000元，估计还会发生成本75 000元。甲企业的主营活动即为从事安装业务。该企业为此项业务所做的会计处理是：

20××年年末按实际发生的成本占估计总成本的比例确定劳务的完成程度：

300 000÷（300 000＋75 000）＝80%

20××年年末确认的收入＝500 000×80%－0

　　　　　　　　　　　　＝400 000（元）

20××年年末确认的成本＝375 000×80%－0

　　　　　　　　　　　　＝300 000（元）

安装中发生成本耗费时：

借：生产成本　　　　　　　　　　　　　　　　　　300 000

　　贷：银行存款　　　　　　　　　　　　　　　　　300 000

预收安装款项时：

借：银行存款 420 000
　　贷：预收账款 420 000
年末确认收入时：
借：预收账款 400 000
　　贷：主营业务收入 400 000
结转成本时：
借：主营业务成本 300 000
　　贷：生产成本 300 000

※建造合同案例及说明

1. 建造合同收入的分类

（1）在资产负债表日，建造合同的结果能够可靠地估计。

在资产负债表日，建造合同的结果能够可靠地估计的，应当根据完工百分比法确认合同收入和合同费用。在判断建造合同结果是否能够可靠地估计时，应注意区分固定造价合同和成本加成合同。

企业确定合同完工进度可以选用下列方法：

①累计实际发生的合同成本占合同预计总成本的比例。

②已经完成的合同工作量占合同预计总工作量的比例。

③实际测定的完工进度。

（2）在资产负债表日，建造合同的结果不能可靠地估计。

在资产负债表日，建造合同的结果不能可靠估计的，应当分别下列情况处理：

①合同成本能够收回的，合同收入根据能够收回的实际合同成本予以确认，合同成本在其发生的当期确认为合同费用。

②合同成本不可能收回的，在发生时立即确认为合同费用，不确认合

同收入。

如果合同预计总成本超过合同预计总收入,应当预计损失并确认为当期费用。

【案例】某建筑公司签订了一项合同总金额为 1 000 万元的固定造价合同,合同规定的工期为 3 年。假定经计算,第一年完工进度为 30%,第二年完工进度已达 80%,经测定,前两年的合同预计总成本均为 800 万元。第三年工程全部完成,累计实际发生合同成本 750 万元。

根据上述资料计算各期确认的合同收入和费用如下:

第一年确认的合同收入 = 1 000 × 30%

　　　　　　　　　 = 300(万元)

第一年确认的合同毛利 = (1 000 - 800)× 30%

　　　　　　　　　 = 60(万元)

第一年确认的合同费用 = 300 - 60

　　　　　　　　　 = 240(万元)

相关账务处理如下:

借:主营业务成本　　　　　　　　　　　　　　　　　2 400 000

　　工程施工——毛利　　　　　　　　　　　　　　　　600 000

　　　贷:主营业务收入　　　　　　　　　　　　　　　　　3 000 000

第二年确认的合同收入 = (1 000 × 80%)- 300

　　　　　　　　　 = 500(万元)

第二年确认的合同毛利 = (1 000 - 800)× 80% - 60

　　　　　　　　　 = 100(万元)

第二年确认的合同费用 = 500 - 100

　　　　　　　　　 = 400(万元)

相关账务处理如下:

借:主营业务成本　　　　　　　　　　　　　　　　　4 000 000

　　工程施工——毛利　　　　　　　　　　　　　　　1 000 000

　　　贷:主营业务收入　　　　　　　　　　　　　　　　　5 000 000

第三年确认的合同收入 = 1 000 –（300 + 500）

$\qquad$ = 200（万元）

第三年确认的合同毛利 =（1 000 – 750）–（60 + 100）

$\qquad$ = 90（万元）

第三年确认的合同费用 = 200 – 90

$\qquad$ = 110（万元）

相关账务处理如下：

借：主营业务成本 $\qquad$ 1 100 000

$\qquad$ 工程施工——毛利 $\qquad$ 900 000

$\qquad$ 贷：主营业务收入 $\qquad$ 2 000 000

【案例】某造船企业与一客户签订了一项总金额为 5 800 000 元的固定造价合同，承建一艘船舶。工程已于 2008 年 2 月开工，预计 2010 年 8 月完工。最初预计的工程总成本为 5 500 000 元；至 2009 年底，由于钢材价格上涨等因素调整了预计总成本，预计工程总成本已达到 6 000 000 元。该造船企业于 2010 年 6 月提前两个月完成了合同，工程质量优良，客户同意支付奖励款 200 000 元。建造该船舶的其他有关资料见表 3 – 10：

表 3 – 10 $\qquad$ 单位：元

	2008 年	2009 年	2010 年
至目前为止已发生的成本	1 540 000	4 800 000	5 950 000
完成合同尚需发生的成本	3 960 000	1 200 000	—
已结算合同价款	1 740 000	2 960 000	1 300 000
实际收到价款	1 700 000	2 900 000	1 400 000

该造船企业 2008 年对本建造合同的账务处理：

①登记发生的合同成本。

借：工程施工——合同成本 $\qquad$ 1 540 000

$\qquad$ 贷：原材料、应付职工薪酬、累计折旧等 $\qquad$ 1 540 000

②登记已结算的合同价款。

借：应收账款 1 740 000

　　贷：工程结算 1 740 000

③登记实际收到的合同价款。

借：银行存款 1 700 000

　　贷：应收账款 1 700 000

④确认和计量当年的合同收入和合同费用，并登记入账。

2008 年的完工进度 = 1 540 000 ÷ （1 540 000 + 3 960 000） × 100%

$$= 28\%$$

2008 年应确认的合同收入 = 5 800 000 × 28%

$$= 1\ 624\ 000\ （元）$$

2008 年应确认的毛利 = （5 800 000 - 1 540 000 - 3 960 000） × 28%

$$= 84\ 000\ （元）$$

2008 年应确认的合同费用 = 1 624 000 - 84 000

$$= 1\ 540\ 000\ （元）$$

借：工程施工——合同毛利 84 000

　　主营业务成本 1 540 000

　　　贷：主营业务收入 1 624 000

2009 年的账务处理：

①登记发生的合同成本。

借：工程施工——合同成本 3 260 000

　　贷：原材料、应付职工薪酬、累计折旧等 3 260 000

②登记已结算的合同价款。

借：应收账款 2 960 000

　　贷：工程结算 2 960 000

③登记实际收到的合同价款。

借：银行存款 2 900 000

　　贷：应收账款 2 960 000

④确认和计量当年的合同收入和合同费用，并登记入账。

2009 年的完工进度 = 4 800 000 ÷ （4 800 000 + 1 200 000） × 100%

$$= 80\%$$

2009 年应确认的合同收入 = 5 800 000 × 80% - 1 624 000

$$= 3\ 016\ 000\ （元）$$

2009 年应确认的毛利 = (5 800 000 - 4 800 000 - 1 200 000) × 80% - 84 000

$$= -160\ 000 - 84\ 000$$

$$= -244\ 000\ （元）$$

2009 年应确认的合同费用 = 3 016 000 - （-244 000）

$$= 3\ 260\ 000\ （元）$$

2009 年应确认的合同预计损失 = （4 800 000 + 1 200 000 - 5 800 000）

$$× （1 - 80\%）$$

$$= 40\ 000\ （元）$$

在 2009 年年底，由于该合同预计总成本 6 000 000 元大于合同总收入 5 800 000 元，发生损失总额为 200 000 元，因已在"工程施工——合同毛利"中反映了 -160 000 元（84 000 - 244 000）的亏损，因此，应将剩余的、为完成工程将发生的预计损失 40 000 元确认当期损失。

借：主营业务成本　　　　　　　　　　　　　　　　3 260 000
　　贷：主营业务收入　　　　　　　　　　　　　　3 016 000
　　　　工程施工——合同毛利　　　　　　　　　　　244 000

同时，

借：资产减值损失——合同预计损失　　　　　　　　　40 000
　　贷：存货跌价准备——合同预计损失准备　　　　　40 000

2010 年的账务处理：

①登记发生的合同成本。

借：工程施工——合同成本　　　　　　　　　　　　1 150 000
　　贷：原材料、应付职工薪酬、累计折旧等　　　　1 150 000

②登记已结算的合同价款。

借：应收账款 1 300 000

　　贷：工程结算 1 300 000

③登记实际收到的合同价款。

借：银行存款 1 400 000

　　贷：应收账款 1 400 000

④计量和确认当年的合同收入的合同费用，并登记入账。

2010 年应确认的合同收入 = (5 800 000 + 200 000) − (1 624 000 + 3 016 000)

　　　　　　　　　　= 1 360 000（元）

2010 年应确认的毛利 = [(5 800 000 + 200 000) − 5 950 000] − (84 000

　　　　　　　　　　− 244 000)

　　　　　　　= 50 000 + 160 000

　　　　　　　= 210 000（元）

2010 年应确认的合同费用 = 1 360 000 − 210 000 − 40 000

　　　　　　　　　　= 1 110 000（元）

借：主营业务成本 1 110 000

　　存货跌价准备——合同预计损失准备 40 000

　　工程施工——合同毛利 210 000

　　贷：主营业务收入 1 360 000

⑤2010 年工程全部完工，应将"工程施工"科目的余额与"工程结算"科目的余额相对冲。

借：工程结算 6 000 000

　　贷：工程施工——合同成本 5 950 000

　　　　　　　　——合同毛利 50 000

※借款费用案例及说明

1. 借款费用资本化的条件

借款费用同时满足下列条件的，才能开始资本化：

（1）资产支出已经发生，资产支出包括为购建或者生产符合资本化条件的资产而以支付现金、转移非现金资产或者承担带息债务形式发生的支出。

（2）借款费用已经发生。

（3）为使资产达到预定可使用或者可销售状态所必要的购建或者生产活动已经开始。

在资本化期间内，每一会计期间的利息（包括折价或溢价的摊销）资本化金额，应当按照下列规定确定：

（1）为购建或者生产符合资本化条件的资产而借入专门借款的，应当以专门借款当期实际发生的利息费用，减去将尚未动用的借款资金存入银行取得的利息收入或者进行暂时性投资取得的投资收益后的金额，确定为专门借款利息费用的资本化金额，并应当在资本化期间内，将其计入符合资本化条件的资产成本。

专门借款，是指为购建或者生产符合资本化条件的资产而专门借入的款项。

（2）为购建或者生产符合资本化条件的资产而占用了一般借款的，企业应当根据累计资产支出超过专门借款部分的资产支出加权平均数乘以所占用一般借款的资本化率，计算确定一般借款应予资本化的利息金额。资本化率应当根据一般借款加权平均利率计算确定。资本化期间，是指从借款费用开始资本化时点到停止资本化时点的期间，借款费用暂停资本化的期间不包括在内。

一般借款应予资本化的利息金额应当按照下列公式计算：

一般借款利息费用资本化金额＝累计资产支出超过专门借款部分的资产支出加
权平均数×所占用一般借款的资本化率

所占用一般借款的资本化率＝所占用一般借款加权平均利率

＝所占用一般借款当期实际发生的利息之和÷所占
用一般借款本金加权平均数

所占用一般借款本金加权平均数＝Σ（所占用每笔一般借款本金×每笔一般借
款在当期所占用的天数/当期天数）

借款存在折价或者溢价的，应当按照实际利率法确定每一会计期间应摊销的折价或者溢价金额，调整每期利息金额。

在资本化期间内，每一会计期间的利息资本化金额不应当超过当期相关借款实际发生的利息金额。

在资本化期间内，外币专门借款本金及利息的汇兑差额，应当予以资本化，计入符合资本化条件的资产的成本。

专门借款发生的辅助费用，在所购建或者生产的符合资本化条件的资产达到预定可使用或者可销售状态之前发生的，应当在发生时根据其发生额予以资本化，计入符合资本化条件的资产的成本；在所购建或者生产的符合资本化条件的资产达到预定可使用或者可销售状态之后发生的，应当在发生时根据其发生额确认为费用，计入当期损益。

一般借款发生的辅助费用，应当在发生时根据其发生额确认为费用，计入当期损益。

2. 具体实务案例

【案例】甲公司为增值税一般纳税人企业，从20××年1月1日开始建造一项固定资产，并为建造该项资产专门于当日从银行借入了500万元的3年期借款，年利率为6%。公司按月计算应予资本化的利息金额。该项固定资产于20××年3月31日建造完工。

公司在20××年1~3月间发生的资本支出情况如下：

1月1日，支付购买工程用物资款项1 404 000元（含增值税204 000元）。

2月10日，支付建造固定资产的职工工资90 000元。

3月15日，将企业自己生产的产品用于建造固定资产，该产品的成本为600 000元。为生产该产品购买原材料的增值税进项税额为85 000元，购进款项均已支付。该产品计税价格为1 000 000元，增值税销项税额为170 000元。

3月31日，为3月15日用于固定资产建造的本企业产品交纳增值税85 000元（170 000 – 85 000）。

公司按月计算应予资本化的利息金额：

公司应根据每月每笔资产支出金额和该项资产支出所需要承担利息费用的天数与当月天数之比，计算每月累计资产支出的加权平均数：

1月份累计资产支出加权平均数 = 1 404 000 × 30/30

= 1 404 000（元）

2月份累计资产支出加权平均数 = 1 404 000 × 30/30 + 90 000 × 20/30

= 1 464 000（元）

3月份累计资产支出加权平均数 = （1 404 000 + 90 000）× 30/30

+ 685 000 × 15/30 + 85 000 × 0/30

= 1 836 500（元）

计算资本化金额：

1月份资本化金额 = 1404 000 × 6% ÷ 12

= 7 020（元）

借：在建工程　　　　　　　　　　　　　　　　　　　　7 020

　　贷：长期借款　　　　　　　　　　　　　　　　　　7 020

2月份资本化金额 = 1 464 000 × 6% ÷ 12

= 7 320（元）

借：在建工程　　　　　　　　　　　　　　　　　　　　7 320

　　贷：长期借款　　　　　　　　　　　　　　　　　　7 320

3 月份资本化金额 = 1 836 500 × 6% ÷ 12

= 9 182.5（元）

借：在建工程　　　　　　　　　　　　　　　　　　9 182.5

　　贷：长期借款　　　　　　　　　　　　　　　　9 182.5

※外币折算案例及说明

1. 外币业务的折算方法

【案例】甲公司外币交易采用业务发生时的市场汇率进行折算，并按月计算汇兑损益。20××年 11 月 30 日，市场汇率为 1 美元 = 8.4 元人民币。有关外币账户期末余额见表3 – 11：

表3 – 11　　　　　　　　　　　　　　　　　　　　　　　　　单位：元

项目	外币账户金额 $	汇率	记账本位币金额 ¥
银行存款	200 000	8.4	1 680 000
应收账款	100 000	8.4	840 000
应付账款	50 000	8.4	420 000

甲股份有限公司 12 月份发生如下外币业务（假设不考虑有关税费），做账务处理如下：

（1）12 月 5 日，对外赊销产品 1 000 件，每件单价 200 美元，当日的市场汇率为 1 美元 = 8.3 元人民币；

借：应收账款——美元户　　　　　　　（＄200 000）1 660 000

　　贷：主营业务收入　　　　　　　　　　　　　　　1 660 000

（2）12 月 10 日，从银行借入短期外币借款 180 000 美元，款项存入银行，当日的市场汇率为 1 美元 = 8.3 元人民币；

借：银行存款——美元户　　　　　　　（＄180 000）1 494 000

　　贷：短期借款　　　　　　　　　　　（＄180 000）1 494 000

（3）12 月 12 日，从国外进口原材料一批，价款共计 220 000 美元，款项用外币存款支付，当日的市场汇率为 1 美元 = 8.3 元人民币；

借：原材料　　　　　　　　　　　　　　　　　1 826 000

　　贷：银行存款——美元户　　　（$220 000）1826 000

（4）12 月 18 日，赊购原材料一批，价款总计 160 000 美元，款项尚未支付，当日的市场汇率为 1 美元 = 8.35 元人民币；

借：原材料　　　　　　　　　　　　　　　　　1 336 000

　　贷：应付账款——美元户　　　（$160 000）1 336 000

（5）12 月 20 日，收到 12 月 5 日赊销货款 100 000 美元，当日的市场汇率为 1 美元 = 8.35 元人民币；

借：银行存款——美元户　　　（$100 000）835 000

　　贷：应收账款——美元户　　　（$100 000）835 000

（6）12 月 31 日，偿还借入的短期外币借款 180 000 美元，当日的市场汇率为 1 美元 = 8.35 元人民币。

借：短期借款——美元户　　　（$180 000）1 503 000

　　贷：银行存款——美元户　　　（$180 000）1 503 000

期末计算汇兑损益

应收账款 = 100 000 × 8.4 + 200 000 × 8.3 - 100 000 × 8.35

　　　　 = 840 000 + 1 660 000 - 835 000

　　　　 = 1 665 000

按期末汇率计算：200 000 × 8.35 = 1 670 000

应调增 1 670 000 - 1 665 000 = 5 000

短期借款 = 180 000 × 8.3 - 180 000 × 8.35

　　　　 = 1 494 000 - 1 503 000

　　　　 = -9 000

应调增 0 + 9 000 = 9 000

银行存款 = 200 000 × 8.4 + 180 000 × 8.3 - 220 000 × 8.3 + 100 000 ×

$8.35 - 180\,000 \times 8.35$

$= 1\,680\,000 + 1\,494\,000 - 1\,826\,000 + 835\,000 - 1\,503\,000$

$= 680\,000$

按期末汇率计算：$80\,000 \times 8.35 = 668\,000$

应调减 $680\,000 - 668\,000 = 12\,000$

应付账款 $= 50\,000 \times 8.4 + 160\,000 \times 8.35$

$= 420\,000 + 1\,336\,000$

$= 1\,756\,000$

按期末汇率计算：$210\,000 \times 8.35 = 1\,753\,500$

应调减 $1\,756\,000 - 1\,753\,500 = 2\,500$

编制会计分录为：

借：应收账款   5 000

　　应付账款   2 500

　　财务费用   13 500

　贷：银行存款   12 000

　　　短期借款   9 000

12 月 31 日，编制会计报表时有关科目外币账户和记账本位币余额见表 3 - 12：

表 3 - 12 单位：元

项目	外币账户金额 $	汇率	记账本位币金额 ¥
银行存款	80 000	8.3	664 000
应收账款	200 000	8.3	1 660 000
应付账款	210 000	8.3	1 743 000
短期借款	0	8.3	0

2. 外币会计报表的折算方法

通常，外币会计报表折算方法可以分为单一汇率法和多种汇率法两大类。

前者主要以现行汇率对会计报表各项目进行折算，所以又称为现行汇率法；

后者指以不同汇率分别对会计报表有关项目进行折算，具体又进一步分为流动与非流动项目法、货币性与非货币性项目法以及时态法。

我国新准则第12条中所说的折算方法是第一种，也称期末汇率法。

（1）财务报表折算的原则

①资产负债表中的资产和负债项目，采用资产负债表日的即期汇率折算，所有者权益项目除"未分配利润"项目外，其他项目采用发生时的即期汇率折算。

②利润表中的收入和费用项目，采用交易发生日的即期汇率折算；也可以采用按照系统合理的方法确定的、与交易发生日即期汇率近似的汇率折算。

③折算产生的外币财务报表折算差额，在资产负债表中所有者权益项目下单独列示。

④比较财务报表的折算比照上述规定处理。

【案例】A公司的境外子公司会计报表编报货币为美元。期初汇率为1∶8.2，期末汇率为1∶8.6。母公司对子公司投资的历史汇率为1∶8。收入和费用项目采用当期平均汇率1∶8.3。

该公司采用期末汇率法对子公司的外币会计报表进行折算。

有关外币会计报表以及折算后会计报表见表3-13、表3-14。

表 3 – 13　　　　　　　　　**利润表及利润分配表（折算前后）**　　　　单位：万元

项目	折算前（美元）	折算汇率	折算后（人民币）
主营业务收入	2 000	8.3	16 600
减：主营业务成本	1 600	8.3	13 280
主营业务利润	400	8.3	3 320
减：管理费用	150	8.3	1 245
营业利润	250	8.3	2 075
加：营业外收入	10	8.3	83
利润总额	260	8.3	2 158
减：所得税	80	8.3	664
净利润	180	8.3	1 494
减：利润分配	80	8.3	664
未分配利润	100	8.3	830

表 3 – 14　　　　　　　　　**资产负债表（折算前后）**　　　　　单位：万元

资产	折算前	汇率	折算后	负债和所有者权益	折算前	汇率	折算后现金及
应收账款	300	8.6	2 580	流动负债	300	8.6	2 580
存货	200	8.6	1 720	长期负债	200	8.6	1 720
长期投资	120	8.6	1 032	股本	200	8.0	1 600
固定资产	150	8.6	1 290	未分配利润	100		830
无形及其他资产	30	8.6	258	外币会计报表折算差额	*150		*150
合计	800		6 880	合计	800		6 880

　　注：未分配利润 830 是从利润表中转入，折算差额 150（6 880 – 2 580 – 1 720 – 830 – 1 600 = 150）是倒挤得出。

※企业合并案例及说明

1. 企业控股合并及吸收合并案例分析

【案例】A、B公司同为C公司控制下的子公司，20××年9月1日A公司以现金600万元的对价收购了B公司100%的股权。20××年8月31日，A、B两公司的资产负债表数据见表3-15：

表3-15 　　　　　　　　　资产负债表数据　　　　　　　　　单位：万元

	A公司	B公司	（B公司公允价值）
现金	50	20	20
应收账款	450	180	150
存货	300	200	180
固定资产净值	1000	300	400
短期借款	500	200	200
所有者权益	1300	500	550

假设该合并为控股合并，要求按权益法进行合并日的有关账务处理。

分析：在控股合并情况下，首先需要确定长期股权投资的入账价值。根据准则规定，合并方以支付现金方式作为合并对价的，应当在合并日按照取得被合并方所有者权益账面价值的份额作为长期股权投资的初始投资成本。本例中，合并方为A公司，被合并方为B公司，A公司取得B公司所有者权益账面价值的份额为500万元，所以，长期股权投资的初始投资成本就是500万元。

长期股权投资的初始投资成本确定以后，接下来的另一个问题，就是长期股权投资的初始投资成本与支付的现金之间还有一个差额。这个差额如何处理呢？根据准则规定，长期股权投资初始投资成本与支付的现金之间的差额，应当调整资本公积；资本公积不足冲减的，调整留存收益。本例中，初始投资成本为 500 万元，支付现金 600 万元，差额 100 万元，应当调整资本公积或留存收益。

根据以上分析，9 月 1 日 A 公司应该作的会计处理如下：

借：长期投资——长期股权投资　　　　　　　　　　　　　500

　　资本公积或留存收益　　　　　　　　　　　　　　　　100

　　贷：银行存款　　　　　　　　　　　　　　　　　　　　600

【案例】在上例中，假设企业合并为吸收合并，在合并日应如何进行会计处理？

根据以上规定，取得的资产和负债按被合并方的账面价值入账，确认的净资产账面价值 500 万元与放弃净资产账面价值 600 万元的差额 100 万元，调整资本公积和留存收益。

根据以上分析，应作的会计处理如下：

借：现金　　　　　　　　　　　　　　　　　　　　　　　20

　　应收账款　　　　　　　　　　　　　　　　　　　　　180

　　存货　　　　　　　　　　　　　　　　　　　　　　　200

　　固定资产净值　　　　　　　　　　　　　　　　　　　300

　　资本公积或留存收益　　　　　　　　　　　　　　　　100

　　贷：短期借款　　　　　　　　　　　　　　　　　　　　200

　　　　银行存款　　　　　　　　　　　　　　　　　　　　600

下面我们对以上两个方面的准则规定可能产生的效果作一下分析。

小结：从以上我们对控股合并下长期股权投资入账价值和吸收合并、新设合并下净资产入账价值的确定来看，准则对于企业利润操纵具有明显的抑制效果。这表现在两个方面：一是对于合并中取得的被合并方的所有者权益或者净资产均按其账面价值计量，而不是按公允价值计量，这就避免了因使用公允价值而可能引发的利润操纵；二是支付的对价与账面价值的差额，不进入利润表，直接增加或减少资本公积，这也就堵住了利用这个差额调节利润的通道。

2. 企业合并中权益法的具体应用

【案例】E 公司和 F 公司是受 A 公司控制的两家子公司。20××年 6 月 30 日，E 公司和 F 公司达成合并协议，由 E 公司以 2 股面值为 1 元的普通股换取 F 公司 1 股面值为 1 元的普通股。换股后，F 公司作为 E 公司的业务分部继续开展经营活动。合并日 E 公司和 F 公司的资产负债表见表3－16：

表 3－16   单位：元

E 公司资产负债表		F 公司资产负债表	
资产	负债	资产	负债
货币资金 120 000	流动负债 210 000	货币资金 105 000	流动负债 160 000
应收账款 180 000	长期负债 0	应收账款 95 000	长期负债 380 000
存货 250 000	所有者权益	存货 100 000	所有者权益
固定资产 920 000	股本 780 000	固定资产 750 000	股本 305 000
累计折旧（200 000）	资本公积 350 000	累计折旧（120 000）	资本公积 120 000
无形资产 550 000	盈余公积 480 000	无形资产 90 000	盈余公积 55 000
资产合计 1820 000	权益合计 1 820 000	资产合计 1 020 000	权益合计 1 020 000

要求：按权益法进行合并日的有关账务处理。

分析：根据题目中所给定的条件，我们可以判断出该企业合并属于同一控制下的企业合并，并且是通过换股实现的吸收合并。

根据权益法的要求，合并企业应按被合并企业净资产的账面价值记录所取得的资产和负债，发行权益性证券方式确认的净资产账面价值与发行股份面值之间的差额，调整资本公积或留存收益。在本例中，F 公司股本是 305 000元，由于面值为 1 元，所以普通股的股数为 305 000 股，E 公司以 2 股面值为 1 元的普通股换取 F 公司 1 股面值为 1 元的普通股，则 E 公司发行普通股的股数 = 305 000 × 2 = 610 000 股，发行普通股的面值为610 000元。确认的净资产账面价值 = 305 000（股本）＋ 120 000（资本公积）＋ 55 000

（盈余公积）＝480 000（元）。确认的净资产账面价值与发行股份面值之间的差额＝610 000－480 000＝130 000（元）。该差额应首先冲减 F 公司的资本公积 120 000 元，然后再冲减 E 公司的资本公积 10 000 元。

根据以上分析，合并日的账务处理如下：

借：现金、银行存款等   105 000

    应收账款   95 000

    存货   100 000

    固定资产   750 000

    无形资产   90 000

    资本公积   10 000

  贷：累计折旧   120 000

    应付账款等   160 000

    长期负债   380 000

    股本   610 000

    盈余公积   55 000

※租赁案例及说明

1. 融资租赁中承租人的会计处理

融资租赁承租人的会计处理主要涉及以下几个问题：

①租赁开始日的会计处理。

②未确认融资费用的分摊。

③租赁资产折旧的计提。

④履约成本的会计处理。

⑤或有租金的会计处理。

⑥租赁期届满时的会计处理。

（1）租赁开始日的会计处理。

新会计准则规定了承租人在融资租赁下，在租赁开始日应进行的会计处理。在租赁开始日，承租人通常应当将租赁开始日租赁资产公允价值与最低租赁付款额的现值两者中较低者作为租入资产的入账价值，将最低租赁付款额作为长期应付款的入账价值，并将两者的差额记录为未确认融资费用。

此外，新准则规定，承租人在租赁谈判和签订租赁合同过程中发生的，可归属于租赁项目的手续费、律师费、差旅费、印花税等初始直接费用，应当计入租入资产价值。

承租人在计算最低租赁付款额的现值时，如果能够取得出租人的租赁内含利率，应当采用出租人的租赁内含利率作为折现率；否则，应当采用租赁合同规定的利率作为折现率。如果承租人无法取得出租人的租赁内含利率且租赁合同没有规定利率的，应当采用同期银行贷款利率作为折现率。

租赁内含利率是站在出租人角度定义的，是指在租赁开始日，使最低租赁收款额的现值与未担保余值的现值之和等于租赁资产公允价值与出租人的初始直接费用之和的折现率。

【案例】假设 2007 年 12 月 1 日，宏远公司与大华租赁公司签订了一份租赁合同。合同主要条款如下：

①租赁标的物：塑钢机。

②起租日：2008 年 1 月 1 日。

③租赁期：2008 年 1 月 1 日～2010 年 12 月 31 日，共 36 个月。

④租金支付：自租赁开始日每隔 6 个月于月末支付租金 150 000 元。

⑤该机器的保险、维护等费用均由宏远公司负担，估计每年约 10 000 元。（履约成本）

⑥机器在 2008 年 1 月 1 日的公允价值为 700 000 元。

⑦租赁合同规定的利率为 7%（6 个月利率）。

⑧该机器的估计使用寿命为 5 年，期满无残值。承租人采用直线法计提折旧。

⑨租赁期届满时，宏远公司享有优惠购买该机器的选择权，购买价为 100 元，估计该日租赁资产的公允价值为 80 000 元。

⑩2009 年和 2010 年两年，宏远公司每年按该机器所生产的产品的年销售收入的 5% 向大华公司支付经营分享收入。（或有租金）

此外，假设该项租赁资产不需安装。

宏远公司 2007 年 11 月 20 日因租赁交易向某律师事务所支付律师费 20 000 元。

会计处理——承租人（宏远公司）：

第一步，判断租赁类型。

本例存在优惠购买选择权，优惠购买价 100 元远低于行使选择权日租赁资产的公允价值 80 000 元（100/80 000 = 0.125% < 5%），所以在 2008 年 1 月 1 日就可合理确定宏远公司将会行使这种选择权，符合融资租赁的第 2 条判断标准；另外，最低租赁付款额的现值为 715 116.6 元（计算过程见后）大于租赁资产公允价值的 90% 即 630 000 元（700 000 元 × 90%），符合第 4 条判断标准。所以这项租赁应当认定为融资租赁。

第二步，计算租赁开始日最低租赁付款额的现值，确定租赁资产入账价值。

最低租赁付款额 = 各期租金之和 + 行使优惠购买选择权支付的金额

$$= 150\ 000 \times 6 + 100$$

$$= 900\ 000 + 100$$

$$= 900\ 100\ （元）$$

计算最低租赁付款额现值的过程如下：

每期租金 150 000 元的年金现值 = 150 000 × P/A（6，7%）

优惠购买选择权行使价 100 元的复利现值 = 100 × P/V（6，7%）

查表得知 P/A（6，7%）= 4.767

P/V （6，7%） =0.666

现值合计 = 150 000 × 4.767 + 1 00 × 0.666

= 715 050 + 66.6

= 715 116.6 （元） > 700 000 元

根据本准则规定的孰低原则，租赁资产的入账价值应为资产公允价值700 000 元。

第三步，计算未确认融资费用。

未确认融资费用 = 最低租赁付款额 − 租赁开始日租赁资产的入账价值

= 900 100 − 700 000

= 200 100 （元）

第四步，确认租赁资产最终入账价值。

租赁资产最终的入账价值 = 资产公允价值 + 初始直接费用

= 700 000 + 20 000

= 720 000 （元）

第五步，会计分录。

2008 年 1 月 1 日：

借：固定资产——融资租入固定资产   700 000

   未确认融资费用   200 100

  贷：长期应付款——应付融资租赁款   900 100

借：固定资产——融资租入固定资产   20 000

  贷：银行存款   20 000

（2）未确认融资费用的分摊。

在分摊未确认的融资费用时，承租人应采用实际利率法加以计算。根据租赁开始日租赁资产和负债的入账价值基础不同，融资费用分摊率的选择也不同。

承租人对每期支付的租金，应按支付的租金金额，借记"长期应付款——应付融资租赁款"科目，贷记"银行存款"科目，如果支付的租金中包含有履约成本，还应同时借记"制造费用""管理费用"等科目。同时，根据当期应确认的融资费用金额，借记"财务费用"科目，贷记"未确认融资费用"科目。

【案例】资料同前例，以下列示未确认融资费用分摊的处理。

第一步，确定融资费用分摊率。

由于租赁资产入账价值为公允价值，因此应重新计算融资费用分摊率。

计算过程如下：

租赁开始日最低租赁付款的现值＝租赁开始日租赁资产公允价值

因为分 6 期支付租金，所以可以得出：

$150\ 000 \times P/A\ (6,\ r) + 100 \times P/V\ (6,\ r) = 700\ 000$（元）

可在多次测试的基础上，用插值法计算融资费用分摊率。

当 r＝7％时：

$$150\ 000 \times 4.767 + 100 \times 0.666 = 715\ 050 + 66.6$$
$$= 715\ 116.6\ （元）> 700\ 000\ （元）$$

当 r＝8％时：

$$150\ 000 \times 4.623 + 100 \times 0.630 = 693\ 450 + 63$$
$$= 693\ 513\ （元）< 700\ 000\ （元）$$

因此，7％＜r＜8％。用插值法计算如下：

现值   利率

715 116.6   7％

700 000   r

693 513   8％

故：
$$\frac{715\ 116.6 - 700\ 000}{715\ 116.6 - 693\ 515} = \frac{7\% - r}{7\% - 8\%}$$

计算得出：r＝7.70％

即，融资费用分摊率为 7.70％。

第二步，在租赁期内采用实际利率法分摊融资费用，见表3-17：

表3-17　　　　　　　　未确认融资费用分摊表（实际利率法）

2008年1月1日　　　　　　　　　　　　　单位：元

日期	租金	确认的融资费用	应付本金减少额	应付本金余额
①	②	③＝期初⑤×7.7%	④＝②－③	期末⑤＝⑤－④
（1）2008.1.1				700 000
（2）2008.6.30	150 000	53 900	96 100	603 900
（3）2008.12.31	150 000	46 500.3	103 499.7	500 400.3
（4）2009.6.30	150 000	38 530.82	111 469.18	388 931.12
（5）200912.31	150 000	29 947.7	120 052.3	268 878.82
（6）2010.6.30	150 000	20 703.67	129 296.33	139 582.49
（7）2010.12.31	150 000	10 517.51 *	139 482.49 *	100
（8）2011.1.1	100		100	0
合计	900 100	200 100	700 000	

＊做尾数调整：10 517.51＝150 000－139 482.49

139 482.49＝139 582.49－100

第三步，会计分录。

2008年6月30日，支付第一期租金：

借：长期应付款——应付融资租赁款　　　　　　　　　　150 000

　　贷：银行存款　　　　　　　　　　　　　　　　　　　150 000

同时：

借：财务费用　　　　　　　　　　　　　　　　　　　　53 900

　　贷：未确认融资费用　　　　　　　　　　　　　　　　53 900

2008年12月31日，支付第二期租金：

借：长期应付款——应付融资租赁款　　　　　　　　　　150 000

　　贷：银行存款　　　　　　　　　　　　　　　　　　　150 000

同时：

借：财务费用   46 500. 3

    贷：未确认融资费用   46 500. 3

2009 年 6 月 30 日，支付第三期租金：

借：长期应付款——应付融资租赁款   150 000

    贷：银行存款   150 000

同时：

借：财务费用   38 530. 82

    贷：未确认融资费用   38 530. 82

2009 年 12 月 31 日，支付第四期租金：

借：长期应付款——应付融资租赁款   150 000

    贷：银行存款   150 000

同时：

借：财务费用   29 947. 70

    贷：未确认融资费用   29 947. 70

2010 年 6 月 30 日，支付第五期租金：

借：长期应付款——应付融资租赁款   150 000

    贷：银行存款   150 000

同时：

借：财务费用   20 703. 67

    贷：未确认融资费用   20 703. 67

2010 年 12 月 31 日，支付第六期租金：

借：长期应付款——应付融资租赁款   150 000

    贷：银行存款   150 000

同时：

借：财务费用   10 517. 51

    贷：未确认融资费用   10 517. 51

（3）租赁资产折旧的计提。

①折旧政策。

新准则第16条规定，承租人应采用与自有固定资产相一致的折旧政策计提租赁资产折旧。同自有应折旧资产一样，租赁资产的折旧方法一般有直线法、工作量法、年数总和法、双倍余额递减法等。

如果承租人或与其有关的第三方对租赁资产余值提供了担保，则应计折旧总额为租赁开始日固定资产的入账价值扣除担保余值后的余额；如果承租人或与其有关的第三方未对租赁资产余值提供担保，则应计折旧总额为租赁开始日固定资产的入账总价值。

②折旧期间。

如果能够合理确定租赁期届满时承租人将会取得租赁资产所有权，即可认为承租人拥有该项资产的全部使用寿命，因此应以租赁开始日租赁资产的使用寿命作为折旧期间；如果无法合理确定租赁期届满后承租人是否能够取得租赁资产的所有权，则应以租赁期与租赁资产使用寿命两者中较短者作为折旧期间。

【案例】资料同前，下面列示融资租入固定资产折旧的处理。

融资租入固定资产折旧计算如下，见表3-18：

表3-18　　　　　　　　融资租入固定资产折旧计算表（直线法）

2008年1月1日　　　　　　　　　　　　单位：元

日期	固定资产原值	估计残值	折旧率	*当年折旧费	累计折旧	固定资产净值
（1）2008.1.1	720000	0				720 000
（2）2008.12.31			20%	144 000	144 000	576 000
（3）2009.12.31			20%	144 000	288 000	432 000
（4）2010.12.31			20%	144 000	432 000	288 000
（5）2011.12.31			20%	144 000	576 000	144 000
（6）2012.12.31			20%	144 000	720 000	0
合计	720 000	0	100%			

本例租赁资产不存在担保余值，应全额计提折旧。

会计分录为：

2008 年 12 月 31 日，计提本年折旧：

借：生产成本   144 000

  贷：累计折旧   144 000

2009～2012 年各年分录同上。

（4）履约成本的会计处理。

履约成本是指租赁期内承租人为租赁资产支付的各种使用费用，如技术咨询和服务费、人员培训费、维修费、保险费等。

【案例】资料同前例，假设 2008 年 12 月 31 日，宏远公司支付该机器发生的保险费、维护费共计 10 000 元，则会计分录为：

借：制造费用   10 000

  贷：银行存款   10 000

2009～2010 年的会计分录同上。

（5）或有租金的会计处理。

或有租金，是指承租人支付的，金额不固定、以时间长短以外的其他因素（如销售量、使用量、物价指数等）为依据计算的租金。

或有租金在实际发生时计入当期损益。

其账务处理为：借记"财务费用""销售费用"等科目，贷记"银行存款"等科目。

【案例】资料同前例，假设 2009 年、2010 年宏远公司分别实现塑钢窗销售收入 100 000 元和 150 000 元，根据租赁合同规定，应将其中 5% 作为租金支付，这两年应支付给大华公司经营分享收入分别为 5 000 元和 7 500元。

相应的会计分录为：

2009 年 12 月 31 日：

借：财务费用   5 000

  贷：其他应付款——大华公司   5 000

2010 年 12 月 31 日：

借：财务费用   7 500

  贷：其他应付款——大华公司   7 500

（6）租赁期届满时的会计处理。

①返还租赁资产。

租赁期届满承租人向出租人返还租赁资产时，借记"长期应付款——应付融资租赁款""累计折旧"科目，贷记"固定资产——融资租入固定资产"科目。

②优惠续租租赁资产。

如果承租人行使优惠续租选择权，则应视同该项租赁一直存在而作出相应的账务处理。

如果租赁期届满时没有续租，根据租赁合同规定须向出租人支付违约金时，借记"营业外支出"科目，贷记"银行存款"等科目。

③留购租赁资产。

在承租人享有优惠购买选择权的情况下，支付购买价款时，借记"长期应付款——应付融资租赁款"科目，贷记"银行存款"等科目；同时，将固定资产从"融资租入固定资产"明细科目转入有关明细科目。

【案例】续前例，假设 2011 年 1 月 1 日，宏远公司向大华租赁公司支付购买价款 100 元。

会计分录为：

借：长期应付款——应付融资租赁款   100

  贷：银行存款   100

同时，将融资租入的固定资产转为自由固定资产：

借：固定资产   720 000

  贷：固定资产——融资租入固定资产   720 000

2. 融资租赁中出租人的会计处理

（1）租赁开始日的会计处理。

在租赁开始日，出租人应当将租赁开始日最低租赁收款额与初始直接费用之和作为应收融资租赁款的入账价值，同时记录未担保余值；将最低租赁收款额、初始直接费用与未担保余值之和与其现值之和的差额记录为未实现融资收益。

出租人发生的初始直接费用和承租人发生的初始直接费用相类似，通常也有印花税、佣金、律师费、差旅费、谈判费等，作为出租人债权的一部分。

在租赁开始日，出租人应按最低租赁收款额与初始直接费用之和，借记"应收融资租赁款"科目，按未担保余值的金额，借记"未担保余值"科目，按租赁资产的原账面价值，贷记"融资租赁资产"科目，按上述科目计算后的差额，贷记"未实现融资收益"科目。

【案例】资料同前例，以下说明出租人（大华公司）的会计处理。

第一步，判断租赁类型。

本例存在优惠购买选择权，优惠购买价 100 元远远小于行使选择权日租赁资产的公允价值 80 000 元（100/80 000 = 0.125% < 5%），因此在 20××年 1 月 1 日就可合理确定宏远公司将会行使这种选择权，符合第 2 条判断标准。

第二步，计算租赁内含利率。

根据本准则第 13 条中租赁内含利率的定义，租赁内含利率是在租赁开始日，使最低租赁收款额的现值与未担保余值的现值之和等于租赁资产公允价值与出租人的初始直接费用之和的折现率。在本例中，

$$最低租赁收款额 = 租金 \times 期数 + 优惠购买价格$$
$$= 150\ 000 \times 6 + 100$$
$$= 900\ 100\ （元）$$

因此有：

$$150\ 000 \times P/A(6, R) + 100 \times P/V(6, R) = 700\ 000（租赁资产的公允价值）$$

根据这一等式，可在多次测试的基础上，用插值法计算租赁内含利率。

当 R = 7% 时

$$150\ 000 \times 4.767 + 100 \times 0.666 = 715\ 050 + 66.6$$
$$= 715\ 116.6（元） > 700\ 000 元$$

当 R = 8% 时

$$150\ 000 \times 4.623 + 100 \times 0.630 = 693\ 450 + 63$$
$$= 693\ 513（元） < 700\ 000 元$$

因此，7% < R < 8%。用插值法计算（过程同上）

R = 7.70%

即，租赁内含利率为 7.70%。

第三步，计算租赁开始日最低租赁收款额、初始直接费用与未担保余值之和及其现值，并确认未实现融资收益。

本例中由于不存在出租人初始直接费用，担保余值和未担保余值，因此，

最低租赁收款额 = 最低租赁付款额
$$= 150\ 000 \times 6 + 100$$
$$= 900\ 100（元）$$

最低租赁收款额现值 = 租赁开始日租赁资产公允价值
$$= 700\ 000（元）$$

未实现融资收益 = （最低租赁收款额 + 初始直接费用 + 未担保余值）
      － （最低租赁收款额的现值 + 初始直接费用现值 +
      未担保余值的现值）
$$= 900\ 100 - 700\ 000$$
$$= 200\ 100（元）$$

第四步，会计分录。

20××年1月1日

借：应收融资租赁款　　　　　　　　　　　　　　　　　900 100

　　贷：融资租赁资产　　　　　　　　　　　　　　　　700 000

　　　　递延收益——未实现融资收益　　　　　　　　　200 100

（2）未实现融资收益的分配。

未实现融资收益应当在租赁期内各个期间进行分配，确认为各期的融资收入。分配时，出租人应当采用实际利率法计算当期应确认的融资收入。

出租人每期收到租金时，按收到的租金金额，借记"银行存款"科目，贷记"应收融资租赁款"科目，同时，根据当期应确认的融资收入金额，借记"递延收益——未实现融资收益"科目，贷记"主营业务收入——融资收入"科目。

【案例】资料同前例，以下说明出租人对未实现融资租赁收益的处理。

会计处理：

第一步，计算租赁期内各期应分摊的融资收益，见表3－19：

表3－19　　　　　　　未确认融资收益分配表（实际利率法）

2008年1月1日　　　　　　　　　　　　　　　　单位：元

日期	租金	确认的融资收入	租赁投资净额减少额	租赁投资净额余额
①	②	③＝⑤×7.7%	④＝②－③	期末⑤＝期初⑤－④
（1）2008.1.1				700 000
（2）2008.6.30	150 000	53 900	96 100	603 900
（3）2008.12.31	150 000	46 500.3	103 499.7	500 400.3
（4）2009.6.30	150 000	38 530.82	111 469.18	388 931.12
（5）2009.12.31	150 000	29 947.7	120 052.3	268 878.82
（6）2010.6.30	150 000	20 703.67	129 296.33	139 582.49
（7）2010.12.31	150 000	10 517.51 *	139 482.49 *	100
合计	900 000	200 100		

＊做尾数调整：10 517.51 = 150 000 － 139 482.49

139 482.49 = 139 582.49 － 100

第二步，会计分录。

2008 年 6 月 30 日收到第一期租金时：

借：银行存款　　　　　　　　　　　　　　　　　　　150 000

　　贷：应收融资租赁款　　　　　　　　　　　　　　　　150 000

同时：

借：递延收益——未实现融资收益　　　　　　　　　　 53 900

　　贷：主营业务收入——融资收入　　　　　　　　　　　 53 900

2008 年 12 月 31 日收到第二期租金时：

借：银行存款　　　　　　　　　　　　　　　　　　　150 000

　　贷：应收融资租赁款　　　　　　　　　　　　　　　　150 000

同时：

借：递延收益——未实现融资收益　　　　　　　　　　 46 500.3

　　贷：主营业务收入——融资收入　　　　　　　　　　　 46 500.3

2009 年 6 月 30 日收到第三期租金时：

借：银行存款　　　　　　　　　　　　　　　　　　　150 000

　　贷：应收融资租赁款　　　　　　　　　　　　　　　　150 000

同时：

借：递延收益——未实现融资收益　　　　　　　　　　 38 530.82

　　贷：主营业务收入——融资收入　　　　　　　　　　　 38 530.82

2009 年 12 月 31 日收到第四期租金时：

借：银行存款　　　　　　　　　　　　　　　　　　　150 000

　　贷：应收融资租赁款　　　　　　　　　　　　　　　　150 000

同时：

借：递延收益——未实现融资收益　　　　　　　　　　 29 947.70

　　贷：主营业务收入——融资收入　　　　　　　　　　　 29 947.70

2010 年 6 月 30 日收到第五期租金时：

借：银行存款   150 000

    贷：应收融资租赁款   150 000

同时：

借：递延收益——未实现融资收益   20 703.67

    贷：主营业务收入——融资收入   20 703.67

2010 年 12 月 31 日收到第六期租金时：

借：银行存款   150 000

    贷：应收融资租赁款   150 000

同时：

借：递延收益——未实现融资收益   10 517.51

    贷：主营业务收入——融资收入   10 517.51

（3）未担保余值发生变动时的会计处理。

出租人至少应当于每年年度终了，对未担保余值进行复核。

在未担保余值增加时，不作任何调整。

如有证据表明未担保余值已经减少，应当重新计算租赁内含利率，并将由此而引起的租赁投资净额的减少计入当期损益；以后各期根据修正后的租赁投资净额和重新计算的租赁内含利率确认融资收入。其中，租赁投资净额是指，融资租赁中最低租赁收款额与未担保余值之和与未实现融资收益之间的差额。

如已确认损失的未担保余值得以恢复，应当在原已确认的损失金额内转回，并重新计算租赁内含利率，以后各期根据修正后的租赁投资净额和重新计算的租赁内含利率确定应确认的融资收入。

（4）或有租金的会计处理。

或有租金应在实际发生时计入当期损益。

其账务处理为：借记"应收账款""银行存款"等科目，贷记"主营业务收入——融资收入"等科目。

【案例】资料同前例，假设 2009 年和 2010 年，宏远公司分别实现塑钢窗户年销售收入 100 000 元和 150 000 元。根据租赁合同的规定，两年应向宏远公司收取的经营分享收入分别为 5 000 元和 7 500 元。

会计分录为：

2009 年：

借：银行存款（或应收账款）　　　　　　　　　　　5 000
　　贷：主营业务收入——融资收入　　　　　　　　　　5 000

2010 年：

借：银行存款（或应收账款）　　　　　　　　　　　7 500
　　贷：主营业务收入——融资收入　　　　　　　　　　7 500

（5）租赁期届满时的会计处理。

①租赁期届满时，承租人将租赁资产交还出租人。这对有可能出现四种情况：

● 存在担保余值，不存在未担保余值。

出租人收到承租人交还的租赁资产时，借记"融资租赁资产"科目，贷记"应收融资租赁款"科目。

● 存在担保余值，同时存在未担保余值。

出租人收到承租人交还的租赁资产时，借记"融资租赁资产"科目，贷记"应收融资租赁款""未担保余值"等科目。

● 存在未担保余值，不存在担保余值。

出租人收到承租人交还的租赁资产时，借记"融资租赁资产"科目，贷记"未担保余值"科目。

● 担保余值和未担保余值均不存在。

此时，出租人无需作账务处理，只需相应的备查登记。

②优惠续租租赁资产。

● 如果承租人行使优惠续租选择权，则出租人应视同该项租赁一直存在而作出相应的账务处理。

● 如果租赁期届满时承租人没有续租，根据租赁合同规定应向承租人收取违约金时，借记"其他应收款"科目，贷记"营业外收入"科目。同时，将收回的租赁资产按上述规定进行处理。

③留购租赁资产。

租赁期届满时，承租人行使了优惠购买选择权。出租人应按收到的承租人支付的购买资产的价款，借记"银行存款"等科目，贷记"应收融资租赁款"科目。

※会计政策、会计估计变更及差错更正

1. 追溯调整法的运用

（1）追溯调整法，是指对某项交易或事项变更会计政策，视同该项交易或事项初次发生时即采用变更后的会计政策，并以此对财务报表相关项目进行调整的方法。

采用追溯调整法时，将会计政策变更累积影响数调整列报前期最早期初留存收益，其他相关项目的期初余额和列报前期披露的其他比较数据也应当一并调整。

（2）追溯调整法在会计处理时有四个步骤。

①计算确定会计政策变更的累积影响数。

会计政策变更累积影响数，是指按照变更后的会计政策对以前各期追溯计算的列报前期最早期初留存收益应有金额与现有金额之间的差额。留存收益包括当年以前年度的未分配利润和按照相关法律规定提取并累积的盈余公积。调整期初留存收益是指对期初未分配利润和盈余公积两个项目的调整。

（注：2006年1月1日起施行的新《中华人民共和国公司法》，取消了提取法定公益金的规定。）

②进行相关的账务处理，即将累积影响数及相关项目记录到变更年

度中。

③调整会计报表相关项目。

企业在会计政策变更当年，应当调整资产负债表年初留存收益，以及利润表上年数栏有关项目。

④附注说明。

【案例】2010 年 12 月 31 日，A 公司发现 2009 年漏记了一项固定资产的折旧费用 100 000 元，所得税申报时也没有包括这笔费用，该公司 2009 年适用的所得税税率为 25%，该公司按净利润的 10% 提取法定盈余公积金，根据以上资料，A 公司账务处理如下：

（1）会计差错的分析。

上年少提折旧费 100 000 元，多计所得税 25 000 元（100 000×25%），多计净利润 67 000 元，多计应交税金 25 000 元，多提盈会公积 6 700 元，假定税法规定允许调整应交所得税。

（2）账务处理。

①补提税金时：

借：以前年度损益调整　　　　　　　　　　　　　　100 000

　　贷：累计折旧　　　　　　　　　　　　　　　　　　100 000

②调整所得税时：

借：递延所得税负债　　　　　　　　　　　　　　　 25 000

　　贷：以前年度损益调整　　　　　　　　　　　　　　 25 000

③将以前年度损益调整科目转入利润分配时：

借：利润分配——未分配利润　　　　　　　　　　　 67 000

　　贷：以前处度损益调整　　　　　　　　　　　　　　 67 000

④调整利润分配有关数字：

借：盈余公积　　　　　　　　　　　　　　　　　　 6 700

　　贷：利润分配——未分配利润　　　　　　　　　　　　6 700

（3）调整年度其他项目（略）。

【**案例**】A 公司 2009 年 3 月销售给 B 公司一批货物，应收账款为 1 000 000元，合同规定 2 个月后付款，由于 B 公司经营恶化，直到 2009 年 12 月 31 日尚未付款，A 公司 2009 年年终对该项应收款项计提了 15% 的坏账准备。税法规定，坏账准备按 0.5% 比例予以纳税前扣除。2009 年 12 月 31 日，资产负债表上已把该项应收款项 1 000 000 元计入"应收账款"，2010 年 5 月 26 日，A 公司接到法院公告，B 公司宣告破产，A 公司预计该项款项只能收回 30%。

A 公司账务处理如下：

补提坏账准备时：

应补提的坏账准备 = 1 000 000 × （70% − 15%）

       = 550 000（元）

借：以前年度损益调整   550 000

  贷：坏账准备   550 000

调整所得税时：

借：递延所得税资产   181 500

  贷：以前年度损益调整   181 500

将以前年度损益调整转入利润分配时：

借：利润分配——未分配利润   368 500

  贷：以前年度损益调整   368 500

调整利润分配相关数字时：

借：盈余公积   36 850

  贷：利润分配——未分配利润   36 850

调整年度其他项目（略）。

2. 会计估计变更的会计处理

（1）会计估计是指，企业对其结果不确定的交易或事项以最近可利用的信息为基础所作的判断。需要进行会计估计的项目通常有：坏账；存货遭受毁损，全部或部分陈旧过时；固定资产的使用年限与净残值；无形资产的受益期限等等。

会计估计变更，是指由于资产和负债的当前状况及预期经济利益和义务发生了变化，从而对资产或负债的账面价值或者资产的定期消耗金额进行调整。

企业发生会计估计变更的情形有如下几种：

①赖以进行估计的基础发生了变化。例如，固定资产使用年限原预计为30年，后因发生地震，导致建筑物的结构受到一定影响，应将使用年限缩短为25年。

②取得了新的信息、积累了更多的经验以及后来的发展变化。例如，对甲公司原按10%计提坏账准备，新的信息表明，甲公司的财务状况发生恶化，计提比例改为20%。

（2）对于会计估计变更，企业应采用未来适用法。如果无法分清会计政策变更和会计估计变更，也应按会计估计变更，采用未来适用法进行会计处理。

会计估计变更仅影响变更当期的，其影响数应当在变更当期予以确认；既影响变更当期又影响未来期间的，其影响数应当在变更当期和未来期间予以确认。

（3）企业应当在附注中披露与会计估计变更有关的下列信息：

①会计估计变更的内容和原因。

②会计估计变更对当期和未来期间的影响数。

③会计估计变更的影响数不能确定的，披露这一事实和原因。

【案例】甲公司2008年12月购入一台管理用电子设备，原价为32万元，预计使用年限5年，预计净残值2万元。购入时，企业采用直线法计提折旧，2010年1月1日起，折旧方法由直线法改为年数总和法，净残值由2万元改为1万元，折旧年限由5年改为4年。要求对2010年会计估计变更采用未来适用法进行处理。假设甲公司按直线法计提的折旧可在所得税前抵扣；所得税采用资产负债表债务法核算，所得税税率为 25%。

（1）会计估计变更前 2010 年折旧额 =（32 万 − 2 万）/5 = 6（万元）

（2）会计估计变更后 2010 年折旧额 = 应计提折旧总额 × 尚可使用年限/年数总和 =（32 万 − 6 万 − 1 万）× 3/6 = 25 × 3/6 = 12.5（万元）

（3）会计估计变更对净利润的影响数 =（6 − 12.5）× 75% = − 4.875（万元），即由于估计变更，使 2008 年净利润减少了 4.875 万元。

［注：2008 年末固定资产账面价值为 13.5 万元（32 − 6 − 12.5），计税基础为 20 万元（32 − 6 − 6），可抵扣暂时性差异为 6.5 万元（20 − 13.5），故在增加递延所得税资产 1.625 万元（6.5 × 25%）同时，减少所得税费用 1.625 万元］

（4）在会计报表附注中披露：会计估计变更的内容和原因、会计估计变更的影响数（略）。

※ 资产负债表日后事项案例及说明

1. 资产负债表日后调整事项的会计处理

（1）资产负债表日后发生的调整事项，应当如同资产负债表所属期间发生的事项一样，作出相关账务处理，并对资产负债表日已编制的会计报表作相应的调整。需要调整的会计报表包括资产负债表、利润表、所有者权益变动表和现金流量表的补充资料内容（即根据权责发生制原则所编的报表），但不包括现金流量表正表。

（2）资产负债表日后发生的调整事项，应当分别以下情况进行账务处理：

① 涉及损益的事项，通过"以前年度损益调整"科目核算。"以前年度损益调整"科目的贷方表示利润的增加（即收入增加或费用减少），借

方表示利润的减少（即收入的减少或费用增加），期末余额，转入"利润分配——未分配利润"科目。

②涉及利润分配调整的事项，直接调增、调减"利润分配——未分配利润"。

③不涉及损益和利润分配的事项，直接调整相关的资产、负债和所有者权益。

（3）账务处理后，还应同时调整会计报表相关项目的数字，包括：

①调整资产负债表日编制的会计报表。在一般情况下，调整利润表中报告年度的损益和资产负债表中的年末数，如报告年度为20××年，则调整20××年利润表和所有者权益变动表的发生额及20××年资产负债表的年末数。

②调整当年编制的会计报表的年初数。

③提供比较会计报表时，涉及前期数的，还应调整报表中的前期数。

（4）重编附注：调整之后和调整之前发生了变化，如或有事项在资产负债表日后成为确定性事项，附注要重编。

【案例】宏远公司2009年4月销售给乙公司一批产品，价款为5 000万元（含增值税），乙公司同月收到并已入库。合同规定一个月内付款。由于财务困难，乙公司到该年12月31日仍未付款。甲公司编制年报时已为该应收账款计提坏账准备500万元（10%）。宏远公司于2010年1月21日收到乙公司通知，乙公司已破产清算，预计宏远公司可收回30%的应收账款，此时，宏远公司年报未批准报出。

分析：

（1）该事项属于调整事项，因此补提坏账准备：

5 000×70% － 500 ＝ 3 000（万元）

借：以前年度损益调整 　　　　　　　　　　　　30 000 000

　　贷：坏账准备 　　　　　　　　　　　　　　30 000 000

（2）调整应交所得税：

$3\ 000 \times 25\% = 750$（万元）

借：应交税费——应交所得税   7 500 000

  贷：以前年度损益调整   7 500 000

（3）将"以前年度损益调整"科目的余额转入"利润分配"：

$3\ 000 - 750 = 2\ 250$（万元）

借：利润分配——未分配利润   22 500 000

  贷：以前年度损益调整   22 500 000

（4）调整与利润分配有关的金额：

$2\ 250 \times 15\% = 337.5$（万元）

借：盈余公积   3 375 000

  贷：利润分配——未分配利润   3 375 000

【案例】甲公司和乙公司于 2009 年签订了一项供销合同，合同中规定甲公司在 2009 年 10 月向乙公司提供一批物资。但是甲公司未能按照合同发货，致使乙公司发生重大经济损失 55 万元。乙公司通过法律程序要求甲公司赔偿经济损失 55 万元，该诉讼案件在 2009 年 12 月 31 日尚未结案。甲公司确认了 40 万元的预计负债并将该项赔偿款在 2009 年度的会计报表中进行了反映；乙公司未记录应收赔偿款。2010 年 2 月 22 日，经法院一审判决，甲公司需要赔付乙公司经济损失 50 万元，甲公司不再上诉，支付了赔偿款。两企业均已进行了纳税申报。

上述例子中甲公司已经确认了预计负债，其确认预计负债的会计分录为：

借：营业外支出   400 000

  贷：预计负债   400 000

而按照《企业会计准则 13 号——或有事项》的规定，乙公司不应当确认或有资产。

对此调整事项的会计处理：

甲公司：

（1）记录支付的赔偿款，并将企业的或有负债确定为一项真实负债。

借：以前年度损益调整——调整营业外支出　　　　　　　100 000

　　贷：其他应付款　　　　　　　　　　　　　　　　　　　　100 000

借：预计负债　　　　　　　　　　　　　　　　　　　400 000

　　贷：其他应付款　　　　　　　　　　　　　　　　　　　　400 000

（通过上述会计处理）

支付赔款：

借：其他应付款　　　　　　　　　　　　　　　　　　500 000

　　贷：银行存款　　　　　　　　　　　　　　　　　　　　　500 000

（2）调整应交所得税。

该企业已完成纳税申报，故将此事项对上期所得税的影响额于本期调整。根据新的会计准则对所得税的处理规定，做会计分录如下：

借：递延所得税资产　　　　　　　　　　　　　　　　33 000

　　贷：以前年度损益调整　　　　　　　　　　　　　　　　　33 000

（3）将"以前年度损益调整"科目余额转入"利润分配——未分配利润"。

借：利润分配——未分配利润　　　　　　　　　　　　67 000

　　贷：以前年度损益调整　　　　　　　　　　　　　　　　　67 000

（4）调整利润分配有关数字。

借：盈余公积　　　　　　　　　　　　　　　　　　　10 050

　　贷：利润分配——未分配利润　　　　　　　　　　　　　　10 050

（5）调整报告年度会计报表相关项目的数字。

其一，资产负债表项目的调整：

调增递延所得税资产 3.3 万元；调增应付及预收款项 50 万元；调减预计负债 40 万元；调减盈余公积 1.005 万元，调减未分配利润 5.695 万元。

其二，利润表及利润分配表项目的调整：

调增营业成本 10 万元；调减所得税 3.3 万元；调减提取法定盈余公积

6.7 万元；调减提取法定公益金 0.335 万元；调减未分配利润 5.695 万元。

其三，所有者权益变动表项目的调整：

调减提取法定盈余公积 0.67 万元；调减提取法定公益金 0.335 万元；调减未分配利润 5.695 万元。

（6）调整 2005 年 3 月资产负债表相关项目的年初数。

乙公司：

（1）记录已收到的赔偿款。

借：其他应收款　　　　　　　　　　　　　　　　　　　500 000
　　贷：以前年度损益调整——调整营业外收入　　　　　　　　　500 000
借：银行存款　　　　　　　　　　　　　　　　　　　　500 000
　　贷：其他应收款　　　　　　　　　　　　　　　　　　　　500 000

（2）调整所得税费用。

该企业已完成纳税申报，故将此事项对上期所得税的影响额于本期调整。根据新的会计准则对所得税的处理规定，做会计分录如下：

借：以前年度损益调整　　　　　　　　　　　　　　　165 000
　　贷：递延所得税负债　　　　　　　　　　　　　　　　　　165 000

（3）将"以前年度损益调整"科目余额转入利润分配。

借：以前年度损益调整　　　　　　　　　　　　　　　335 000
　　贷：利润分配——未分配利润　　　　　　　　　　　　　335 000

（4）调整利润分配有关数字。

借：利润分配——未分配利润　　　　　　　　　　　　　50 250
　　贷：盈余公积　　　　　　　　　　　　　　　　　　　　50 250

（5）调整报告年度会计报表相关项目的数字。

其一，资产负债表相关项目的调整：

调增应收及预付款项 50 万元；调增递延所得税负债 16.5 万元；调增盈余公积 5.025 万元；调增未分配利润 28.475 万元。

其二，利润表及利润分配表项目的调整：

调增营业收入 50 万元；调增所得税 16.5 万元；调增提取法定盈余公积 3.35 万元；调增提取法定公益金 1.675 万元；调增未分配利润 28.475 万元。

其三，所有者权益变动表的调整：

调增提取法定盈余公积 3.35 万元；调增提取法定公益金 1.675 万元；调增未分配利润 28.475 万元。

（6）调整 2005 年 3 月资产负债表相关项目的年初数。

2. 资产负责债表日后非调整事项的会计处理

资产负债表日后发生的非调整事项，是资产负债表日以后才发生或存在的事项，不需要对资产负债表日编制的报表进行调整。但由于事项重大，如不加以说明，将会影响财务报告使用者作出正确估计和决策，因此，应在会计报表附注中加以披露。

企业发生的资产负债表日后非调整事项，通常包括下列各项：

（1）资产负债表日后发生重大诉讼、仲裁、承诺。

（2）资产负债表日后资产价格、税收政策、外汇汇率发生重大变化。

（3）资产负债表日后因自然灾害导致资产发生重大损失。

（4）资产负债表日后发行股票和债券以及其他巨额举债。

（5）资产负债表日后资本公积转增资本。

（6）资产负债表日后发生巨额亏损。

（7）资产负债表日后发生企业合并或处置子公司。

【案例】宏远股份有限公司（以下简称宏远公司）在资产负债表日至财务报告批准报告日之间，同时收到甲、乙两公司破产清算的通知。宏远公司对甲、乙的应收账款无法全部收回，并预计只能收回 20%。其中，对甲公司的欠款，宏远公司在资产负债表日即 12 月 31 日结账时，已经知道有可能无法全部收回，按本准则规定作为调整事项处理了。而对乙公司的欠款，宏远公司在 12 月 31 日结账时，没有迹象表明无法全部收回，在资产负债表日至财务报告批准报出日期间，宏远公司相继获知乙公司财务状况恶化，致使欠款无法全部收回的事实是资产负债表日后发生的，按本准则规定，属于非调整事项。

第 4 章

合并报表相关准则的变化点及案例说明

内容提要

◎新准则制定背景及突破

◎新准则与国际会计准则的比较分析

◎合并会计报表新旧准则内容比较

◎合并会计报表新会计准则的主要内容

◎新准则案例运用及说明

◎ 新准则制定背景及突破

1. 新准则制订背景

我国财政部于1992年11月发布的《企业会计准则》中规定："企业对外投资如占被投资企业资本总额半数以上，或者实质上拥有被投资企业控制权的，应当编制合并会计报表。"这是我国有关于合并会计报表编制要求的最早规范性文件。此后，1995年2月，财政部制订并颁布了《合并会计报表暂行规定》（下称《暂行规定》），填补了我国长期以来企业合并会计报表实务在理论上的空白。之后，在1998年1月发布的《股份有限公司会计制度——会计账户和会计报表》和2000年12月颁布的《企业会计制度》第158条中都规定："公司对其他单位投资如占该单位资本总额50%以上（不含50%），或虽然占该单位资本总额不足50%但具有实质控制权的，应当编制合并会计报表。"而关于合并会计报表的合并范围、合并原则、编制程序和方法等则按照《暂行规定》执行。可以看出，在过去的近10年多时间中，该规定在指导合并会计报表编制的实践方面发挥着相当重要的作用，然而，随着资本市场的发展和会计准则国际趋同步伐的加快，一些股份制企业开始公开发行股票，并在上海、深圳证券交易所上市交易，或到中国香港、纽约等海外证券交易所上市交易。为了满足海内外证券上市的需要，这些股份制企业均按规定对外编报合并会计报表。

为了规范企业对合并报表的会计处理和相关信息的披露，财政部在借鉴国际财务报告准则和充分考虑我国特殊国情的基础上，根据《企业会计准则——基本准则》制订了本准则。

2. 准则主要特点及突破

合并财务报表准则是在我国《合并会计报表暂行规定》 ［财会字（1995）11 号］的基础上，参照《国际财务报告准则第 27 号——合并财务报表和单独财务报表》的规定和我国上市公司、国有企业等在合并财务报表方面的实际情况制订的。新准则主要有以下特点：

（1）以控制为基础确定合并财务报表的合并范围。母公司所控制的所有子公司都必须纳入合并范围，包括母公司直接或通过子公司间接拥有半数以上表决权的子公司和母公司拥有半数或以下的表决权但能够控制的子公司。但是，按照破产程序，已宣告被清理整顿的子公司、已宣告破产的子公司、非持续经营的所有者权益为负数的子公司、母公司不再控制的子公司、联合控制主体和其他非持续经营的或母公司不能控制的被投资单位不应纳入合并范围。

（2）取消了比例合并法，对于联合控制主体（合营企业），在合并财务报表中应采用权益法进行会计处理。

（3）确定合并范围时不再强调重要性原则，即无论是小规模的子公司还是经营业务性质特殊的子公司均纳入合并范围，重要性原则的运用主要体现在内部交易的抵销和相关信息的披露上。

（4）规定子公司所有者权益中不属于母公司的份额，应作为非控制权益在合并资产负债表所有者权益项目下单独列示。

（5）明确了合并现金流量表正表和补充资料的编制方法。

◎ 新准则与国际会计准则的比较分析

1. 合并政策的比较

对于编制合并财务报表的要求，新准则和国际会计准则都要求母公司编制合并财务报表，并都规定了编制合并财务报表的例外情况。不过两个准则在具体的规定方面还是存在一定的差异，比如在新准则的第四条中规定：根据法律、法规和制度需要对外提供合并财务报表的，投资者、债权人要求提供合并财务报表的，企业管理层为管理目的需要编制合并财务报表的，应当按照本准则规定编制合并财务报表。

2. 关于合并报表报告日

中外会计准则对合并财务报表的报告日一般都规定以母公司报表的报告日为基准，并要求子公司财务报表报告日应与母公司保持一致。但是对于报告日不同的情形，国际会计准则中要求，子公司通常为合并需要应编制与母公司报表日相同的财务报表。此外，IAS27 还规定，若子公司资产负债表日与母公司资产负债表日相差在三个月以内时，也可以以三个月以内子公司编制的会计报表为基础编制合并会计报表，但应对子公司资产负债报表日与母公司资产负债表日之间发生的重大交易或其他事项的影响作必要的调整。

新准则中指出母公司应当统一子公司的财务报表决算日和会计期间，使子公司的财务报表决算日和会计期间与母公司保持一致。子公司的财务报表决算日和会计期间与母公司不一致的，母公司应当按照自身的决算日和会计期间对子公司财务报表进行调整；或者要求子公司按照母公司的决算日和会计期间另行编制财务报表。不过，我国没有规定两者报告日之间差别的最大值。

3. 会计政策

一般地，各国会计准则都要求子公司与母公司采用统一的会计政策。IAS27 规定，如果被合并的主体对类似交易和事项，采用了与在合并财务报表不同的会计政策，编制合并财务报表时必须加以调整。新准则要求母公司应当统一子公司所采用的会计政策，使子公司采用的会计政策与母公司保持一致。子公司所采用的会计政策与母公司不一致的，母司应当按照自身的会计政策对子公司财务报表进行必要的调整；或者要求子公司按照公司的会计政策另行编制财务报表。

4. 少数股东权益的列报

在国际会计准则和我国准则征求意见稿中，对少数股东权益的列示要求基本一致，在合并财务报表中，少数股东权益应与负债和母公司的股东权益分开列示。如在 IAS27 中，少数股东权益应在资产负债表的权益类中单独列示，在损益表中当期净损益分为归属于母公司股东的及归属于少数股东的两类，分别列报。而按照新准则第 13 条规定，子公司所有者权益中不属于母公司的份额，应当作为非控制权益。非控制权益应当以子公司资产负债表日的股本结构为基础确定，在合并资产负债表中所有者权益项目下以"非控制权益"项目单独列示。此外，子公司当期净损益中属于非控制权益的份额，应当以子公司资产负债表日的股本结构为基础确定，在合并利润表"净利润"项目下以"非控制权益损益"项目列示。

◎合并会计报表新旧准则内容比较

1. 相关概念界定上的差异

新准则中，合并财务报表是指反映母公司和其全部子公司形成的企业集团整体财务状况、经营成果和现金流量的财务报表。与《合并会计报表暂行规定》相比，合并财务报表增加了合并现金流量表和合并所有者权益变动表。

子公司概念的界定对于合并财务报表的编制相当重要，直接关系到合并财务报表的合并范围。新准则中，母公司是指有一个或一个以上子公司的企业（或主体），子公司是指"被母公司控制的企业"，是基于"控制"理念定义子公司。当母公司能够决定一个主体的财务和经营政策，并能据以从该主体的经营活动中获取利益时，就对其具有控制权，这样更注重经济实质。

2. 合并范围的差异

新旧准则对合并范围的规定基本一致，旧准则中有不纳入合并会计报表范围的规定，但是新准则中删除了此项规定，强调以控制为基础确定合并范围。此外，将母公司控制的所有子公司都纳入合并范围，还体现在对特殊行业子公司以及小规模公司的合并上。同受两方或多方控制的合营企业不完全符合控制的定义，因此在新准则中取消了合并比例法的适用，而只是规定对合营企业应采用权益法进行核算。

【案例】A、B 和 C 主体分别拥有 D 主体 40%、30%、30% 的在股东大会上有表决权的普通股。A 主体还拥有买入期权，该买入期权可以在任何时候以基础股票的公允价值执行，且如果执行，将给 A 主体带来 20% 的 D 主体的额外表决权，并且使 B 主体和 C 主体的权益各下降至 20%。如果执行该期权，A 主体将控制超过半数的表决权。考虑潜在表决权的存在，确定 A 主体控制 D 主体，没有例外的情况下 A 主体应将 D 主体纳入合并财务报表范围。

3. 合并程序上的差异

新旧准则均规定母子公司应当统一会计政策及会计期间，若尚未统一，要按照母公司的会计政策或会计期间对子公司财务报表进行调整；或要求子公司按此规定另行编报财务报表。当子公司与母公司所规定的会计政策差异不大，并且对财务状况和经营成果影响不大时，按照旧准则母公司可直接利用该会计报表编制合并会计报表，而新准则对此例外予以取消。

4 合并报表具体操作方法上的差异

（1）合并资产负债表。

①新准则规定，在购买日，母公司对子公司的长期股权投资与母公司在子公司所有者权益中所享有的份额的差额，应当在商誉项目列示，商誉发生减值的，应当按照经减值测试后的金额列示。而旧准则规定抵销时发生的合并价差，在合并资产负债表中以"合并价差"项目在长期股权投资中单独反映。

【案例】假设某母公司对其子公司长期股权投资的数额为 30 000 元，并拥有该子公司 80% 的股份。该子公司所有者权益总额为 35 000 元，其中实收资本为 20 000 元；资本公积为 8 000 元，盈余公积为 1 000 元，未分配利润为 6 000 元。

分析：母公司对子公司长期股权投资额 30 000 元与其在子公司所有者权益总额中所拥有的份额 28 000 元（35 000 × 80%）元之间的差额，应作为商誉列示。至于子公司所有者权益中的 20% 的部分，则属于少数股东权益，在抵销处理时应作为少数股东权益处理。母公司应作以下抵销分录：

借：实收资本　　　　　　　　　　　　　　　　　　20 000

　　资本公积　　　　　　　　　　　　　　　　　　　8 000

　　盈余公积　　　　　　　　　　　　　　　　　　　1 000

　　未分配利润　　　　　　　　　　　　　　　　　　6 000

　　商誉　　　　　　　　　　　　　　　　　　　　　2 000

　贷：长期股权投资　　　　　　　　　　　　　　　　30 000

　　　少数股东权益　　　　　　　　　　　　　　　　　7 000

②新准则规定母公司与子公司、子公司相互之间的债券投资与应付债券相互抵销后，产生的差额应当计入投资收益项目。而旧准则规定对于长期债权投资中内部债券投资与应付债券抵销时发生的差额，作为合并价差处理。

③新准则规定母公司与子公司、子公司相互之间销售商品（或者提供劳务）或其他方式形成的存货、固定资产、工程物资、在建工程、无形资产等包含的未实现内部销售损益应当抵销。而旧准则只提及母公司与子公司、子公司相互之间发生的存货、固定资产的交易所产生的未实现内部销售利润的抵销。

④新准则规定子公司所有者权益中不属于母公司的份额，应当作为少数股东权益，在合并资产负债表中所有者权益下以"少数股东权益"项目列示。而旧准则规定子公司所有者权益各项目中不属于母公司拥有的数额，应当作为少数股东权益，在合并资产负债表中所有者权益类项目之前，单列一类，以总额反映。

⑤新旧准则对于外币财务报表折算要求基本一致，差异仅是新准则要求需要将外币财务报表折算差额属于少数股东权益的部分，并入少数股东权益项目中去。

（2）合并利润表。

①新准则规定母公司与子公司、子公司相互之间销售商品（或提供劳务）或其他形式的存货、固定资产、工程物资、在建工程、无形资产等包含的未实现内部销售损益予以抵销，且对存货、固定资产、工程物资、在建工程、无形资产等计提的跌价准备或减值准备与未实现内部销售损益相关的部分也应当抵销。而旧准则只提及母公司与子公司、子公司之间发生的存货、固定资产的交易所产生的未实现内部销售利润的抵销。

②新准则允许所有者权益为负数却仍能控制的子公司纳入合并，所以存在少数股东分担的当期亏损超过了少数股东在该子公司期初所有者权益中所享有的份额的情况，新准则做了如下规定：

● 公司章程或协议规定少数股东有义务承担，并且少数股东有能力予以弥补的，该项余额应当冲减少数股东权益；

● 公司章程或协议未规定少数股东有义务承担的，该项余额应当冲减母公司的所有者权益。该子公司以后期间实现的利润，在弥补了由母公司所有者权益所承担的属于少数股东的损失之前，应当全部归属于母公司的所有者权益。

● 新准则规定子公司当期净损益中属于少数股东权益的份额，应当在合并利润表净利润项目下以"少数股东损益"项目列示。而旧准则规定少数股东损益应当在合并损益表中单列"少数股东损益"项目，在"净利润"之前列示。

● 新准则规定利润表中的收入和费用项目，采用交易发生日的即期汇率折算或按照系统合理的方法确定、与交易发生日即期汇率近似的汇率折算，而旧准则规定损益表所有项目和利润分配表中有关反映发生额的项目应当按照合并会计报表的合并期间的平均汇率折算或采用合并会计报表决算日的市场汇率折算。

（3）合并现金流量表。

新准则第一次提出了合并现金流量表的编制要求。

①母公司与子公司、子公司相互之间当期以现金投资或收购股权增加的投资所产生的现金流量应当抵销。

②母公司与子公司、子公司相互之间当期取得投资收益收到的现金，应当与分配股利、利润或偿付利息支付的现金相互抵销。

③母公司与子公司、子公司相互之间以现金结算债权与债务所产生的现金流量应当抵销。

④母公司与子公司、子公司相互之间当期销售商品所产生的现金流量应当抵销。

⑤母公司与子公司、子公司相互之间处置固定资产、无形资产和其他长期资产收回的现金净额，应当与购建固定资产、无形资产和其他长期资产支付的现金相互抵销。

⑥母公司与子公司、子公司相互之间当期发生的其他交易所产生的现金流量应当抵销。

合并现金流量表补充资料可以根据合并资产负债表和合并利润表进行编制。

【案例】母公司经董事会同意向子公司追加投资20 000元，20××年7月20日，以银行转账方式注入资金。

分析：从合并财务报表主体来说，因为他们属于同一主体，在编制合并财务报表时，应予以抵销，分录为：

借：投资活动现金流量——投资所支付的现金　　　　　　20 000
　　贷：筹资活动现金流量——吸收投资所收到的现金　　　　20 000

【案例】母公司拥有某子公司80%的股份。假设该子公司2009年实现净利润40 000元，经股东大会同意于2010年4月30日按净利润的10%向投资者分派现金股利。母公司收到现金股利3 200元。则抵销分录如下：

借：筹资活动现金流量——分配股利、利润或偿付利息所支付的现金
　　　　　　　　　　　　　　　　　　　　　　　　　　　　3 200

　　贷：投资活动现金流量——取得投资收益所收到的现金　　3 200

【案例】某子公司个别资产负债表存货项目中有 20 000 元为本期从母公司购进的存货。母公司本期销售该商品的销售收入为 20 000 元（不考虑增值税），销售成本为 14 000 元，销售毛利为 30%，该笔销售在当期全部收到现金。对此，编制现金流量表时，必须将现金销售收入予以抵销，分录如下：

    借：经营活动现金流量——购买商品支付的现金   20 000

        贷：经营活动现金流量——销售商品收到的现金   20 000

【案例】母公司向其子公司销售母公司生产的设备，取得收入 50 000 元，该设备生产成本为 40 000 元。母公司在本期收到该笔款项。对此，编制现金流量表时，需要将母公司相应的现金收入和子公司的现金流出予以抵销，分录如下：

    借：投资活动现金流量——购建固定资产支付的现金   50 000

        贷：经营活动现金流量——销售商品收到的现金   50 000

（4）合并所有者权权益变动表。

新准则下要求编制合并所有者权益变动表。合并所有者权益变动表以母公司和子公司的所有者权益变动表为基础，在抵销母公司与子公司、子公司相互之间发生的内部交易对合并所有者权益变动表的影响后，由母公司合并编制。也可以根据合并资产负债表和合并利润表编制。具体要求如下：

①母公司对子公司的长期股权投资应当与母公司在子公司所有者权益中所享有的份额相互抵销。

各子公司之间的长期股权投资以及子公司对母公司的长期股权投资，应当比照此规定，将长期股权投资与其对应的子公司或母公司所有者权益中所享有的份额相互抵销。

②母公司对子公司、子公司相互之间持有对方长期股权投资的投资收益，应当与对方当期净利润相互抵销。

③母公司与子公司、子公司相互之间当期发生的其他交易对所有者权

益变动的影响应当抵销。

④有少数股东的，应当在合并所有者权益变动表中增加"少数股东权益"栏目，反映少数股东权益变动的情况。

5. 披露

新旧准则在这个方面的要求基本一致，新准则提出了几方面的新要求：

（1）子公司表决权比例；

（2）子公司向母公司转移资金能力受严格限制情况的披露；

（3）本期不再纳入合并范围的原子公司，说明原子公司的名称、注册地、业务性质、母公司的持股比例和表决权比例，本期不再成为子公司的原因，其在处置日和上一会计期间资产负债表日资产、负债和所有者权益的金额以及本期期初至处置日的收入、费用和利润的金额。

6. 合并会计报表实务操作中注意的问题

（1）在判断母公司对被投资企业是否具有实质控制权时，除了新准则中所规定的情形外，股权关系不是判断合并的先决条件，不必设最低持股比例，应重视控制的判断条件而非持股比例。

（2）对于母公司持股比例超过50%，但认为对其不具有控制权的被投资单位，为避免操纵，应纳入合并范围。

（3）母公司虽然对其子公司持有50%以上权益性资本，但已将此子公司委托给其他企业经营管理，或者由其他企业承包，这类子公司是否应纳入合并范围？应分情况具体处理：

●委托方的处理应具体情况具体分析，要考虑的因素有委托性质、控制与否、期限长短、获利方式、风险报酬是否转移等。不符合控制条件的不合并，否则应当合并。

●受托方的处理：考虑控制与获利方式。有股权的应当合并，无股权的则无需合并；同时考虑风险报酬的转移。

（4）当母公司将对子公司的控制权委托给管理层行使或者放弃行使控制权时，是否可以认为母公司丧失了对子公司的控制权？分情况处理：已丧失控制权的，无法控制子公司的财务与经营决策；未丧失控制权的，委托或放弃不等于无力行使。

（5）当存在多层控股结构时，该结构中的所有母公司都必须编制合并会计报表。

7. 对企业财务状况的影响

（1）新准则中合并范围以控制为基准，势必将对合并会计报表产生较大影响。原会计制度规定对不重要的子公司（如持股比例小于10%）可以不纳入合并范围；特殊业务的子公司，如金融业，可以不纳入合并范围。但新准则规定应纳入合并范围，这样将增加合并报表的资产和权益，收入和利润，对企业财务状况、经营成果和现金流量具有较大的影响。

（2）新准则对合并会计报表的质量和精确度提出了更高的要求，要求更深层次的剥去关联交易对合并报表带来的影响，进一步降低企业财务风险，同时也会增加企业的财务成本。母子公司、各子公司之间交易频繁，特别是制造业和商品流通企业，往来业务很多。按照新准则，子公司所采用的会计政策与母公司不一致的，应当按照母公司的会计政策对子公司的财务报表进行调整；或者要求子公司按照母公司的会计政策另行编制财务报表。同时取消了当子公司与母公司所规定的会计政策差异不大，并且对财务状况和经营成果的影响不大时，可直接利用子公司会计报表编制合并会计报表的规定，再加上特殊行业等，只要在控制范围内也应并入合并范围的规定，鉴于目前不少集团公司内部涉及多行业的情况，合并会计报表进一步增加。

（3）新的合并财务报表准则所依据的基本合并理论已发生变化，从侧重母公司理论转为侧重实体理论。合并报表范围的确定更关注实质性控制，母公司对所有能控制的子公司均需纳入合并范围，而不一定考虑股权比例。所有者权益为负数的子公司，只要是持续经营的，也应纳入合并范围。这一变革，将对上市公司合并报表利润产生较大影响。新准则使得母公司必须承担所有者权益为负的子公司的债务，并会使一些隐藏的或有债务显现，与此同时，新准则也可以防止一些通过关联交易调节利润的手段。

◎合并会计报表新会计准则的主要内容

※合并财务报表概述

1. 合并财务报表概念

合并财务报表，是指反映母公司和其全部子公司形成的企业集团整体财务状况、经营成果和现金流量的财务报表。其中，母公司是指有一个或一个以上子公司的企业；子公司是指被母公司控制的企业。

合并财务报表至少应当包括下列组成部分：

（1）合并资产负债表。

（2）合并利润表。

（3）合并现金流量表。

（4）合并所有者权益（或股东权益，下同）变动表。

（5）附注。

与母公司的个别财务报表相比。合并财务报表由于涵盖了构成一个企业集团的各个组成部分，是综合地反映企业集团整体情况的财务报表，具有以下特点：

（1）合并财务报表反映的是经济意义主体的财务状况、经营成果及现金流量。合并财务报表反映的是企业集团整体的财务状况、经营成果和现金流量，其范围包括了若干个法人（包括母公司及其全部子公司）实体组成的会计主体，而不是单个意义上的法律主体。

（2）合并财务报表的编制主体是母公司。仅在能够对其他企业实施控制，形成母子公司关系的情况下，母公司才需要编制合并财务报表，并不是所有企业均需编制合并财务报表。

（3）合并财务报表的编制基础是构成企业集团的母、子公司的个别财务报表。合并财务报表是在对纳入合并范围的企业的个别报表数据进行加总的基础上，结合其他相关资料，在合并工作底稿上通过编制抵销分录将企业集团内部交易的影响予以抵销之后形成的。

（4）合并财务报表的编制遵循特定的方法。合并财务报表是在对纳入合并范围的企业个别财务报表或经调整的个别财务报表进行加总的基础上，通过编制抵销分录将企业集团内部的经济业务对个别会计报表的影响予以抵销，然后合并会计报表各项目的数额编制的。

2. 合并财务报表范围的确定

合并财务报表的合并范围应当以控制为基础予以确定。

（1）母公司直接或通过子公司间接拥有被投资单位半数以上的表决权，表明母公司能够控制被投资单位，应当将该被投资单位认定为子公司，纳入合并财务报表的合并范围。但是，有证据表明母公司不能控制被投资单位的除外。

（2）母公司拥有被投资单位半数或以下的表决权，且满足下列条件之一的，视为母公司能够控制被投资单位，但是，有证据表明母公司不能控制被投资单位的除外：

①通过与被投资单位其他投资者之间的协议，拥有被投资单位半数以上的表决权。

②根据公司章程或协议，有权决定被投资单位的财务和经营政策。

③有权任免被投资单位的董事会或类似机构中的多数成员。

④在被投资单位的董事会或类似机构占多数表决权。

（3）在确定能否控制被投资单位时，应当考虑企业和其他企业持有的被投资单位的当期可转换公司债券、当期可执行的认股权证等潜在表决权因素。

母公司应当将其全部子公司，无论是小规模的子公司还是经营业务性质特殊的子公司，均纳入合并财务报表的合并范围。

3. 合并财务报表的准备工作

（1）统一母子公司的会计政策。

在编制合并财务报表前，应统一母、子公司会计政策，使子公司采用的会计政策与母公司保持一致。

子公司采用的会计政策与母公司不一致的，母公司在编制合并财务报表时，可以按以下方式进行调整：一是由母公司按照其自身的会计政策对子公司财务报表进行必要的调整，调整时应当考虑重要性原则；二是母公司要求子公司按照母公司的会计政策另行编制用于合并报表目的的财务报表。

（2）统一母子公司的会计期间。

母公司和子公司的个别财务报表只有在反映财务状况的日期和反映经营成果的会计期间一致的情况下，才能进行合并。为了编制合并财务报表，子公司的会计期间包括资产负债表日应当与母公司保持一致。

（3）对子公司以外币表示的会计报表进行折算。

对母公司和子公司的会计报表进行合并，其前提必须是母子公司个别会计报表所采用的货币计量单位一致。对于采用外币（相对于母公司的记账本位币）作为记账本位币的子公司，在将其财务信息进行合并时，应当将外币财务报表折算为以母公司记账本位币表示的会计报表，在此基础上再进行合并。

4. 编制合并财务报表的程序

（1）对于公司的个别财务报表进行调整。

编制合并财务报表时，首先应对各子公司进行分类，分为同一控制下企业合并中取得的子公同和非同一控制下企业合并中取得的子公司两类。

①同一控制下企业合并中取得的子公司。

对于同一控制下企业合并中取得的子公司，其采用的会计政策、会计期间与母公司一致的情况下，编制合并财务报表时，应以有关子公司的个别财务报表为基础，不需要进行调整；子公司采用的会计政策、会计期间与母公司不一致的情况下，则需要考虑重要性原则，按照母公司的会计政策和会计期间，对子公司的个别财务报表进行调整。

②非同一控制下企业合并中取得的子公司。

对于非同一控制下企业合并中取得的子公司，除应考虑会计政策及会计期间的差别，需要对子公司的个别财务报表进行调整外，还应当根据母公司在购买日设置的备查簿中登记的该子公司有关可辨认资产、负债的公允价值，对子公司的个别财务报表进行调整，使子公司的个别财务报表反映为在购买日公允价值基础上确定的可辨认资产、负债等在本期资产负债表日应有的金额。

（2）编制合并工作底稿。

合并工作底稿的作用是为合并财务报表的编制提供基础。在合并工作底稿中，对母公司和子公司的个别财务报表各项目的金额进行汇总和抵销处理，最终计算得出合并财务报表各项目的合并金额。

（3）将母公司、子公司个别资产负债表、利润表、现金流量表、所有者权益变动表各项目的数据过入合并工作底稿，并在合并工作底稿中对母公司和子公司个别财务报表各项目的数据进行加总，计算得出个别资产负债表、利润表、现金流量表、所有者权益变动表各项目合计金额。

（4）编制合并工作底稿中的抵销分录和调整分录，将内部交易对合并财务报表有关项目的影响进行抵销处理。编制抵销分录，进行抵销处理是合并财务报表编制的关键和主要内容，其目的在于将个别财务报表各项目的加总金额中重复的因素予以抵销。对属于非同一控制下企业合并中取得的子公司的个别财务报表进行合并时，应当首先根据母公司设置的备查簿的记录，以记录的子公司各项可辨认资产、负债在购买日的公允价值为基础，通过编制调整分录，对该子公司的个别财务报表进行调整。

（5）计算合并财务报表各项目的合并金额。

即在母公司和子公司个别报表各项目加总金额的基础上，分别计算出合并财务报表中各资产项目、负债项目、所有者权益项目、收入项目和费用项目等的合并金额。其计算方法如下：

①资产类各项目，其合并金额根据该项目加总金额，加上该项目抵销分录有关的借方发生额，减去该项目抵销分录有关的贷方发生额计算确定。

②负债类各项目和所有者权益类项目，其合并金额根据该项目加总金额，减去该项目抵销分录有关的借方发生额，加上该项目抵销分录有关的贷方发生额计算确定。

③有关收入类各项目和有关所有者权益变动各项目，其合并金额根据该项目加总金额，减去该项目抵销分录的借方发生额，加上该项目抵销分录的贷方发生额计算确定。

④有关费用类项目，其合并金额根据该项目加总金额，加上该项目抵销分录的借方发生额，减去该项目抵销分录的贷方发生额计算确定。

（6）填列合并财务报表。

即根据合并工作底稿中计算出的资产、负债、所有者权益、收入、费用类以及现金流量表中各项目的合并金额，填列生成正式的合并财务报表。

※合并资产负债表

合并资产负债表是反映企业集团在某一特定日期财务状况的报表，由合并资产、负债和所有者权益各项目组成。

1. 将对子公司的长期股权投资调整为权益法

按照权益法调整对子公司的长期股权投资，在合并工作底稿中应编制的调整分录为：对于应享有子公司当期实现净利润的份额，借记"长期股权投资"科目，贷记"投资收益"科目；按照应承担子公司当期发生的亏损份额，借记"投资收益"科目，贷记"长期股权投资"等科目。对于当期收到子公司分派的现金股利或利润，应借记"投资收益"科目，贷记"长期股权投资"科目。

对于子公司除净损益以外所有者权益的其他变动，在持股比例不变的情况下，按母公司应享有或应承担的份额，借记或贷记"长期股权投资"科目，贷记或借记"资本公积"科目。

2. 编制合并资产负债表时应抵销的项目

编制合并资产负债表时需要进行抵销处理的项目主要有：

（1）母公司对子公司股权投资项目与子公司所有者权益项目。

（2）母公司与子公司、子公司相互之间发生的内部债权债务项目。

（3）存货项目，即内部购进存货价值中包含的未实现内部销售利润。

（4）固定资产项目（包括固定资产原价和累计折旧项目），即内部购进固定资产价值中包含的未实现内部销售利润；

（5）无形资产项目，即内部购进无形资产价值包含的未实现内部销售利润；

（6）与抵销的长期股权投资、应收账款、存货、固定资产、无形资产等相关的资产减值准备的抵销。

3. 合并资产负债表中抵销项目的详细内容

（1）长期股权投资项目与子公司所有者权益项目的抵销。

编制合并财务报表时应当在母公司和子公司财务报表数据（或经调整的数据）简单相加的基础上，将母公司对子公司长期股权投资项目与子公司所有者权益项目予以抵销。

①在子公司为全资子公司的情况下，母公司对子公司长期股权投资的金额和子公司所有者权益各项目的金额应当全额抵销。在合并工作底稿中编制的抵销分录为：借记"实收资本""资本公积""盈余公积"和"未分配利润"项目，贷记"长期股权投资"项目。

当母公司对子公司长期股权投资的金额大于子公司所有者权益总额时，其差额作为商誉处理，应按其差额，借记"商誉"项目；母公司对子公司长期股权投资的金额小于子公司所有者权益总额时，其差额在企业合并当期应作为利润表中的损益项目，合并以后期间应调整期初未分配利润。

②在子公司为非全资子公司的情况下，应当将母公司对子公司长期股权投资的金额与子公司所有者权益中母公司所享有的份额相抵销。子公司所有者权益中不属于母公司的份额，即子公司所有者权益中抵销母公司所享有的份额后的余额，在合并财务报表中作为"少数股东权益"处理。在合并工作底稿中编制的抵销分录为：借记"实收资本""资本公积""盈余公积"和"未分配利润"项目，贷记"长期股权投资"和"少数股东权益"项目。

"少数股东权益"项目，反映子公司所有者权益中不属于母公司（包括通过子公司间接享有的）的份额，即除母公司外的其他投资者在子公司所有者权益中所享有的份额。

当母公司对子公司长期股权投资的金额与在子公司所有者权益中享有的份额不一致时，其差额应比照全资子公司的情况处理。

（2）内部债权与债务项目的抵销。

在编制合并资产负债表时，需要进行抵销处理的内部债权债务项目主要包括：

①应收账款与应付账款。

②应收票据与应付票据。

③预付账款与预收账款。

④持有至到期投资（假定该项债券投资，持有方划归为持有至到期投资，也可能作为交易性金融资产等，原理相同）与应付债券。

⑤应收股利与应付股利。

⑥其他应收款与其他应付款。

其主要的会计处理方法如下所示：

①应收账款与应付账款的抵销。

● 初次编制合并财务报表时的抵销处理。

内部应收账款抵销时，其抵销分录为：借记"应付账款"项目，贷记"应收账款"项目；内部应收账款计提的坏账准备抵销时，其抵销分录为：借记"应收账款——坏账准备"项目，贷记"资产减值损失"项目。

● 连续编制合并财务报表时内部应收账款坏账准备的抵销处理。

在连续编制合并财务报表进行抵销处理时，首先，将内部应收账款与应付账款予以抵销，即按内部应收账款的金额，借记"应付账款"项目，贷记"应收账款"项目。其次，应将上期资产减值损失中抵销的内部应收账款计提的坏账准备对本期期初未分配利润的影响予以抵销，即按上期资产减值损失项目中抵销的内部应收账款计提的坏账准备的金额，借记"应收账款——坏账准备"项目，贷记"未分配利润——年初"项目。再次，对于本期个别财务报表中内部应收账款相对应的坏账准备增减变动的金额也应予以抵销，即按照本期个别资产负债表中期末内部应收账款相对应的坏账准备的增加额，借记"应收账款——坏账准备"项目，贷记"资产减值损失"项目，或按照本期个别资产负债表中期末内部应收账款相对应的坏账准备的减少额，借记"资产减值损失"项目，贷记"应收账款——坏账准备"项目。

②应收票据与应付票据、预付账款与预收账款等的抵销处理。

对于其他内部债权债务项目的抵销，应当比照应收账款与应付账款的相关规定处理。在进行抵销时，借记"应付票据""预收账款"等科目，贷记"应收票据""预付账款"等科目。

某些情况下，企业内部一个企业对另一企业进行的债券投资不是从发行债券的企业直接购进，而是在证券市场上购进的。这种情况下，一方持有至到期投资（或划分为其他类别的金融资产，原理相同）中的债券投资与发行债券企业的应付债券抵销。

③存货价值中包含的未实现内部销售利润的抵销。

• 当期内部购进商品并形成存货情况下的抵销处理。

在企业集团内部购进并且在会计期末形成存货的情况下，编制合并财务报表时，一方面将销售企业实现的内部销售收入及其相对应的销售成本予以抵销，另一方面将内部购进形成的存货价值中包含的未实现内部销售损益予以抵销。进行抵销处理时，按照内部销售收入的金额，借记"主营业务收入"项目，贷记"主营业务成本"项目；同时按照期末内部购进形成的存货价值中包含的未实现内部销售损益的金额，借记"主营业务成本"项目，贷记"库存商品"项目（或按照内部营业收入形成期末存货的金额，借记"主营业务收入"项目，按照其对应的销售成本的金额，贷记"主营业务成本"项目，按照内部营业收入与其对应的内部营业成本的差额，贷记"库存商品"项目）。

• 连续编制合并财务报表时内部购进商品的抵销处理。

在连续编制合并财务报表的情况下，首先必须将上期抵销的存货价值中包含的未实现内部销售损益对本期期初未分配利润的影响予以抵销，调整本期期初未分配利润的金额；然后再对本期内部购进存货进行抵销处理，其具体抵销处理程序和方法如下：

第一、将上期抵销的存货价值中包含的未实现内部销售损益对本期期初未分配利润的影响进行抵销。即按照上期内部购进存货价值中包含的未实现内部销售损益的金额，借记"未分配利润——年初"项目，贷记"主营业务成本"项目。

第二、对于本期发生内部购销活动的，将内部销售收入、内部销售成本及内部购进存货中未实现内部销售损益予以抵销。即按照销售企业内部销售收入的金额，借记"主营业务收入"项目，贷记"主营业务成本"项目。

第三、将期末内部购进存货价值中包含的未实现内部销售损益予以抵销。对于期末内部购买形成的存货（包括上期结转形成的本期存货），应按照购买企业期末内部购入存货价值中包含的未实现内部销售损益的金额，借记"主营业务成本"项目，贷记"库存商品"项目。

④固定资产原价和无形资产原价中包含的未实现内部销售利润的抵销

● 购入当期内部交易的固定资产的抵销处理。

在这种情况下，购买企业购进的固定资产，其抵销处理程序如下：

将内部交易固定资产相关的销售收入、销售成本以及其原价中包含的未实现内部销售损益予以抵销。即按销售企业由于该固定资产交易所实现的销售收入，借记"主营业务收入"项目，按照其销售成本，贷记"主营业务成本"项目，按照该固定资产的销售收入与销售成本之间的差额（即原价中包含的未实现内部销售损益的金额），贷记"固定资产——原价"项目。

将内部交易固定资产当期多计提的折旧费用和累计折旧予以抵销。对内部交易固定资产当期多计提的折旧费用抵销时，应按当期多计提的金额，借记"固定资产——累计折旧"项目，贷记"管理费用"等项目。

● 以后会计期间内部交易固定资产的抵销处理。

以后会计期间，该内部交易固定资产仍然以其原价在购买企业的个别资产负债表中列示，编制合并财务报表时，其具体抵销程序如下：

第一、将内部交易固定资产原价中包含的未实现内部销售损益抵销，并调整期初未分配利润。即按照固定资产原价中包含的未实现内部销售损益的金额,借记"未分配利润——年初"项目,贷记"固定资产——原价"项目。

第二、将以前会计期间内部交易固定资产多计提的累计折旧抵销,并调整期初未分配利润。即按照以前会计期间抵销该内部交易固定资产多计提的累计折旧额,借记"固定资产——累计折旧"项目,贷记"未分配利润——年初"项目。

第三、将本期由于该内部交易固定资产的使用而多计提的折旧费用予以抵销,并调整本期计提的累计折旧额。即按照本期该内部交易的固定资产多计提的折旧额,借记"固定资产——累计折旧"项目,贷记"管理费用"等项目。

从集团内部购入的无形资产,其抵销处理方法与固定资产原价中包含的未实现内部销售利润的抵销基本相似,可比照进行抵销处理。

(3)母公司在报告期增减子公司在合并资产负债表的反映。

①母公司在报告期内增加子公司在合并资产负债表的反映。

母公司在报告期内增加子公司的,合并当期编制合并资产负债表时,应当区分同一控制下的企业合并增加的子公司和非同一控制下企业合并增加的子公司两种情况。

● 因同一控制下企业合并增加的子公司,编制合并资产负债表时,应当调整合并资产负债表的期初数。

● 因非同一控制下企业合并增加的子公司,不应调整合并资产负债表的期初数。

②母公司在报告期内处置子公司在合并资产负债表的反映。

母公司在报告期内处置子公司,编制合并资产负债表时,不应当调整合并资产负债表的期初数。

(4)合并资产负债表的格式。

合并资产负债表格式在个别资产负债表基础上,主要增加了三个项目:一是在"开发支出"项目之下增加了"商誉"项目,用于反映企业合并中取得的商誉，即在控股合并下母公司对子公司的长期股权投资与其在子公司所有者权益中享有份额之间抵销后的借方差额。二是在所有者权益项目下增加了"少数股东权益"项目，用于反映非全资子公司的所有者权益中不属于母公司的份额。三是在"未分配利润"项目之后，"归属于母公司所有者权益合计"项目之前，增加了"外币报表折算差额"项目，用于反映境外经营的资产负债表折算为母公司记账本位币表示的资产负债表时所发生的折算差额，详细内容见表4-1：

表4-1   合并资产负债表

编制单位：＿＿＿＿＿年＿＿＿＿月＿＿＿＿日   单位：元

资产	期末余额	年初余额	负债和所有者权益	期末余额	年初余额
流动资产：			流动负债：		
货币资金			短期借款		
结算备付金			向中央银行借款		
拆出资金			吸收存款及同业存放		
交易性金融资产			拆入资金		
应收票据			交易性金融负债		
应收账款			应付票据		
预付款项			应付账款		
应收保费			预收款项		
应收分保账款			卖出回购金融资产款		
应收分保合同准备金			应付手续费及佣金		
应收利息			应付职工薪酬		
其他应收款			应交税费		
买入返售金融资产			应付利息		
存货			其他应付款		
一年内到期的非流动资产			应付分保账款		
其他流动资产			保险合同准备金		

续表

资产	期末余额	年初余额	负债和所有者权益	期末余额	年初余额
流动资产合计			代理买卖证券款		
非流动资产：			代理承销证券款		
发放贷款及垫款			一年内到期的非流动负债		
可供出售金融资产			其他流动负债		
持有至到期投资			流动负债合计		
长期应收款			非流动负债：		
长期股权投资			长期借款		
投资性房地产			应付债券		
固定资产			长期应付款		
在建工程			专项应付款		
工程物资			预计负债		
固定资产清理			递延所得税负债		
生产性生物资产			其他非流动负债		
油气资产			非流动负债合计		
无形资产			负债合计		
开发支出			所有者权益（或股东权益）：		
商誉			实收资本（或股本）		
长期待摊费用			资本公积		
递延所得税资产			减：库存股		
其他非流动资产			盈余公积		
非流动资产合计			一般风险准备		
			未分配利润		
			外币报表折算差额		
			归属于母公司所有者权益合计		
			少数股东权益		
			所有者权益合计		
资产总计			负债和所有者权益总计		

※合并利润表

1. 编制合并利润表时应进行抵销处理的项目

合并利润表应当以母公司和子公司的利润表为基础，在抵销母公司与子公司、子公司相互之间发生的内部交易对合并利润表的影响后，由母公司合并编制。

编制合并利润表时需要进行抵销处理的项目主要有：

（1）内部营业收入和内部营业成本项目。

（2）内部销售商品形成存货、固定资产、无形资产等项目中包含的未实现内部销售损益。

（3）内部销售商品形成固定资产、无形资产等项目折旧额及摊销额中包含的未实现内部销售损益。

（4）内部应收款项计提的坏账准备以及内部销售商品形成存货、固定资产、无形资产等计提的资产减值准备中包含的未实现内部销售损益。

（5）内部投资收益项目，包括内部利息收入利息支出项目、内部股权投资的投资收益项目等。

2. 合并利润表抵销处理详细内容

（1）内部营业收入和内部营业成本项目的抵销处理。

对内部销售收入和内部销售成本进行抵销时，应分别不同的情况进行处理。

①母公司与子公司、子公司相互之间销售商品，期末全部实现对外销售。

在这种情况下，对于同一购销业务，在销售企业和购买企业的个别利润表中都作了反映。但从企业集团整体来看，这一购销业务只是实现了一次对外销售，其销售收入只是购买企业向企业集团外部企业销售该产品的销售收入，其销售成本只是销售企业向购买企业销售该商品的成本。在编制合并财务报表时，必须将重复反映的内部营业收入与内部营业成本予以抵销。编制的抵销分录为：借记"主营业务收入"等项目，贷记"主营业务成本"等项目。

②母公司与子公司、子公司相互之间销售商品，期末未实现对外销售而形成存货的抵销处理。

在内部购进的商品未实现对外销售的情况下，销售企业是按照一般的销售业务确认销售收入，结转销售成本，计算销售损益，并在其个别利润表中列示。在编制合并财务报表时，应当将销售企业由此确认的内部销售收入和内部销售成本予以抵销。对于这一内部交易，购买企业是以支付的购货价款作为存货成本入账，并在其个别资产负债表中作为资产列示。编制合并利润表时，应将存货价值中包含的未实现内部销售损益予以抵销。

③对于内部购进的商品部分实现对外销售、部分形成期末存货的情况，可以将内部购买的商品分解为两部分来理解：一部分为当期购进并全部实现对外销售；另一部分为当期购进但未实现对外销售而形成期末存货。

（2）购买企业内部购进商品作为固定资产、无形资产等资产使用时的抵销处理。

在企业集团内母公司与子公司、子公司相互之间将自身的产品销售给其他企业作为固定资产（作为无形资产等的处理原则类似）使用的情况下，编制合并利润表时，应将销售企业由于该内部交易产生的销售收入和销售成本予以抵销；并将内部交易形成的固定资产原价中包含的未实现内部销售损益予以抵销。在对销售商品形成的固定资产或无形资产所包含的未实现内部销售损益进行抵销的同时，也应当对固定资产的折旧额或无形资产的摊销额与未实现内部销售损益相关的部分进行抵销。

（3）内部应收款项计提的坏账准备等减值准备的抵销处理。

编制合并资产负债表时，需要将内部应收账款与应付账款相互抵销，与此相适应，需要将内部应收账款计提的坏账准备予以抵销。编制合并财务报表将资产减值损失中包含的本期内部应收账款计提的坏账准备抵销时，应减少当期资产减值损失，同时减少坏账准备等余额，即按照当期内部应收账款计提的坏账准备的金额，借记"应收账款——坏账准备"等项目，贷记"资产减值损失"项目。

（4）内部投资收益（利息收入）和利息费用的抵销。

企业集团内部母公司与子公司、子公司相互之间可能发生持有对方债券等内部交易。编制合并财务报表时，应当在抵销内部发行的应付债券和持有至到期投资等内部债权债务的同时，将内部应付债券和持有至到期投资相关的利息费用与投资收益（利息收入）相互抵销。应编制的抵销分录为：借记"投资收益"项目，贷记"财务费用"项目。

（5）母公司与子公司、子公司相互之间持有对方长期股权投资的投资收益的抵销处理。

内部投资收益是指母公司对子公司或子公司对母公司、子公司相互之间的长期股权投资的收益，实际上就是子公司当期营业收入减去营业成本和期间费用、所得税后的余额与其持股比例相乘的结果。持有全资子公司的情况下，母公司对某一子公司投资收益实际上就是该子公司当期实现的净利润（假定不存在有关的调整因素）。编制合并利润表时，必须将集团内投资产生的投资收益予以抵销。

由于合并所有者权益变动表中的本年利润分配项目是站在整个企业集团角度，反映对母公司股东和子公司的少数股东的利润分配情况，因此，子公司的个别所有者权益变动表中本年利润分配各项目的金额，包括提取盈余公积、分派利润和期末未分配利润的金额都必须予以抵销。

将上述项目抵销时，持有全资子公司的情况下，应当编制的抵销分录为：借记"投资收益""未分配利润——年初"项目，贷记"利润分配——提取盈余公积""应付股利"（包括转作股本的股利，下同）、"未分配利润——年末"项目；在子公司为非全资子公司的情况下，应编制的抵销分录为：借记"投资收益""少数股东损益""未分配利润——年初"项目，贷记"利润分配——提取盈余公积""应付股利""未分配利润——年末"项目。

（2）母公司在报告期增减子公司在合并利润表的反映。

①母公司在报告期内增加子公司在合并利润表的反映。

母公司因追加投资等原因控制了另一个企业即实现了企业合并。在合并当期编制合并利润表时，应当区分同一控制下的企业合并增加的子公司和非同一控制下的企业合并增加的子公司两种情况。

● 因同一控制下企业合并增加的子公司，在编制合并利润表时，应当将该子公司合并当期期初至报告期末的收入、费用、利润纳入合并利润表。

● 因非同一控制下企业合并增加的子公司，在编制合并利润表时，应当将该子公司购买日至报告期末的收入、费用、利润纳入合并利润表。

②母公司在报告期内处置子公司在合并利润表的反映。

母公司在报告期内处置子公司，应当将该子公司期初至处置日的收入、费用、利润纳入合并利润表。

（3）合并利润表基本格式。

合并利润表的格式在个别利润表的基础上，主要增加了两个项目，即在"净利润"项目下增加"归属于母公司所有者的净利润"和"少数股东损益"两个项目，分别反映净利润中由母公司所有者享有的份额和非全资子公司当期实现的净利润中属于少数股东权益的份额。在属于同一控制下企业合并增加子公司当期的合并利润表中，还应在"净利润"项目之下增加"其中：被合并方在合并日以前实现的净利润"项目，用于反映同一控制下企业合并中取得的被合并方在合并当期期初至合并日实现的净利润。详细的合并利润表格式见表4-2：

表4-2 合并利润表

编制单位： ＿＿＿＿年＿＿＿＿月 单位：元

项目	本期金额	上期金额
一、营业总收入		
其中：营业收入		
利息收入		
已赚保费		
手续费及佣金收入		
二、营业总成本		
其中：营业成本		
利息支出		
手续费及佣金支出		
退保金		
赔付支出净额		
提取保险合同准备金净额		
保单红利支出		
分保费用		
营业税金及附加		
销售费用		
管理费用		
财务费用		
资产减值损失		
加：公允价值变动收益（损失以"-"号填列）		
投资收益（损失以"-"号填列）		
其中：对联营企业和合营企业的投资收益		
汇兑收益（损失以"-"号填列）		
三、营业利润（亏损以"-"号填列）		

项目	本期金额	上期金额
加：营业外收入		
减：营业外支出		
其中：非流动资产处置损失		
四、利润总额（亏损总额以"－"号填列）		
减：所得税费用		
五、净利润（净亏损以"－"号填列）		
归属于母公司所有者的净利润		
少数股东损益		
六、每股收益		
（一）基本每股收益		
（二）稀释每股收益		

注：①合并利润表收入、费用项目按照各类企业利润表的相同口径填列。

　　②同一控制下企业合并的当期，还应单独列示被合并方在合并前实现的净利润。

※合并现金流量表

合并现金流量表是综合反映母公司及其子公司组成的企业集团，在一定会计期间现金流入、流出数量及其增减变动情况的会计报表。现金流量表要求按照收付实现制反映企业经济业务引起的现金流入和流出，其编制方法有直接法和间接法两种。我国明确规定企业对外报送的现金流量表采用直接法编制。

1. 编制合并现金流量表时应进行抵销处理的项目

编制合并现金流量表时需要进行抵销处理的项目，主要有：

（1）母公司与子公司、子公司相互之间当期以现金投资或收购股权增加的投资所产生的现金流量。

（2）母公司与子公司、子公司相互之间当期取得投资收益收到的现金与分配股利、利润或偿付利息支付的现金。

（3）母公司与子公司、子公司相互之间以现金结算债权与债务所产生的现金流量。

（4）母公司与子公司、子公司相互之间当期销售商品所产生的现金流量。

（5）母公司与子公司、子公司相互之间处置固定资产、无形资产和其他长期资产收回的现金净额与购建固定资产、无形资产和其他长期资产支付的现金等。

2. 合并现金流量表抵销处理的详细内容

（1）企业集团内部当期以现金投资或收购股权增加的投资所产生的现金流量的抵销处理。

母公司直接以现金对子公司进行的长期股权投资或以现金从子公司的其他所有者（即企业集团内的其他子公司）处收购股权，表现为母公司现金流出，在母公司个别现金流量表中作为投资活动现金流出列示。子公司接受这一投资（或处置投资）时，表现为现金流入，在其个别现金流量表中反映为筹资活动的现金流入（或投资活动的现金流入）。从企业集团整体来看，编制合并现金流量表时，应当予以抵销。

（2）企业集团内部当期取得投资收益收到的现金与分配股利、利润或偿付利息支付的现金的抵销处理。

母公司对子公司进行的长期股权投资和债权投资，持有期间收到子公司分派的现金股利（利润）或债券利息，表现为现金流入，在母公司个别现金流量表中作为取得投资收益收到的现金列示。子公司在其个别现金流量表中反映为分配股利、利润或偿付利息支付的现金。编制合并现金流量表时，应当予以抵销。

（3）企业集团内部以现金结算债权与债务所产生的现金流量的抵销处理。

母公司与子公司、子公司相互之间当期以现金结算应收账款或应付账款等债权与债务，表现为现金流入或现金流出，在母公司个别现金流量表中作为收到其他与经营活动有关的现金或支付其他与经营活动有关的现金列示，在子公司个别现金流量表中作为支付其他与经营活动有关的现金或收到其他与经营活动有关的现金列示。编制合并现金流量表时，应当予以抵销。

（4）企业集团内部当期销售商品所产生的现金流量的抵销处理。

母公司向子公司当期销售商品（或子公司向母公司销售商品或子公司相互之间销售商品，下同）所收到的现金，表现为现金流入，在母公司个别现金流量表中作为销售商品、提供劳务收到的现金列示。子公司向母公司支付购货款，表现为现金流出，在其个别现金流量表中反映为购买商品、接受劳务支付的现金。从企业集团整体来看，这种内部商品购销现金收支，并不引起整个企业集团的现金流量的增减变动。编制合并现金流量表时，应当予以抵销。

（5）企业集团内部处置固定资产等收回的现金净额与购建固定资产等支付的现金的抵销处理。

母公司向子公司处置固定资产等长期资产，表现为现金流入，在母公司个别现金流量表中作为处置固定资产、无形资产和其他长期资产收回的现金净额列示。子公司表现为现金流出，在其个别现金流量表中反映为购建固定资产、无形资产和其他长期资产支付的现金。从企业集团整体来看，这种固定资产处置与购置的现金收支，并不引起整个企业集团的现金流量的增减变动。编制合并现金流量表时，应当将母公司与子公司、子公司相互之间处置固定资产、无形资产和其他长期资产收回的现金净额与购建固定资产、无形资产和其他长期资产支付的现金相互抵销。

2. 母公司在报告期增减子公司在合并现金流量表的反映

（1）母公司在报告期内增加子公司在合并现金流量表的反映。

母公司因追加投资等原因控制了另一个企业即实现了企业合并。在合并当期编制合并现金流量表时，应当区分同一控制下的企业合并增加的子公司和非同一控制下的企业合并增加的子公司两种情况。

①因同一控制下企业合并增加的子公司，在编制合并现金流量表时，应当将该子公司合并当期期初至报告期末的现金流量纳入合并现金流量表。

②因非同一控制下企业合并增加的子公司，在编制合并现金流量表时，应当将该子公司购买日至报告期末的现金流量纳入合并现金流量表。

（2）母公司在报告期内处置子公司在合并现金流量表的反映。

母公司在报告期内处置子公司，应将该子公司期初至处置日的现金流量纳入合并现金流量表。

（3）合并现金流量表中有关少数股东权益项目的反映。

合并现金流量表编制与个别现金流量表相比，一个特殊问题是在子公司为非全资子公司的情况下，涉及子公司与其少数股东之间的现金流入和现金流出的处理问题。

对于子公司的少数股东增加在子公司中的权益性资本投资，在合并现金流量表中应当在"筹资活动产生的现金流量"之下的"吸收投资收到的现金"项目下设置"其中：子公司吸收少数股东投资收到的现金"项目反映。

对于子公司向少数股东支付现金股利或利润，在合并现金流量表中应当在"筹资活动产生的现金流量"之下的"分配股利、利润或偿付利息支付的现金"项目下单设"其中：子公司支付给少数股东的股利、利润"项目反映。

（4）合并现金流量表格式（见表4-3）。

表 4－3 　　　　　　　　　　　合并现金流量表

编制单位：　　　　　　　　　　　　　　_____年_____月　　　　　　　　　　单位：元

项目	本期金额	上期金额
一、经营活动产生的现金流量：		
销售商品、提供劳务收到的现金		
客户存款和同业存放款项净增加额		
向中央银行借款净增加额		
向其他金融机构拆入资金净增加额		
收到原保险合同保费取得的现金		
收到再保险业务现金净额		
保户储金及投资款净增加额		
处置交易性金融资产净增加额		
收取利息、手续费及佣金的现金		
拆入资金净增加额		
回购业务资金净增加额		
收到的税费返还		
收到其他与经营活动有关的现金		
经营活动现金流入小计		
购买商品、接受劳务支付的现金		
客户贷款及垫款净增加额		
存放中央银行和同业款项净增加额		
支付原保险合同赔付款项的现金		
支付利息、手续费及佣金的现金		
支付保单红利的现金		
支付给职工以及为职工支付的现金		
支付的各项税费		
支付其他与经营活动有关的现金		

续表

项目	本期金额	上期金额
经营活动现金流出小计		
经营活动产生的现金流量净额		
二、投资活动产生的现金流量：		
收回投资收到的现金		
取得投资收益收到的现金		
处置固定资产、无形资产和其他长期资产收回的现金净额		
处置子公司及其他营业单位收到的现金净额		
收到其他与投资活动有关的现金		
投资活动现金流入小计		
购建固定资产、无形资产和其他长期资产支付的现金		
投资支付的现金		
质押贷款净增加额		
取得子公司及其他营业单位支付的现金净额		
支付其他与投资活动有关的现金		
投资活动现金流出小计		
投资活动产生的现金流量净额		
三、筹资活动产生的现金流量：		
吸收投资收到的现金		
其中：子公司吸收少数股东投资收到的现金		
取得借款收到的现金		
发行债券收到的现金		
收到其他与筹资活动有关的现金		
筹资活动现金流入小计		
偿还债务支付的现金		

续表

项目	本期金额	上期金额
分配股利、利润或偿付利息支付的现金		
其中：子公司支付给少数股东的股利、利润		
支付其他与筹资活的有关的现金		
筹资活动现金流出小计		
筹资活动产生的现金流量净额		
四、汇率变动对现金及现金等价物的影响		
五、现金及现金等价物净增加额		
加：期初现金及现金等价物余额		
六、期末现金及现金等价物余额		

※合并所有者权益变动表

合并所有者权益变动表是反映构成企业集团所有者权益的各组成部分当期的增减变动情况的财务报表，其基本格式见表4-4：

编制合并所有者权益变动表时需要进行抵销处理的项目，主要有：

（1）母公司对子公司的长期股权投资与母公司在子公司所有者权益中享有的份额相互抵销。

（2）母公司对子公司、子公司相互之间持有对方长期股权投资的投资收益应当抵销等。

1. 编制合并所有者权益变动表时应进行抵销的项目

（1）母公司对子公司的长期股权投资与母公司在子公司所有者权益中享有的份额相互抵销。

母公司对子公司进行的长期股权投资，并不引起整个企业集团的资产、负债和所有者权益的增减变动。编制合并财务报表时，应当在母公司与子公司财务报表数据简单相加的基础上，将母公司对子公司长期股权投资项目与子公司所有者权益项目予以抵销。

（2）母公司对子公司、子公司相互之间持有对方长期股权投资收益应当抵销。

合并所有者权益变动表中的利润分配项目是站在整个企业集团角度，反映对母公司股东和子公司的少数股东的利润分配情况的，因此，子公司的个别所有者权益变动表中利润分配各项目的金额，包括提取盈余公积、分派利润和期末未分配利润的金额都必须予以抵销。

进行抵销时，在子公司为全资子公司的情况下，应当编制的抵销分录为：借记"投资收益""未分配利润——年初"项目，贷记"利润分配——提取盈余公积""应付股利"（包括转作股本的股利，下同）、"未分配利润——年末"项目；在子公司为非全资子公司的情况下，应编制的抵销分录为：借记"投资收益""少数股东损益""未分配利润——年初"项目，贷记"利润分配——提取盈余公积""应付股利""未分配利润——年末"项目。

2. 合并所有者权益变动表格式及相关项目列示说明

合并所有者权益变动表的格式与个别所有者权益变动表的格式基本相同。在存在少数股东的情况下，合并所有者权益变动表增加"少数股东权益"栏目，用于反映少数股东权益变动的情况。

合并所有者权益变动表有关项目的列示说明：

（1）"上年年末余额"栏，反映企业上年资产负债表中实收资本（或股本）、资本公积、盈余公积、未分配利润的年末余额。

（2）"会计政策变更"和"前期差错更正"栏，反映企业采用追溯调整法处理的会计政策变更的累积影响金额和采用追溯重述法处理的会计差错更正的累积影响金额。

（3）"本年增减变动金额"栏下相关项目反映的内容：

①"净利润"项目，反映企业当年实现的净利润（或净亏损）金额，并对应列在"未分配利润"栏。

②"可供出售金融资产公允价值变动净额"项目，反映企业持有的可供出售金融资产当年公允价值变动的金额，并对应列在"资本公积"栏。

③"权益法下被投资单位其他所有者权益变动的影响"项目，反映企业按照权益法核算的长期股权投资，在被投资单位除当年实现的净损益以外其他所有者权益当年变动中应享有的份额，并对应列在"资本公积"栏。

④"与计入所有者权益项目相关的所得税影响"项目，反映企业根据《企业会计准则第 18 号——所得税》规定应计入所有者权益项目的当年所得税影响金额，并对应列在"资本公积"栏。

⑤"净利润"项目和"直接计入所有者权益的利得和损失"项目，反映企业当年实现的净利润（或净亏损）金额和当年直接计入所有者权益的利得和损失金额的合计额。

⑥"所有者投入资本"项目，反映企业当年所有者投入的资本，包括实收资本和资本溢价，并对应列在"实收资本"和"资本公积"栏。

⑦"股份支付计入所有者权益的金额"项目，反映企业处于等待期中的权益结算的股份支付当年计入资本公积的金额，并对应列在"资本公积"栏。

⑧"利润分配"下各项目，反映当年对所有者（或股东）分配的利润（或股利）金额和按照规定提取的盈余公积金额，并对应列在"未分配利润"和"盈余公积"栏。

⑨"所有者权益内部结转"下各项目，反映不影响当年所有者权益总额的所有者权益各组成部分之间当年的增减变动，包括资本公积转增资本（或股本）、盈余公积转增资本（或股本）、盈余公积弥补亏损等项金额。

表4-4

合并所有者权益变动表

编制单位：　　　　　　　　　　年　　月　　　　　　　　　　　　　　　　　　单位：元

项目	本年金额										上年金额									
	归属于母公司所有者权益							少数股东权益	所有者权益合计		归属于母公司所有者权益							少数股东权益	所有者权益合计	
	实收资本(或股本)	减：库存股	资本公积	盈余公积	一般风险准备	未分配利润	其他				实收资本(或股本)	减：库存股	资本公积	盈余公积	一般风险准备	未分配利润	其他			
一、上年末余额																				
加：会计政策变更																				
前期差错更正																				
二、本年初余额																				
三、本年增减变动金额(减少以"-"号填列)																				
(一)净利润																				
(二)直接计入所有者权益的利得和损失																				
1. 可供出售金融资产公允价值变动净额																				
2. 权益法下被投资单位其他所有者权益变动的影响																				
3. 与计入所有者权益项目相关的所得税影响																				
4. 其他																				
上述(一)和(二)小计																				
(三)所有者投入和减少资本																				

续表

项　目	本年金额								上年金额							
	归属于母公司所有者权益						少数股东权益	所有者权益合计	归属于母公司所有者权益						少数股东权益	所有者权益合计
	实收资本（或股本）	减：资本公积库存股	盈余公积	一般风险准备	未分配利润	其他			实收资本（或股本）	减：资本公积库存股	盈余公积	一般风险准备	未分配利润	其他		
1. 所有者投入资本																
2. 股份支付计入所有者权益的金额																
3. 其他																
（四）利润分配																
1. 提取盈余公积																
2. 提取一般风险准备																
3. 对所有者（或股东）的分配																
4. 其他																
（五）所有者权益内部结转																
1. 资本公积转增资本（或股本）																
2. 盈余公积转增资本（或股本）																
3. 盈余公积弥补亏损																
4. 其他																
四、本年末余额																

※合并报表附注内容的披露

　　附注是对资产负债表、利润表、现金流量表和所有者权益变动表等报表中列示项目的文字描述或明细资料，以及对未能在这些报表中列示项目的说明等。附注应当披露财务报表的编制基础，相关信息应当与资产负债表、利润表、现金流量表和所有者权益变动表等报表中列示的项目相互参照。

　　企业应当按照规定披露附注信息，主要包括下列内容：

1. 企业的基本情况

　　（1）企业注册地、组织形式和总部地址。
　　（2）企业的业务性质和主要经营活动。
　　（3）母公司以及集团最终母公司的名称。
　　（4）财务报告的批准报出者和财务报告批准报出日。

2. 财务报表的编制基础

　　财务报表的编制基础请参照新准则中的相关内容执行。

3. 遵循企业会计准则的声明

　　企业应当声明编制的财务报表符合企业会计准则的要求，真实、完整地反映了企业的财务状况、经营成果和现金流量等有关信息。

4. 重要会计政策和会计估计

　　企业应当披露采用的重要会计政策和会计估计，不重要的会计政策和会计估计可以不披露。在披露重要会计政策和会计估计时，应当披露重要会计政策的确定依据和财务报表项目的计量基础，以及会计估计中所采用的关键假设和不确定因素。

5. 会计政策和会计估计变更以及差错更正的说明

企业应当按照《企业会计准则第 28 号——会计政策、会计估计变更和差错更正》及其应用指南的规定，披露会计政策和会计估计变更以及差错更正的有关情况。

6. 报表重要项目的说明

企业对报表重要项目的说明，应当按照资产负债表、利润表、现金流量表、所有者权益变动表及其项目列示的顺序，采用文字和数字描述相结合的方式进行披露。报表重要项目的明细金额合计，应当与报表项目金额相衔接。

（1）交易性金融资产。

企业应当披露交易性金融资产的构成及期初、期末公允价值等信息。

（2）应收款项。

企业应当披露应收款项的账龄结构和客户类别以及期初、期末账面余额等信息。

（3）存货。

企业应当披露下列信息：

①各类存货的期初和期末账面价值。

②确定发出存货成本所采用的方法。

③存货可变现净值的确定依据，存货跌价准备的计提方法，当期计提的存货跌价准备的金额，当期转回的存货跌价准备的金额，以及计提和转回的有关情况。

④用于担保的存货账面价值。

（4）可供出售金融资产。

企业应当披露可供出售金融资产的构成以及期初、期末公允价值等信息。

（5）持有至到期投资。

企业应当披露持有至到期投资的构成及期初、期末账面余额等信息。

（6）长期股权投资。

企业应当披露下列信息：

①子公司、合营企业和联营企业清单，包括企业名称、注册地、业务性质、投资企业的持股比例和表决权比例。

②合营企业和联营企业当期的主要财务信息，包括资产、负债、收入、费用等合计金额。

③被投资单位向投资企业转移资金的能力受到严格限制的情况。

④当期及累计未确认的投资损失金额。

⑤与对子公司、合营企业及联营企业投资相关的或有负债。

（7）投资性房地产。

企业应当披露下列信息：

①投资性房地产的种类、金额和计量模式。

②采用成本模式的，投资性房地产的折旧或摊销，以及减值准备的计提情况。

③采用公允价值模式的，公允价值的确定依据和方法，以及公允价值变动对损益的影响。

④房地产转换情况、理由，以及对损益或所有者权益的影响。

⑤当期处置的投资性房地产及其对损益的影响。

（8）固定资产。

企业应当披露下列信息：

①固定资产的确认条件、分类、计量基础和折旧方法。

②各类固定资产的使用寿命、预计净残值和折旧率。

③各类固定资产的期初和期末原价、累计折旧额及固定资产减值准备累计金额。

④当期确认的折旧费用。

⑤对固定资产所有权的限制及其金额和用于担保的固定资产账面价值。

⑥准备处置的固定资产名称、账面价值、公允价值、预计处置费用和预计处置时间等。

（9）无形资产。

企业应当披露下列信息：

①无形资产的期初和期末账面余额、累计摊销额及减值准备累计金额。

②使用寿命有限的无形资产，其使用寿命的估计情况；使用寿命不确定的无形资产，其使用寿命不确定的判断依据。

③无形资产的摊销方法。

④用于担保的无形资产账面价值、当期摊销额等情况。

⑤计入当期损益和确认为无形资产的研究开发支出金额。

（10）交易性金融负债。

企业应当披露交易性金融负债的构成以及期初、期末公允价值的信息等。

（11）职工薪酬。

企业应当披露下列信息：

①应当支付给职工的工资、奖金、津贴和补贴，及其期末应付未付金额。

②应当为职工缴纳的医疗保险费、养老保险费、失业保险费、工伤保险费和生育保险费等社会保险费，及其期末应付未付金额。

③应当为职工缴存的住房公积金，及其期末应付未付金额。

④为职工提供的非货币性福利，及其计算依据。

⑤应当支付的因解除劳动关系给予的补偿，及其期末应付未付金额。

⑥其他职工薪酬。

（12）应交税费。

企业应当披露应交税费的构成及期初、期末账面余额等信息。

（13）短期借款和长期借款。

企业应当披露短期借款、长期借款的构成及期初、期末账面余额等信息。

对于期末逾期借款，应分别贷款单位、借款金额、逾期时间、年利率、逾期未偿还原因和预期还款期等进行披露。

（14）应付债券。

企业应当披露应付债券的构成及期初、期末账面余额等信息。

（15）长期应付款。

企业应当披露长期应付款的构成及期初、期末账面余额等信息。

（16）营业收入。

企业应当披露营业收入的构成及本期、上期发生额等信息。

（17）公允价值变动收益。

企业应当披露公允价值变动收益的来源及本期、上期发生额。

（18）投资收益。

企业应当披露投资收益的来源及本期、上期发生额。

（19）减值损失。

企业应当披露各项资产的减值损失及本期、上期发生额等信息。

（20）营业外收入。

企业应当披露营业外收入的构成及本期、上期发生额等信息。

（21）营业外支出。

企业应当披露营业外支出的构成及本期、上期发生额等信息。

（22）所得税。

企业应当披露下列信息：

①所得税费用（收益）的主要组成部分。

②所得税费用（收益）与会计利润关系的说明。

③未确认递延所得税资产的可抵扣暂时性差异、可抵扣亏损的金额（如果存在到期日，还应披露到期日）。

④对每一类暂时性差异和可抵扣亏损，在列报期间确认的递延所得税资产或递延所得税负债的金额，确认递延所得税资产的依据。

⑤未确认递延所得税负债的，与对子公司、联营企业及合营企业投资相关的暂时性差异金额。

（23）政府补助。

企业应当披露下列信息：

①政府补助的种类及金额。

②计入当期损益的政府补助金额。

③本期返还的政府补助金额及原因。

（24）非货币性资产交换。

企业应当披露下列信息：

①换入资产、换出资产的类别。

②换入资产成本的确定方式。

③换入资产、换出资产的公允价值及换出资产的账面价值。

（25）股份支付。

①当期授予、行权和失效的各项权益工具总额。

②期末发行在外股份期权或其他权益工具行权价的范围和合同剩余期限。

③当期行权的股份期权或其他权益工具以其行权日价格计算的加权平均价格。

④股份支付交易对当期财务状况和经营成果的影响。

（26）债务重组。

债权人应当披露下列信息：

①债务重组方式。

②确认的债务重组损失总额。

③债权转为股份所导致的投资增加额及该投资占债务人股份总额的比例。

④或有应收金额。

⑤债务重组中受让的非现金资产的公允价值、由债权转成的股份的公允价值和修改其他债务条件后债权的公允价值的确定方法及依据。

债务人应当披露下列信息：

①债务重组方式。

②确认的债务重组利得总额。

③将债务转为资本所导致的股本（或者实收资本）增加额。

④或有应付金额。

⑤债务重组中转让的非现金资产的公允价值、由债务转成的股份的公允价值和修改其他债务条件后债务的公允价值的确定方法及依据。

（27）借款费用。

企业应当披露下列信息：

①当期资本化的借款费用金额。

②当期用于计算确定借款费用资本化金额的资本化率。

（28）外币折算。

企业应当披露下列信息：

①计入当期损益的汇兑差额。

②处置境外经营对外币财务报表折算差额的影响。

（29）企业合并。

企业合并发生当期的期末，合并方应当披露与同一控制下企业合并有关的下列信息：

①参与合并企业的基本情况。

②属于同一控制下企业合并的判断依据。

③合并日的确定依据。

④以支付现金、转让非现金资产以及承担债务作为合并对价的，所支

付对价在合并日的账面价值；以发行权益性证券作为合并对价的，合并中发行权益性证券的数量及定价原则，以及参与合并各方交换有表决权股份的比例。

⑤被合并方的资产、负债在上一会计期间资产负债表日及合并日的账面价值；被合并方自合并当期期初至合并日的收入、净利润、现金流量等情况。

⑥合并合同或协议约定将承担被合并方或有负债的情况。

⑦被合并方采用的会计政策与合并方不一致所作调整情况的说明。

⑧合并后已处置或准备处置被合并方资产、负债的账面价值、处置价格等。

企业合并发生当期的期末，购买方应当披露与非同一控制下企业合并有关的下列信息：

①参与合并企业的基本情况。

②购买日的确定依据。

③合并成本的构成及其账面价值、公允价值及公允价值的确定方法。

④被购买方各项可辨认资产、负债在上一会计期间资产负债表日及购买日的账面价值和公允价值。

⑤合并合同或协议约定将承担被购买方或有负债的情况。

⑥被购买方自购买日起至报告期期末的收入、净利润和现金流量等情况。

⑦商誉的金额及其确定方法。

⑧因合并成本小于合并中取得的被购买方可辨认净资产公允价值的份额计入当期损益的金额。

⑨合并后已处置或准备处置被购买方资产、负债的账面价值、处置价格等。

（30）或有事项。

企业应当披露下列信息：

①预计负债。

• 预计负债的种类、形成原因以及经济利益流出不确定性的说明。

• 各类预计负债的期初、期末余额和本期变动情况。

• 与预计负债有关的预期补偿金额和本期已确认的预期补偿金额。

②或有负债（不包括极小可能导致经济利益流出企业的或有负债）。

• 或有负债的种类及其形成原因，包括未决诉讼、未决仲裁、对外提供担保等形成的或有负债。

• 经济利益流出不确定性的说明。

• 或有负债预计产生的财务影响，以及获得补偿的可能性；无法预计的，应当说明原因。

③企业通常不应当披露或有资产。但或有资产很可能会给企业带来经济利益的，应当披露其形成的原因、预计产生的财务影响等。

④在涉及未决诉讼、未决仲裁的情况下，按相关规定披露全部或部分信息预期对企业造成重大不利影响的，企业无须披露这些信息，但应当披露该未决诉讼、未决仲裁的性质，以及没有披露这些信息的事实和原因。

（31）资产负债表日后事项。

企业应当披露下列信息：

①每项重要的资产负债表日后非调整事项的性质、内容，及其对财务状况和经营成果的影响。无法做出估计的，应当说明原因。

②资产负债表日后，企业利润分配方案中拟分配的以及经审议批准宣告发放的股利或利润。

7. 分部报告

企业存在多种经营或跨地区经营的，应当按照企业会计准则规定披露分部信息。但是，法律、行政法规另有规定的除外。企业应当以对外提供的财务报表为基础披露分部信息。

对外提供合并财务报表的企业，应当以合并财务报表为基础披露分部信息。

（1）区分业务分部和地区分部。

企业披露分部信息，应当区分业务分部和地区分部。业务分部，是指企业内可区分的、能够提供单项或一组相关产品或劳务的组成部分。该组成部分承担了不同于其他组成部分的风险和报酬。在确定业务分部时，应当结合企业内部管理要求，并考虑下列因素：

①各单项产品或劳务的性质，包括产品或劳务的规格、型号、最终用途等。

②生产过程的性质，包括采用劳动密集或资本密集方式组织生产、使用相同或者相似设备和原材料、采用委托生产或加工方式等。

③产品或劳务的客户类型，包括大宗客户、零散客户等。

④销售产品或提供劳务的方式，包括批发、零售、自产自销、委托销售、承包等。

⑤生产产品或提供劳务受法律、行政法规的影响，包括经营范围或交易定价限制等。

地区分部，是指企业内可区分的、能够在一个特定的经济环境内提供产品或劳务的组成部分。该组成部分承担了不同于在其他经济环境内提供产品或劳务的组成部分的风险和报酬。在确定地区分部时，应当结合企业内部管理要求，并考虑下列因素：

①所处经济、政治环境的相似性，包括境外经营所在地区经济和政治的稳定程度等。

②在不同地区经营之间的关系，包括在某地区进行产品生产，而在其他地区进行销售等。

③经营的接近程度大小，包括在某地区生产的产品是否需在其他地区进一步加工生产等。

④与某一特定地区经营相关的特别风险，包括气候异常变化等。

⑤外汇管理规定，即境外经营所在地区是否实行外汇管制。

⑥外汇风险。

两个或两个以上的业务分部或地区分部同时满足下列条件的，可以予以合并：具有相近的长期财务业绩，包括具有相近的长期平均毛利率、资金回报率、未来现金流量等；确定业务分部或地区分部所考虑的因素类似。

（2）确定报告分部。

企业应当以业务分部或地区分部为基础确定报告分部。业务分部或地区分部的大部分收入是对外交易收入，且满足下列条件之一的，应当将其确定为报告分部：

①该分部的分部收入占所有分部收入合计的10%或者以上。

②该分部的分部利润（亏损）的绝对额，占所有盈利分部利润合计额或者所有亏损分部亏损合计额的绝对额两者中较大者的10%或者以上。

③该分部的分部资产占所有分部资产合计额的10%或者以上。

报告分部的对外交易收入合计额占合并总收入或企业总收入的比重未达到75%的，应当将其他的分部确定为报告分部（即使他们未满足上述规定的条件），直到该比重达到75%。

企业的内部管理按照垂直一体化经营的不同层次来划分的，即使其大部分收入不通过对外交易取得，仍可将垂直一体化经营的不同层次确定为独立的报告业务分部。

对于上期确定为报告分部的，企业本期认为其依然重要，即使本期未满足上述规定条件的，仍应将其确定为本期的报告分部。

（3）披露分部信息。

①企业应当区分主要报告形式和次要报告形式披露分部信息。

  • 风险和报酬主要受企业的产品和劳务差异影响的，披露分部信息的主要形式应当是业务分部，次要形式是地区分部。

  • 风险和报酬主要受企业在不同的国家或地区经营活动影响的，披露分部信息的主要形式应当是地区分部，次要形式是业务分部。

• 风险和报酬同时较大地受企业产品和劳务的差异以及经营活动所在国家或地区差异影响的，披露分部信息的主要形式应当是业务分部，次要形式是地区分部。

在确定主要报告形式和次要报告形式时，应当以企业的风险和报酬的主要来源和性质为依据，同时结合企业的内部组织结构、管理结构以及向董事会或类似机构的内部报告制度。企业的风险和报酬的主要来源和性质，主要与其提供的产品或劳务，或者经营所在国家或地区密切相关。企业的内部组织结构、管理结构以及向董事会或类似机构内部报告制度的安排，通常会考虑或结合企业风险和报酬的主要来源和性质等相关因素。

②对于主要报告形式，企业应当在附注中披露分部收入、分部费用、分部利润（亏损）、分部资产总额和分部负债总额等。

分部收入是指可归属于分部的对外交易收入和对其他分部交易收入。分部收入主要由可归属于分部的对外交易收入构成，通常为营业收入，下列项目不包括在内：

• 利息收入和股利收入，如采用成本法核算的长期股权投资的股利收入（投资收益）、债券投资的利息收入、对其他分部贷款的利息收入等。但是，分部的日常活动是金融性质的除外。

• 采用权益法核算的长期股权投资在被投资单位实现的净利润中应享有的份额以及处置投资产生的净收益。但是，分部的日常活动是金融性质的除外。

• 营业外收入，如处置固定资产、无形资产等产生的净收益。

分部费用，是指可归属于分部的对外交易费用和对其他分部交易费用。分部费用主要由可归属于分部的对外交易费用构成，通常包括营业成本、营业税金及附加、销售费用等，下列项目不包括在内：

①利息费用，如发行债券、向其他分部借款的利息费用等。但是，分部的日常活动是金融性质的除外。

②采用权益法核算的长期股权投资在被投资单位发生的净损失中应承

担的份额以及处置投资发生的净损失。但是，分部的日常活动是金融性质的除外。

③与企业整体相关的管理费用和其他费用。但是，企业代所属分部支付的、与分部经营活动相关的、且能直接归属于或按合理的基础分配给该分部的费用，属于分部费用。

④营业外支出，如处置固定资产、无形资产等发生的净损失。

⑤所得税费用。

分部利润（亏损），是指分部收入减去分部费用后的余额。在合并利润表中，分部利润（亏损）应当在调整少数股东损益前确定。

分部资产，是指分部经营活动使用的可归属于该分部的资产，不包括递延所得税资产。分部资产的披露金额应当按照扣除相关累计折旧或摊销额以及累计减值准备后的余额确定。披露分部资产总额时，当期发生的在建工程成本总额、购置的固定资产和无形资产的成本总额，应当单独披露。

分部负债，是指分部经营活动形成的可归属于该分部的负债，不包括递延所得税负债。

分部的日常活动是金融性质的，利息收入和利息费用应当作为分部收入和分部费用进行披露。

企业披露的分部信息，应当与合并财务报表或企业财务报表中的总额信息相衔接。

分部收入应当与企业的对外交易收入（包括企业对外交易取得的、未包括在任何分部收入中的收入）相衔接；分部利润（亏损）应当与企业营业利润（亏损）和企业净利润（净亏损）相衔接；分部资产总额应当与企业资产总额相衔接；分部负债总额应当与企业负债总额相衔接。

③次要报告形式的分部信息。

分部信息的主要报告形式是业务分部的，应当就次要报告形式披露下列信息：

• 对外交易收入占企业对外交易收入总额 10% 或者以上的地区分部，以外部客户所在地为基础披露对外交易收入。

• 分部资产占所有地区分部资产总额 10% 或者以上的地区分部，以资产所在地为基础披露分部资产总额。

分部信息的主要报告形式是地区分部的，应当就次要报告形式披露下列信息：

• 对外交易收入占企业对外交易收入总额 10% 或者以上的业务分部，应当披露对外交易收入。

• 分部资产占所有业务分部资产总额 10% 或者以上的业务分部，应当披露分部资产总额。

8. 关联方披露

（1）关联方及其判断。

①关联方的定义。

一方控制、共同控制另一方或对另一方施加重大影响，以及两方或两方以上同受一方控制、共同控制或重大影响的，构成关联方。关联方关系则指有关联的各方之间的关系。其中，控制是指有权决定一个企业的财务和经营政策，并能据以从该企业的经营活动中获取利益。

②下列各方构成企业的关联方：

• 该企业的母公司。

• 该企业的子公司。

• 与该企业受同一母公司控制的其他企业。

• 对该企业实施共同控制的投资方。

• 对该企业施加重大影响的投资方。

• 该企业的合营企业。

• 该企业的联营企业。

• 该企业的主要投资者个人及与其关系密切的家庭成员。

• 该企业或其母公司的关键管理人员及与其关系密切的家庭成员。

• 该企业主要投资者个人、关键管理人员或与其关系密切的家庭成员控制、共同控制或施加重大影响的其他企业。

③仅与企业存在下列关系的各方，不构成企业的关联方：

• 与该企业发生日常往来的资金提供者、公用事业部门、政府部门和机构。

• 与该企业发生大量交易而存在经济依存关系的单个客户、供应商、特许商、经销商或代理商。

• 与该企业共同控制合营企业的合营者。

• 仅仅同受国家控制而不存在其他关联方关系的企业，不构成关联方。

• 在具体运用关联方关系判断标准时，应当遵循实质重于形式的原则。

（2）关联方交易及其判断。

关联方交易，是指在关联方之间转移资源、劳务或义务的行为，而不论是否收取价款。

关联方交易的类型通常包括下列各项：

①购买或销售商品。

②购买或销售商品以外的其他资产。

③提供或接受劳务。

④担保。

⑤提供资金（贷款或股权投资）。

⑥租赁。

⑦代理。

⑧研究和开发项目的转移。

⑨许可协议。

⑩代表企业或由企业代表另一方进行债务结算。

⑪关键管理人员薪酬。

（3）关联方披露。

①企业无论是否发生关联方交易，均应当在附注中披露与母公司和子公司有关的下列信息：

• 母公司和子公司的名称。

母公司不是该企业最终控制方的，还应当披露最终控制方名称。

母公司和最终控制方均不对外提供财务报表的，还应当披露母公司之上与其最相近的对外提供财务报表的母公司名称。

• 母公司和子公司的业务性质、注册地、注册资本（或实收资本、股本）及其变化。

• 母公司对该企业或者该企业对子公司的持股比例和表决权比例。

②企业与关联方发生关联交易的，应当在附注中披露该关联方关系的性质、交易类型及交易要素。

交易要素至少应当包括：

• 交易的金额。

• 未结算项目的金额、条款和条件，以及有关提供或取得担保的信息。

• 未结算应收项目的坏账准备金额。

• 定价政策。

③关联方交易应当分别关联方以及交易类型予以披露。类型相似的关联方交易，在不影响财务报表阅读者正确理解关联方交易对财务报表影响的情况下，可以合并披露。

④企业只有在提供确凿证据的前提下，才能披露关联方交易是公平交易。

◎新准则案例运用及说明

1. 同一控制下企业合并的会计处理

由于同一控制下企业合并一般是在一个企业集团内部进行的，合并各方存在关联交易，从最终实施控制方的角度看，其交易的净资产并没有发生实质性的变化。因此，企业合并中对资产的确认与计量应采取遏制企业利用关联交易实行利润操纵行为的会计处理方法。

（1）总体原则。

①会计政策一致性原则：即同一控制下的企业合并，被合并方采用的会计政策与合并方不一致的，合并方在合并日应当按照本企业会计政策对被合并方的财务报表相关项目进行调整。

②采用类似权益结合法的处理方法：即对于被合并方的资产、负债按照原账面价值确认，不按公允价值进行调整，不形成商誉。合并对价与合并中取得的净资产份额的差额调整权益项目，即首先调整资本公积，资本公积不足冲减的调整留存收益。

（2）合并成本。

①在控股合并情况下。

合并方以支付现金、转让非现金资产或承担债务方式支付对价的，应在合并日以支付的现金、转让非现金资产或承担债务的账面价值作为取得被合并方长期股权投资的成本。

合并方以发行权益性证券支付对价的，应在合并日按取得被合并方账面净资产份额作为长期股权投资的成本，按发行股份面值总额作为股本或实收资本，确认的长期股权投资成本与所发行股份的面值金额的差额，调整资本公积和留存收益。

②在吸收合并和新设合并情况下。

合并方在合并日取得的资产和负债的入账价值，应当按照被合并方的原账面价值确认。合并方相关资产和负债所采用的会计政策和被合并方不同的，应当对取得的资产和负债进行调整，按调整后的账面价值进行确认。

合并方确认取得的净资产账面价值与所放弃净资产账面价值的差额，以及发行权益性证券方式确认的净资产账面价值与发行股份面值之间的差额，调整资本公积和留存收益。

（3）合并费用。

企业合并过程中所发生的费用应区分不同的情况分别处理。具体表现为：

①合并方为进行企业合并而发生的各项直接相关费用，包括为进行企业合并而支付的审计费用、评估费用、法律服务费用等，应当于发生时计入当期损益。

②为企业合并发行的债券或承担其他债务支付的手续费、佣金等，应当计入所发行债券及其他债务的初始计量金额。

③企业合并中发行权益性证券发生的手续费、佣金等费用，应当抵减权益性证券溢价收入，溢价收入不足冲减的，冲减留存收益。

（4）合并财务报表。

企业合并属于吸收合并、新设合并的，合并方应当在合并日编制合并日以及合并当期期末的合并财务报表作为新企业以后持续经营的初始财务报表。控股合并即企业合并形成母子公司关系的，母公司应当编制合并日的合并资产负债表、合并利润表和合并现金流量表。

①合并资产负债表中被合并方的资产及负债，应当按其账面价值进行

计量；

②合并利润表应当反映合并前及合并后的收入、费用和利润，即参与合并各方自合并当年年初（或当期期初）至合并日所发生的收入、费用和利润。

为防止企业利用同一控制下企业合并操纵利润，准则要求在编制合并利润表时，对于被合并方在合并日以前实现的净利润在利润表中单列一项反映。有关使用者在运用该信息时，应以扣除该部分合并前实现的净利润后的当期净损益情况对企业盈利情况进行分析。

③合并现金流量表应当包括参与合并各方自合并当期期初至合并日的现金流量。

④对于合并日及以前期间存在的合并各方的内部交易以及其他事项，应当按照《企业会计准则第33号——合并财务报表》进行处理。

【案例】A、B公司同为宏远公司控制下的子公司。20××年6月1日A公司以现金600万元的对价收购了B公司100%的股权。在这次合并过程中发生审计费用、法律服务等直接相关费用为8万元。20××年，B公司当年实现盈利100万元，其中6月1日至12月31日实现利润50万元。20××年5月31日，A、B两公司的资产负债表数据见表4-5：

表4-5 单位：万元

	A公司	B公司	（公允价值）
库存现金	50	20	20
应收账款	450	180	150
存货	300	200	180
固定资产净值	1 000	300	400
短期借款	700	200	200
实收资本	1 300	500	500

①6月1日A公司通过支付B公司600万现金取得了B公司100%的股权。由于A、B公司同受宏远公司控制，所以，它们是同一控制下的企

业合并。因此，A 企业取得 B 公司股权日的账务处理为：

借：长期投资——长期股权投资   5 000 000

  资本公积或留存收益   1 000 000

  贷：银行存款   6 000 000

②为进行企业合并发生的直接相关费用 8 万元，应直接计入当期损益：

借：管理费用——合并费用   80 000

  贷：库存现金   80 000

③如果 B 企业不再存续，B 公司与 A 公司所采用的会计政策一致，则 A 企业在编制企业合并报表时，应按 B 公司的账面价值而不是公允价值计量。因此，合并日的合并分录为：

借：现金   200 000

  应收账款   1 800 000

  存货   2 000 000

  固定资产净值   3 000 000

  贷：短期借款   2 000 000

    长期投资——长期股权投资   5 000 000

④如果 B 企业续存，B 公司实现利润 100 万元时，12 月 31 日 A 公司的会计处理为：

借：长期投资——长期股权投资   1 000 000

  贷：投资收益   1 000 000

同时，在 A 公司的损益表中还应对 B 公司 6 月 1 日至 12 月 31 日实现的利润 50 万元作单独列示。

2. 非同一控制下的企业合并

（1）总体原则。

视同一个企业购买另外一个企业的交易，按照购买法进行核算，按照公允价值确认所取得的资产和负债。

在计量基础上，购买法视合并为购买行为，注重合并完成日资产、负债的公允价值。而权益结合法视企业合并为企业资源的联合，认为是两家或两家以上原企业所有者风险和利益的联合，因此不要求对被购买企业的资产加以重估，即按原有账面价值入账。

（2）合并成本。

①一次交易。

通过一次交换交易实现的企业合并，其合并成本为购买方在购买日为取得另一方的控制权放弃的资产、发生或承担的负债以及发行权益性证券的公允价值。由于非同一控制下的企业合并采用购买法，因此，合并成本按公允价值计量。

②多次交易。

通过多次交换交易分步实现的企业合并，其合并成本为每一单项交易成本之和，即为每一次所发行所支付资产、发生或承担的负债以及发行权益性证券公允价值之和。

③购买方为进行企业合并发生的各项直接相关费用应计入企业合并成本，而不是直接作为当期费用处理。

④在企业合并或协议中对可能影响企业合并成本的未来事项做出约定的，购买日如果对估计未来事项做出约定的，且估计未来事项很可能发生并对合并成本的影响金额能够可靠计量，购买方应当将其计入合并成本。

（3）差额处理。

购买方原已持有的对被购买方的投资，在购买日的公允价值与其账面价值的差额，以及因企业合并所放弃的资产、发生或承担的负债以及发行权益性证券的公允价值与其账面价值的差额，计入当期损益。

（4）初始计量。

企业合并成本，应当分别以下情况进行计量：

①在控股合并情况下，购买方应按确定的企业合并成本作为对被购买

方的长期股权投资成本。

②在吸收合并和新设合并的情况下，购买方在购买日取得被购买方的各项资产（不限于已被确认的资产），如果其所带来的未来经济利益预计能够流入企业且公允价值能够可靠计量，应按其公允价值确认为资产。

③购买方在合并日取得被购买方的各项负债，如果履行有关的义务预期会导致经济利益流出企业，且公允价值能够可靠计量，应按其公允价值确认为负债。

合并中取得的被购买方的或有负债，符合《企业会计准则第13号——或有事项》规定的，购买方在企业合并合同或协议中承诺因对被购买方进行重组等原因，于合并后支付给被购买方的职工或其他方面的补偿，在预计很可能发生且金额能够可靠计量的情况下，应单独确认为负债。

（5）商誉。

在购买日，购买方的合并成本大于确认的各项可辨认资产、负债的公允价值净额的差额，确认为商誉。

企业应于每个会计期末，对商誉按照《企业会计准则第8号——资产减值》进行减值测试，计算确定其减值金额。对商誉测试的减值部分，应计入当期损益。

在购买日，购买方的合并成本小于确认的各项可辨认资产、负债的公允价值净额的差额，为负商誉。在对取得的被购买方各项可辨认资产、负债的公允价值进行复核后，计入当期损益。

（6）会计报表列示。

购买方在编制财务报表时，应遵循以下原则：

①资产负债表应当按照购买日取得被购买方的各项可辨认资产、负债的公允价值确认，购买方的合并成本与其确认的各项可辨认资产、负债公允价值净额的差额，确认为商誉。会计期末，对商誉进行减值测试时，按照测试确认的金额在资产负债表上列示，差额计入当期损益，减少留存收益。对于负商誉，重新评估后，在损益中确认，同时增加留存收益。

②利润表应当以购买日取得被购买方的各项可辨认资产、负债的公允价值为基础，将自购买日至报告期末止被购买方的相关收入、费用、利润纳入利润表。值得注意的是，与非同一控制下的企业合并不同，在同一控制下企业合并，合并利润表反映年初至年末的全部损益，而非同一控制下企业合并仅反映购买日至报告期末的损益。

③现金流量表应当包括被购买方自购买日起至报告期末止的现金流量情况。和利润表相同，非同一控制下企业合并也仅仅反映自购买日起至报告期末止的相关数据，而不是整个会计期间。

④在提供比较财务报表时，不调整比较报表期间的年初数（或期初数）或上年数（或上期期初数）。

⑤购买方编制合并财务报表的，在按上述同一原则处理的基础上，对于购买日以后合并各方的内部交易以及其他事项，应当按照《企业会计准则第33号——合并财务报表》进行处理。

对于非同一控制下的企业合并，本次修订的合并准则，取消了原来对商誉进行摊销的做法，体现了与国际准则的趋同。但是，对于母公司或集团内一个子公司自另一子公司的少数股东手中购买其拥有的全部或部分少数股权的情况，仍要求按照购买法原则进行处理。

【案例】福星公司以1 500万元现金收购B公司的100%股权，对B公司实行吸收合并。购买日B公司持有资产账面价值与公允价值见表4-6：

表4-6   单位：万元

	账面价值	公允价值
固定资产	600	850
长期投资	550	650
长期借款	350	350

则福星公司在购买日企业合并的账务处理如下：

借：固定资产 8 500 000

长期投资 6 500 000

商誉 3 500 000

贷：长期借款 3 500 000

银行存款 15 000 000

【案例】宏远公司以固定资产账面价值2 800万元、公允价值为3 500万元的资产置换E公司100%的股权（控股合并），实现对E公司的合并；在企业合并中发生的与合并相关的直接费用为50万元。E公司的资产项目价值情况见表4-7：

表4-7 单位：万元

	账面价值	公允价值
货币资金	800	800
存货	500	400
固定资产	2 200	2 800
长期借款	400	400
实收资本	3 100	3 100

宏远公司合并过程中的账务处理如下：

①宏远公司确认合并成本。

本例中，合并成本包括合并时支付固定资产的公允价值3500万元，加上所发生的直接费用50万元，作为长期投资成本入账，而所置换出的固定资产的公允价值与账面价值之差则需作为当期费用入账。

借：长期投资——长期股权投资 35 500 000

贷：管理费用 7 000 000

固定资产——置换出的固定资产 28 000 000

库存现金 500 000

②合并成本分配与商誉的确认。

首先需对被购买方可辨认资产价值调整为按公允价值计量；其次，对于合并成本大于被购买方可辨认资产公允价值份额的差额确认为商誉，本例中为负商誉，因此，应直接计入当期损益；最后编制合并分录：

借：货币资金　　　　　　　　　　　　　　　　　　　8 000 000

　　存货　　　　　　　　　　　　　　　　　　　　　4 000 000

　　固定资产　　　　　　　　　　　　　　　　　　　28 000 000

　贷：长期借款　　　　　　　　　　　　　　　　　　　　4 000 000

　　长期投资——长期股权投资　　　　　　　　　　　35 500 000

　　留存收益（负商誉）　　　　　　　　　　　　　　　5 00 000

【案例】绿达公司于 2009 年 1 月 1 日以现金 350 万元取得了 G 公司 20% 的所有权。G 公司可辨认资产在该日的公允价值是 1 000 万元，账面价值是 800 万元。假设 G 公司在该日没有或有负债。2009 年 1 月 1 日的资产负债见表 4 - 8：

表 4 - 8　　　　　　　　　　　　　　　　　　　　　　　　　单位：万元

	账面价值	公允价值
现金和应收账款	200	200
土地使用权	600	800
合计	800	1 000

已发行权益：100 万普通股　　　　500 万元

留存收益　　　300 万元

合计　　　800 万元

截至 2009 年 12 月 31 日，G 公司当年实现利润 600 万元。没有支付股利。此外，土地使用权的市价由 800 万元增加到 1 100 万元，G 公司账面价值未做调整。2009 年 12 月 31 日，G 公司普通股的股价为每股 30 元。2009 年 12 月 31 日的资产负债见表 4 - 9：

表4-9
单位：万元

	账面价值	公允价值
现金和应收账款	800	800
土地使用权	600	1 100
合计	1 400	1 900

已发行权益：100万普通股　　　　500万元

留存收益　　　900万元

合计　　　　1 400万元

则绿达公司的会计处理为：

①购买日以公允价值确认G公司的可辨认资产。

借：无形资产——土地使用权（800万-600万）　　2 000 000

　　贷：资产重估增值　　　　　　　　　　　　　　　　2 000 000

②购买日确认商誉。

借：已发行权益（500万×20%）　　　　　　1 000 000

　　资产重估增值（200万×20%）　　　　　　400 000

　　留存收益（300万×20%）　　　　　　　　600 000

　　商誉（350万-1000万×20%）　　　　　　1 500 000

　　贷：长期投资　　　　　　　　　　　　　　　3 500 000

③12月31日以公允价值确认G公司的可辨认资产。

借：无形资产——土地使用（1100万-800万）　　3 000 000

　　贷：资产重估增值　　　　　　　　　　　　　　　3 000 000

2010年1月1日，绿达公司以现金2 200万元进一步确定G公司60%的股权，从而获得了控制权。

④再次确认商誉。

借：已发行权益（500 万 ×60％）　　　　　　　　　　3 000 000

　　资产重估增值［（200 万 +300 万）×60％)］　　　3 000 000

　　留存收益（900 万 ×60％）　　　　　　　　　　　5 400 000

　　商誉（2200 万 –1900 万 ×60％）　　　　　　　10 600 000

　　贷：长期投资　　　　　　　　　　　　　　　　22 000 000

⑤确认 G 公司的少数股权。

借：已发行权益（500 万 ×20％）　　　　　　　　　　1 000 000

　　资产重估增值［（200 万 +300 万）×20％］　　　1 000 000

　　留存收益（900 万 ×20％）　　　　　　　　　　　800 000

　　贷：少数股权　　　　　　　　　　　　　　　　　2 800 000

第 5 章

所得税会计准则及税法差异的变化点及案例说明

◎ 新准则制定背景及突破

1. 新准则制定背景

国际会计准则委员会于 1996 年 10 月修订了原《国际会计准则第 12 号——所得税会计》，取代旧准则（即 1979 年 IASC NO. 12），其中最主要的变化是禁止采用递延法，要求采用资产负债表债务法核算递延所得税（旧准则允许使用递延法或利润表债务法），来代替原准则中的利润表债务法。

我国所得税会计是依据会计准则、财务通则及所得税法，与国际会计惯例基本协调且具有中国特色的所得税会计。由于我国当前及今后相当长一段时间内将致力于国有企业改造，企业重组、合并现象大量出现，资产重估越来越频繁，从而必将对所得税产生重大的影响，而递延法或利润表债务法均无法反映和处理这些方面的暂时性差异。由于所得税会计是我国会计的一个薄弱环节，在会计制度和所得税制度相对独立的条件下，企业会计利润与纳税所得的差异日趋扩大。为了满足会计信息使用者对所得税会计信息更高层次的要求，财政部出台了包括《企业会计准则第 18 号——所得税》（简称新准则）在内的一系列新准则。

2. 新准则的主要特点和突破

新准则主要规范了所得税的会计处理方法及其相关的信息披露，其主要特点如下：

（1）新准则借鉴了《国际会计准则第 12 号——所得税》并结合我国

的实际情况，要求所得税会计采用资产负债表债务法。

债务法有利润表债务法和资产负债表债务法之分。利润表债务法注重时间性差异，而资产负债表债务法注重暂时性差异。时间性差异是指在一个期间产生而在以后的一个或多个期间转回的应税利润与会计利润之间的差额。暂时性差异是指一项资产或负债的计税基础与其资产负债表账面金额的差额。所有的时间性差异都是暂时性差异，但并非所有的暂时性差异都是时间性差异。时间性差异侧重于从收入或费用角度分析会计利润和应税利润之间的差异，揭示的是某个会计期间内产生的差异。暂时性差异则侧重于从资产和负债的角度分析会计收益和应税所得之间的差异，反映的是某个时点上存在的此类差异。它是指资产、负债的计税基础与其列示在财务报表上的账面金额之间的差异，该差异在以后年度当财务报表上列示的资产收回或列示的负债偿还时，会产生应纳税金额或可抵扣税金额。显然，资产负债表债务法能更真实准确地反映企业某一时点的财务状况，提高会计信息质量，所以，新准则明确提出所得税会计核算必须采用资产负债表债务法。

（2）要求企业将根据应税暂时性差异计算的未来期间应交的所得税金额，确认为递延所得税负债。同时，要求企业将由于可抵扣暂时性差异、前期转入的未抵扣亏损和前期转入的尚可抵减的税款抵扣等导致的可抵扣未来期间所得税金额，确认为递延所得税资产。在税率变动时，应当对递延所得税资产或递延所得税负债进行调整。

（3）本准则引入了资产的计税基础、负债的计税基础和暂时性差异等新的概念，实现与国际会计准则接轨。

（4）充分体现了谨慎性原则的要求。对于暂时性差异对未来所得税的影响金额，在发生的当期即可确认为一项递延所得税负债或递延所得税资产。但是，对于可抵减暂时性差异，是否应该确认为一项递延所得税资产呢？新准则借鉴国际会计准则，对此采取了稳健的做法。因为，如果本期确认一项递延所得税资产，意味着在转销递延所得税资产的期间内将会产生本期所得税费用。如果在转销递延所得税资产的期间内,企业没有足够的应税所得,则意味着不能转销这项所得税资产。

(5)对于所确认的递延所得税资产,要求在每一个资产负债表日,企业应当对递延所得税资产的账面价值进行复核。如果企业未来期间不可能获得足够的应税利润可供抵扣,应当减记递延所得税资产的账面价值。

◎新准则与国际会计准则的比较分析

　　1996 年修订的国际会计准则第 12 号由原来要求企业采用递延法或债务法（有时称作利润表债务法）换算递延所得税改为禁止采用递延法，要求采用另一种债务法（有时也称作资产负债表债务法）。由于债务法相对于递延法更科学，按照债务法确认的递延所得税负债或递延所得税资产更符合负债和资产的定义，但是在税率变动的情况下核算较为复杂。我国所得税准则是在借鉴国际准则并结合我国实际情况的基础上制定的，其主要差异见表 5 – 1：

表 5 – 1　　　　　　　　　　**新准则与国际会计准则差异对照表**

比较项目	《企业会计准则第 18 号——所得税》	《国际会计准则第 12 号——所得税会计》
目标	没有规定所得税会计的目标。	规定了所得税会计处理的目标。
定义	和国际会计准则基本一致。	有专门章节对术语的定义进行表述。
会计方法	只能采用资产负债表债务法核算所得税。	只能采用资产负债表债务法核算所得税。
确认	和国际会计准则基本一致。	规定更为具体，如企业合并、以公允价值计价的资产、商誉、以股份为基础的支付等。
计量	和国际会计准则基本一致。	基本一致。
披露	和国际会计准则基本一致。	要求更详细，更为具体。

◎ 所得税会计新旧准则内容比较

新准则强调权责发生制原则和资产负债表观的理念，以利润总额为基础调整若干项目后求得所得税费用的计算基础（按资产负债表观调整利润总额）。

1. 核算方法不同

旧会计制度的所得税会计核算中，企业对所得税核算会计方法选择的余地很大，既可以选用应付税款法，也可以选择纳税影响会计法。而新准则要求企业一律采用资产负债表债务法核算递延所得税。

2. 确认不同

旧制度中采用应付税款法时将时间性差异视同于永久性差异，采用利润表债务法时将时间性差异对当期所得税影响确认为递延税款，可计算当期的影响，不能直接反映对未来的影响，不能处理非时间性差异的暂时性差异。新准则采用资产负债表债务法，引入计税基础的概念，注重暂时性差异，可直接得出递延所得税资产、递延所得税负债余额，能直接反映其对未来的影响，可处理所有的暂时性差异。

3. 时间性差异和暂时性差异的区别

（1）时间性差异一定是暂时性差异。

【案例】固定资产原值 5 000 元，预计使用年限 5 年，采用直线法计提折旧，期末无残值。税法允许采用双倍余额递减法计提折旧。

若采用利润表债务法计算，见表 5 - 2：

表 5 - 2 　　　　　　　　　　　　　　　　　　　　　　　　　　单位：元

期 间	1	2	3	4	5
会计折旧	1 000	1 000	1 000	1 000	1 000
税法折旧	2 000	1 200	720	540	540
差 额	1 000	200	- 280	- 460	- 460

根据时间性差异的定义：应税收益和会计收益的差额，在一个期间内形成，可在随后的一个或几个期间内转回。其成因是由于会计准则或会计制度与税法在收入与费用确认和计量的时间上存在差异。可以判断这是一项时间性差异。

若采用资产负债表债务法计算，见表 5 - 3：

表 5 - 3 　　　　　　　　　　　　　　　　　　　　　　　　　　单位：元

各期期末	0	1	2	3	4	5
账面价值	5 000	4 000	3 000	2 000	1 000	0
计税基础	5 000	3 000	1 800	1 080	540	0
差 额	0	1 000	1 200	920	460	0

根据暂时性差异的定义：从资产和负债看，是一项资产或一项负债的计税基础和其在资产负债表中的账面金额之间的差额，随时间推移将会消除。该项差异在以后年度资产收回或负债清偿时，会产生应税利润或可抵扣税额。可以判断这是一项暂时性差异。因此，时间性差异是暂时性差异。

（2）暂时性差异有可能不是时间性差异。

【案例】企业固定资产的账面价值为 1 万元，重估的公允价值为 2 万元，会计和税法规定都按直线法计提折旧，剩余使用年限为 5 年。会计按重估的公允价值计提折旧，而重估资产增值并确认入账根据税法规定计税时不作相应调整，因此税法按账面价值计提折旧。

若采用资产负债表债务法计算，见表5-4：

表5-4 　　　　　　　　　　　　　　　　　　　　　　　　　单位：元

各期期末	0	1	2	3	4	5
账面价值	20 000	16 000	12 000	8 000	4 000	0
计税基础	10 000	8 000	6 000	4 000	2 000	0
差　额	10 000	8 000	6 000	4 000	2 000	0

可以判断，这是一项暂时性差异。

若采用利润表债务法计算，见表5-5：

表5-5 　　　　　　　　　　　　　　　　　　　　　　　　　单位：元

期　间	1	2	3	4	5
会计折旧	4 000	4 000	4 000	4 000	4 000
税法折旧	2 000	2 000	2 000	2 000	2 000
差　额	-2 000	-2 000	-2 000	-2 000	-2 000

可以判断，这不是一项时间性差异。其原因在于资产增值收益计入资产负债表的权益类，而不是计入损益表。因此，暂时性差异有可能不是时间性差异。

4. 弥补亏损的会计处理不同

我国现行税法允许企业亏损向后递延弥补五年，旧制度关于所得税处理规定中对可结转后期的尚可抵扣的亏损，在亏损弥补当期不确认所得税利益。新准则要求企业对能够结转后期的尚可抵扣的亏损，应当以可能获得用于抵扣尚可抵扣的亏损的未来应税利润为限，确认递延所得税资产。一般称之为当期确认法，即后转抵减所得税的利益在亏损当年确认。使用该方法，企业应当对五年内可抵扣暂时性差异是否能在以后经营期内的应税利润充分转回作出判断，如果不能，企业不应确认。

5. 新增了"计税基础"的概念

◎所得税会计新会计准则的主要内容

※递延所得税资产的内容

1. 资产的计税基础

资产的计税基础,是指企业收回资产账面价值的过程中,计算应纳税所得额时按照税法规定可以自应税经济利益中抵扣的金额。如果有关的经济利益不纳税,则资产的计税基础即为其账面价值。

资产的计税基础为某一项资产在未来期间计税时可以税前扣除的金额。从税收的角度考虑,资产的计税基础是假定企业按照税法规定进行核算所提供的资产负债表中资产的应有金额。

资产在初始确认时,其计税基础一般为取得成本。从所得税角度考虑,某一单项资产产生的所得是指该项资产产生的未来经济利益流入扣除其取得成本之后的金额。一般情况下,税法认定的资产取得成本为购入时实际支付的金额。在资产持续持有的过程中,可在未来期间税前扣除的金额是指资产的取得成本减去以前期间按照税法规定已经税前扣除的金额后的余额。如固定资产、无形资产等长期资产在某一资产负债表日的计税基础,是指其成本扣除按照税法规定已在以前期间税前扣除的累计折旧额或累计摊销额后的金额。

企业应当按照适用的税收法规规定计算确定资产的计税基础。如固定资产、无形资产等的计税基础可确定如下：

（1）固定资产。

以各种方式取得的固定资产，初始确认时入账价值基本上是被税法认可的，即取得时其账面价值一般等于计税基础。

固定资产在持有期间进行后续计量时，会计上的基本计量模式是"成本—累计折旧—固定资产减值准备"。会计与税收处理的差异主要来自于折旧方法、折旧年限的不同以及固定资产减值准备的提取。

①折旧方法、折旧年限产生的差异。企业会计准则规定，企业可以根据消耗固定资产经济利益的方式合理选择折旧方法，如可以按直线法计提折旧，也可以按照双倍余额递减法、年数总和法等计提折旧，前提是有关的方法能够反映固定资产为企业带来经济利益的方式。税法一般会规定固定资产的折旧方法，除某些按照规定可以加速折旧的情况外，基本上可以税前扣除的是按照直线法计提的折旧。

另外，税法还会规定每一类固定资产的折旧年限，而会计处理时按照企业会计准则规定，折旧年限是由企业按照固定资产能够为企业带来经济利益的期限估计确定的。因为折旧年限的不同，也会产生固定资产账面价值与计税基础之间的差异。

②因计提固定资产减值准备产生的差异。持有固定资产的期间内，在对固定资产计提了减值准备以后，因所计提的减值准备不允许税前扣除，也会造成其账面价值与计税基础的差异。

（2）无形资产。

除内部研究开发形成的无形资产以外，以其他方式取得的无形资产，初始确认时其入账价值与税法规定的成本之间一般不存在差异。

①对于内部研究开发形成的无形资产，企业会计准则规定有关研究开发支出区分两个阶段，研究阶段的支出应当费用化计入当期损益，而开发阶段符合资本化条件以后发生的支出应当资本化作为无形资产的成本；税法规定，企业发生的研究开发支出可税前扣除。

内部研究开发形成的无形资产初始确认时，其成本为符合资本化条件以后发生的支出总额，因该部分研究开发支出在发生当期已税前扣除，所形成的无形资产在以后期间可税前扣除的金额为0，其计税基础为0。两者之间的差额在未来期间应计入应纳税所得额，即会导致未来期间应纳税所得额的增加，为应纳税暂时性差异。

②无形资产在后续计量时，会计与税收的差异主要产生于对无形资产是否需要摊销及无形资产减值准备的提取。

企业会计准则规定应根据无形资产的使用寿命情况，区分使用寿命有限的无形资产与使用寿命不确定的无形资产分别处理。对于使用寿命不确定的无形资产，不要求摊销，在会计期末应进行减值测试。税法规定，企业取得的无形资产成本，应在一定期限内摊销，合同、法律未明确规定摊销期限的，应按不少于10年的期限摊销。

在对无形资产计提减值准备的情况下，因所计提的减值准备不允许税前扣除，也会造成其账面价值与计税基础的差异。

（3）以公允价值计量且其变动计入当期损益的金融资产。

按照《企业会计准则第22号——金融工具确认和计量》的规定，对于以公允价值计量且其变动计入当期损益的金融资产，其于某一会计期末的账面价值为公允价值，如果税法规定按照企业会计准则确认的公允价值变动损益在计税时不予考虑，即有关金融资产在某一会计期末的计税基础为其取得成本，会造成该类金融资产账面价值与其计税基础之间的差异。

2. 递延所得税资产确认的一般原则

资产、负债的账面价值与其计税基础不同产生可抵扣暂时性差异的，在估计未来期间能够取得足够的应纳税所得额用以利用该可抵扣暂时性差异时，应当以很可能取得用来抵扣可抵扣暂时性差异的应纳税所得额为限，确认相关的递延所得税资产。

（1）递延所得税资产的确认应以未来期间可能取得的应纳税所得额为

限。在可抵扣暂时性差异转回的未来期间内，企业无法产生足够的应纳税所得额用以抵减可抵扣暂时性差异的影响，使得与递延所得税资产相关的经济利益无法实现的，该部分递延所得税资产不应确认；企业有明确的证据表明其于可抵扣暂时性差异转回的未来期间能够产生足够的应纳税所得额，进而利用可抵扣暂时性差异的，则应以可能取得的应纳税所得额为限，确认相关的递延所得税资产。

考虑到可抵扣暂时性差异转回的期间内可能取得应纳税所得额的限制，因无法取得足够的应纳税所得额而未确认相关的递延所得税资产的，应在会计报表附注中进行披露。

（2）按照税法规定可以结转以后年度的未弥补亏损和税款抵减，应视同可抵扣暂时性差异处理。在预计可利用可弥补亏损或税款抵减的未来期间内能够取得足够的应纳税所得额时，应当以很可能取得的应纳税所得额为限，确认相应的递延所得税资产，同时减少确认当期的所得税费用。

与可抵扣亏损和税款抵减相关的递延所得税资产，其确认条件与可抵扣暂时性差异产生的递延所得税资产相同。

（3）企业合并中，按照会计准则规定确定的合并中取得各项可辨认资产、负债的入账价值与其计税基础之间形成可抵扣暂时性差异的，应确认相应的递延所得税资产，并调整合并中应予确认的商誉等。

（4）与直接计入所有者权益的交易或事项相关的可抵扣暂时性差异，相应的递延所得税资产应计入所有者权益。如因可供出售金融资产公允价值下降而应确认的递延所得税资产。

3. 不确认递延所得税资产的特殊情况

某些情况下，如果企业发生的某项交易或事项不是企业合并，并且交易发生时既不影响会计利润也不影响应纳税所得额，且该项交易中产生的资产、负债的初始确认金额与其计税基础不同，产生可抵扣暂时性差异的，企业会计准则中规定在交易或事项发生时不确认相应的递延所得税资产。其原因在于，如果确认递延所得税资产，则需调整资产、负债的入账价值，对实际成本进行调整将有违会计核算中的历史成本原则，影响会计信息的可靠性，该种情况下不确认相应的递延所得税资产。

4. 递延所得税资产的计量

（1）适用税率的确定。

确认递延所得税资产时，应估计相关可抵扣暂时性差异的转回时间，采用转回期间适用的所得税税率为基础计算确定。无论相关的可抵扣暂时性差异转回期间如何，递延所得税资产均不予折现。

（2）递延所得税资产的减值。

资产负债表日，企业应当对递延所得税资产的账面价值进行复核。如果未来期间很可能无法取得足够的应纳税所得额用以利用递延所得税资产的利益，应当减记递延所得税资产的账面价值。递延所得税资产的账面价值减记以后，继后期间根据新的环境和情况判断能够产生足够的应纳税所得额利用可抵扣暂时性差异，使得递延所得税资产包含的经济利益能够实现的，应相应恢复递延所得税资产的账面价值。

※递延所得税负债的内容

1. 负债的计税基础

负债的计税基础，是指负债的账面价值减去未来期间计算应纳税所得额时按照税法规定可予抵扣的金额。

负债的确认与偿还一般不会影响企业的损益，也不会影响其应纳税所得额，未来期间计算应纳税所得额时按照税法规定可予抵扣的金额为0，计税基础即为账面价值。例如，企业的短期借款、应付账款等。但是，某些情况下，负债的确认可能会影响企业的损益，进而影响不同期间的应纳税所得额，使得其计税基础与账面价值之间产生差额，如按照会计规定确认的某些预计负债。

（1）企业因销售商品提供售后服务等原因确认的预计负债。

按照《企业会计准则第13号——或有事项》的规定，企业应将预计提供售后服务发生的支出在销售当期确认为费用，同时确认预计负债。如果税法规定，有关的支出应于发生时税前扣除，由于该类事项产生的预计负债在期末的计税基础为其账面价值与未来期间可税前扣除的金额之间的差额，因有关的支出实际发生时可全部税前扣除，其计税基础为0。

因其他事项确认的预计负债，应按照税法规定的计税原则确定其计税基础。某些情况下，因有些事项确认的预计负债，如果税法规定无论是否实际发生均不允许税前扣除，即未来期间按照税法规定可予抵扣的金额为0，其账面价值与计税基础相同。

（2）预收账款。

企业在收到客户预付的款项时，因不符合收入确认条件，会计上将其确认为负债。税法中对于收入的确认原则一般与会计规定相同，即会计上未确认收入时，计税时一般亦不计入应纳税所得额，该部分经济利益在未来期间计税时可予税前扣除的金额为0，计税基础等于账面价值。

如果不符合企业会计准则规定的收入确认条件，但按照税法规定应计入当期应纳税所得额时，有关预收账款的计税基础为0，即因其产生时已经计算交纳所得税，未来期间可全额税前扣除，计税基础为账面价值减去在未来期间可全额税前扣除的金额，即其计税基础为0。

（3）应付职工薪酬。

企业会计准则规定，企业为获得职工提供的服务给予的各种形式的报酬以及其他相关支出均应作为企业的成本费用，在未支付之前确认为负债。税法规定，企业支付给职工的工资薪金性质的支出可税前列支（外资企业）或按照一定的标准计算的金额准予税前扣除（内资企业）。一般情况下，对于应付职工薪酬，其计税础为账面价值减去在未来期间可予税前扣除的金额之间的差额。

（4）其他负债。

如企业应交的罚款和滞纳金等，在尚未支付之前按照会计规定确认为费用，同时作为负债反映。税法规定，罚款和滞纳金不得税前扣除，其计税基础为账面价值减去未来期间计税时可予税前扣除的金额 0 之间的差额，即计税基础等于账面价值。

2. 递延所得税负债确认的一般原则

应纳税暂时性差异在转回期间将增加未来期间的应纳税所得额和应交所得税，导致企业经济利益的流出，从其发生当期看，构成企业应支付税金的义务，应作为递延所得税负债确认。

确认应纳税暂时性差异产生的递延所得税负债时，交易或事项发生时影响到会计利润或应纳税所得额的，相关的所得税影响应作为利润表中所得税费用的组成部分；与直接计入所有者权益的交易或事项相关的，其所得税影响应增加或减少所有者权益；企业合并产生的，相关的递延所得税影响应调整购买日应确认的商誉或计入当期损益的金额。

企业在确认因应纳税暂时性差异产生的递延所得税负债时，应遵循以下原则：

除企业会计准则中明确规定可不确认递延所得税负债的情况以外，企业对于所有的应纳税暂时性差异均应确认相关的递延所得税负债。除直接计入所有者权益的交易或事项以及企业合并外，在确认递延所得税负债的同时，应增加利润表中的所得税费用。

有些情况下，虽然资产、负债的账面价值与其计税基础不同，产生了应纳税暂时性差异，但出于各方面考虑，企业会计准则中规定不确认相应的递延所得税负债，主要包括：

（1）商誉的初始确认。

非同一控制下的企业合并中，企业合并成本大于合并中取得的被购买方可辨认净资产公允价值份额的差额，确认为商誉。因会计与税收的划分标准不同，按照税法规定作为免税合并的情况下，税法不认可商誉的价值，即从税法角度，商誉的计税基础为 0，两者之间的差额形成应纳税暂时性差异。但是，确认该部分暂时性差异产生的递延所得税负债，则意味着将进一步增加商誉的价值。因商誉本身即是企业合并成本在取得的被购买方可辨认资产、负债之间进行分配后的余额，确认递延所得税负债进一步增加其账面价值会影响到会计信息的可靠性，而且增加了商誉的账面价值以后，可能很快就要计提减值准备，同时其账面价值的增加还会进一步产生应纳税暂时性差异，使得递延所得税负债和商誉价值量的变化不断循环。因此，对于企业合并中产生的商誉，其账面价值与计税基础不同形成的应纳税暂时性差异，企业会计准则中规定不确认相关的递延所得税负债。

（2）除企业合并以外的其他交易或事项中，如果该项交易或事项发生时既不影响会计利润，也不影响应纳税所得额，则所产生的资产、负债的初始确认金额与其计税基础不同，形成应纳税暂时性差异的，交易或事项发生时不确认相应的递延所得税负债。该规定主要是考虑到由于交易发生时既不影响会计利润，也不影响应纳税所得额，确认递延所得税负债的直接结果是增加有关资产的账面价值或是降低所确认负债的账面价值，使得资产、负债在初始确认时，违背历史成本原则，影响会计信息的可靠性。

该类交易或事项在我国企业实务中并不多见，一般情况下有关资产、负债的初始确认金额均会为税法所认可，不会产生两者之间的差异。

（3）与联营企业、合营企业投资等相关的应纳税暂时性差异，一般应确认相应的递延所得税负债，但同时满足以下两个条件的除外：一是投资企业能够控制暂时性差异转回的时间；二是该暂时性差异在可预见的未来很可能不会转回。满足上述条件时，投资企业可以运用自身的影响力决定暂时性差异的转回，如果不希望其转回，则在可预见的未来该项暂时性差异即不会转回，从而无须确认相应的递延所得税负债。

3. 递延所得税负债的计量

递延所得税负债应以相关应纳税暂时性差异转回期间适用的所得税税率计量。在我国，除享受优惠政策的情况以外，企业适用的所得税税率在不同年度之间一般不会发生变化，企业在确认递延所得税负债时，可以现行适用税率为基础计算确定，递延所得税负债的确认不要求折现。

※新会计准则所得税会计的处理方法

1. 所得税会计概述

所得税会计是从资产负债表出发，通过比较资产负债表上列示的资产、负债，按照企业会计准则规定确定的账面价值与按照税法规定确定的计税基础，对于两者之间的差额分别应纳税暂时性差异与可抵扣暂时性差异，确认相关的递延所得税负债与递延所得税资产，并在此基础上确定每一期间利润表中的所得税费用。

采用资产负债表债务法核算所得税的情况下，企业一般应于每一资产负债表日进行所得税的核算。发生特殊交易或事项时，如企业合并，在确认因交易或事项产生的资产、负债的时点即应确认相关的所得税影响。企业进行所得税核算时一般应遵循以下程序：

（1）按照相关企业会计准则规定，确定资产负债表中除递延所得税资产和递延所得税负债以外的其他资产和负债项目的账面价值。

（2）按照企业会计准则中对于资产和负债计税基础的确定方法，以适用的税收法规为基础，确定资产负债表中有关资产、负债项目的计税基础。

（3）比较资产、负债的账面价值与其计税基础，对于两者之间存在差异的，分析其性质，除企业会计准则中规定的特殊情况外，分别应纳税暂时性差异与可抵扣暂时性差异，确定该资产负债表日递延所得税负债和递延所得税资产的应有金额，并与期初递延所得税负债和递延所得税资产的余额相比，确定当期应予进一步确认的递延所得税资产和递延所得税负债金额或应予转销的金额，作为构成利润表中所得税费用的递延所得税。

（4）按照适用的税法规定计算确定当期应纳税所得额，将应纳税所得额与适用的所得税税率计算的结果确认为当期应交所得税（即当期所得税），同时结合当期确认的递延所得税资产和递延所得税负债（即递延所得税），作为利润表中应予确认的所得税费用。

2. 暂时性差异

暂时性差异，是指资产或负债的账面价值与其计税基础之间的差额。其中，账面价值是指按照企业会计准则规定确定的有关资产、负债在企业的资产负债表中应列示的金额。由于资产、负债的账面价值与其计税基础不同，产生了在未来收回资产或清偿负债的期间内，应纳税所得额增加或减少并导致未来期间应交所得税增加或减少的情况，在这些暂时性差异发生的当期，应当确认相应的递延所得税负债或递延所得税资产。根据暂时性差异对未来期间应税金额影响的不同，分为应纳税暂时性差异和可抵扣暂时性差异。

某些不符合资产、负债的确认条件，未作为财务会计报告中资产、负债列示的项目，如果按照税法规定可以确定其计税基础，该计税基础与其账面价值之间的差额也属于暂时性差异。

（1）应纳税暂时性差异。

应纳税暂时性差异，是指在确定未来收回资产或清偿负债期间的应纳税所得额时，将导致产生应税金额的暂时性差异。该差异在未来期间转回时，会增加转回期间的应纳税所得额，即在未来期间不考虑该事项影响的应纳税所得额的基础上，由于该暂时性差异的转回，会进一步增加转回期间的应纳税所得额和应交所得税金额。在该暂时性差异产生当期，应当确认相关的递延所得税负债。

应纳税暂时性差异通常产生于以下情况：

①资产的账面价值大于其计税基础。

一项资产的账面价值代表的是企业在持续使用及最终出售该项资产时会取得的经济利益的总额，而计税基础代表的是一项资产在未来期间可予税前扣除的总金额。资产的账面价值大于其计税基础，该项资产未来期间产生的经济利益不能全部税前抵扣，两者之间的差额需要交税，产生应纳税暂时性差异。

②负债的账面价值小于其计税基础。

一项负债的账面价值为企业预计在未来期间清偿该项负债时的经济利益流出，而其计税基础代表的是账面价值在扣除税法规定未来期间允许税前扣除的金额之后的差额。因负债的账面价值与其计税基础不同产生的暂时性差异实质上是税法规定就该项负债在未来期间可以税前扣除的金额。负债的账面价值小于其计税基础，则意味着就该项负债在未来期间可以税前抵扣的金额为负数，即应在未来期间应纳税所得额的基础上调增，增加应纳税所得额和应交所得税金额，产生应纳税暂时性差异。

（2）可抵扣暂时性差异。

可抵扣暂时性差异，是指在确定未来收回资产或清偿负债期间的应纳税所得额时，将导致产生可抵扣金额的暂时性差异。该差异在未来期间转回时会减少转回期间的应纳税所得额，减少未来期间的应交所得税。在该暂时性差异产生当期，应当确认相关的递延所得税资产。

可抵扣暂时性差异一般产生于以下情况：

①资产的账面价值小于其计税基础，从经济含义来看，资产在未来期间产生的经济利益少，按照税法规定允许税前扣除的金额多，则企业在未来期间可以减少应纳税所得额并减少应交所得税，形成可抵扣暂时性差异。

②负债的账面价值大于其计税基础，负债产生的暂时性差异实质上是

税法规定就该项负债可以在未来期间税前扣除的金额。一项负债的账面价值大于其计税基础，意味着未来期间按照税法规定构成负债的全部或部分金额可以自未来应税经济利益中扣除，减少未来期间的应纳税所得额和应交所得税，产生可抵扣暂时性差异。

对于按照税法规定可以结转以后年度的未弥补亏损及税款抵减，虽不是因资产、负债的账面价值与计税基础不同产生的，但本质上可抵扣亏损和税款抵减与可抵扣暂时性差异具有同样的作用，均能够减少未来期间的应纳税所得额，进而减少未来期间的应交所得税，在会计处理上，视同可抵扣暂时性差异，符合条件的情况下，应确认与其相关的递延所得税资产。

3. 所得税费用的确认和计量

采用资产负债表债务法核算所得税的情况下，利润表中的所得税费用由两个部分组成：当期所得税和递延所得税。

（1）当期所得税。

当期所得税，是指企业按照税法规定计算确定的针对当期发生的交易和事项，应交纳给税务部门的所得税金额，即应交所得税，应以适用的税收法规为基础计算确定。

企业在确定当期所得税时，对于当期发生的交易或事项，会计处理与税收处理不同的，应在会计利润的基础上，按照适用税收法规的要求进行调整，计算出当期应纳税所得额，按照应纳税所得额与适用所得税税率计算确定当期应交所得税。

（2）递延所得税。

递延所得税，是指企业在某一会计期间确认的递延所得税资产及递延所得税负债的综合结果。即按照企业会计准则规定应予确认的递延所得税资产和递延所得税负债在期末应有的金额相对于原已确认金额之间的差额，即递延所得税资产及递延所得税负债的当期发生额，但不包括计入所有者权益的交易或事项及企业合并的所得税影响。用公式表示即为：

递延所得税 = 当期递延所得税负债的增加 + 当期递延所得税资产的

减少 – 当期递延所得税负债的减少 – 当期递延所得税

资产的增加

如果某项交易或事项按照企业会计准则规定应计入所有者权益，由该交易或事项产生的递延所得税资产或递延所得税负债及其变化亦应计入所有者权益，不构成利润表中的递延所得税费用（或收益）。

（3）所得税费用。

计算确定了当期所得税及递延所得税以后，利润表中应予确认的所得税费用为两者之和，即：

所得税费用 = 当期所得税 + 递延所得税

计入当期损益的所得税费用或收益不包括企业合并和直接在所有者权益中确认的交易或事项产生的所得税影响。与直接计入所有者权益的交易或事项相关的当期所得税和递延所得税，应当计入所有者权益。

所得税费用应当在利润表中单独列示。

4. 账户设置

根据新《企业会计准则第 18 号——所得税》准则第十条规定，企业对所得税进行会计处理时，应设置如下账户：

（1）"应交税费——应交所得税"账户：核算企业应交未交所得税。

（2）"所得税"账户：核算企业计入当期损益的所得税费用。

（3）"递延所得税负债"账户：核算企业递延所得税负债的发生及转回。

（4）"递延所得税资产"账户：核算企业递延所得税资产的发生及转回。

◎新准则案例运用及说明

1. 递延所得税资产的账务处理

企业确认的可抵扣暂时性差异产生的递延所得税资产,通过"递延所得税资产"科目核算。本科目应按可抵扣暂时性差异等项目进行明细核算。根据税法规定可用以后年度税前利润弥补的亏损及税款抵减产生的所得税资产,也在本科目核算。本科目期末借方余额,反映企业确认的递延所得税资产。

递延所得税资产的主要账务处理:

(1)资产负债表日,企业确认的递延所得税资产,借记"递延所得税资产"科目,贷记"所得税费用——递延所得税费用"科目。资产负债表日递延所得税资产的应有余额大于其账面余额的,应按其差额确认,借记"递延所得税资产"科目,贷记"所得税费用——递延所得税费用"等科目;资产负债表日递延所得税资产的应有余额小于其账面余额的差额做相反的会计分录。

企业合并中取得资产、负债的入账价值与其计税基础不同形成可抵扣暂时性差异的,应于购买日确认递延所得税资产,借记"递延所得税资产"科目,贷记"商誉"等科目。

与直接计入所有者权益的交易或事项相关的递延所得税资产,借记"递延所得税资产"科目,贷记"资本公积——其他资本公积"科目。

(2)资产负债表日,预计未来期间很可能无法获得足够的应纳税所得额用以抵扣可抵扣暂时性差异的，按原已确认的递延所得税资产中应减记的金额，借记"所得税费用——递延所得税费用""资本公积——其他资本公积"等科目，贷记"递延所得税资产"科目。

【案例】宏远公司2007年12月购入一台设备，原值1 200 000元，预计使用年限3年，预计净残值为零，按直线法计提折旧。2008年12月31日，因减值计提固定资产减值准备200 000元。计提减值准备后，原预计使用年限和预计净残值不变。假设所得税率为25%，则各年末固定资产账面价值和计税基础等见表5-6：

表5-6 单位：万元

年　份	2007年末	2008年末	2009年末	2010年末（已清理）
固定资产原值	120	120	120	0
减：累计折旧	0	40	70	0
固定资产净值	120	80	50	0
减：减值准备	0	20	20	0
固定资产净额（账面价值）	120	60	30	0
税法计算的累计折旧	0	40	80	0
计税基础	120	80（120-40）	40	0
可抵扣暂时性差异	0	20（80-60）	10（40-30）	0
递延所得税资产余额	0	5（20×25%）	2.5（10×25%）	0
本期所得税费用	0	-5（0-6.6）	2.5（6.6-3.3）	2.5（3.3-0）

注：会计每年计提折旧额：2008年：（120-0）/3=40（万元）；2009年：（60-0）/2=30（万元）；2010年：（30-0）/1=30（万元）。税法折旧额：每年都是40万元。

上述宏远公司每年末所得税账务处理如下：

2008年：

借：递延所得税资产　　　　　　　　　　　　　　　　50 000

　　贷：所得税费用　　　　　　　　　　　　　　　　　50 000

2009 年：

借：所得税费用　　　　　　　　　　　　　　　　25 000

　　贷：递延所得税资产　　　　　　　　　　　　　　25 000

2010 年：

借：所得税费用　　　　　　　　　　　　　　　　25 000

　　贷：递延所得税资产　　　　　　　　　　　　　　25 000

从本例可以看出，2008 年发生可抵扣暂时性差异 200 000 元，确认递延所得税资产 50 000 元；2009 和 2010 年分别转回可抵扣暂时性差异 100 000 元，至 2010 年末固定资产报废时，可抵扣暂时性差异转平，递延所得税资产余额也为零。

【案例】按照税法规定，发生亏损后允许企业向后递延弥补 5 年；新准则规定："企业对于能够结转以后年度的可抵扣亏损和税款抵减，应当以很可能获得用来抵扣可抵扣亏损和税款抵减的未来应纳税所得额为限，确认相应的递延所得税资产"。

福星公司所得税率为 25%，2007～2010 年应纳税所得额为－1 000 000 元，400 000 万元、400 000 万元、500 000 万元。假设没有其他纳税调整事项。则福星公司所得税会计处理如下：

2007 年末：

借：递延所得税资产　　　　　　　　　（1 000 000×25%）250 000

　　贷：所得税费用——补亏减税　　　　　　　　　　250 000

2008 年末：

借：所得税费用　　　　　　　　　　　　　　　　100 000

　　贷：递延所得税资产　　　　　　　　（400 000×25%）100 000

2009 年末：

借：所得税费用　　　　　　　　　　　　　　　　100 000

　　贷：递延所得税资产　　　　　　　　（400 000×25%）100 000

2010 年末：

借：所得税费用　　　　　　　　　　　　　　　　　　　125 000

　　贷：递延所得税资产　　　　　　（200 000×25%）50 000

　　　　应交税费——应交所得税　　（300 000×25%）75 000

可抵扣暂时性差异有两个来源：资产的账面价值小于其计税基础；负债的账面价值大于其计税基础。常见的可抵扣暂时性差异可以由计提减值准备、预计负债、按权益法确认投资收益、弥补亏损等形成。

形成可抵扣暂时性差异后，期末可抵扣暂时性差异余额与税率的乘积，就是递延所得税资产余额；将年初、年末的递延所得税资产相减，就得到本期所得税费用。

【案例】绿达公司2008年所得税率为33%，2009年1月1日起所得税为30%。2007年末购入一台设备，原值3 000 000元，预计使用年限3年，预计净残值为零，会计上采用直线法计提折旧，税法规定按年数总和法计提折旧。则各年末固定资产账面价值和计税基础等见表5－7：

表5－7　　　　　　　　　　　　　　　　　　　　　　　　单位：万元

年　份	2007年末	2008年末	2009年末	2010年末（已清理）
固定资产原值	300	300	300	0
减：累计折旧	0	100	200	0
固定资产净值	300	200	100	0
减：减值准备	0	0	0	0
固定资产净额（账面价值）	300	200	100	0
税法计算的累计折旧	0	150	250	0
计税基础	300	150（300－150）	50（300－250）	0
应纳税暂时性差异	0	50（200－150）	50（100－50）	0
递延所得税负债余额	0	16.5（50×33%）	15（50×30%）	0
本期所得税费用	0	16.5（16.5－0）	－1.5（15－16.5）	－15（0－15）

注：会计折旧额：每年都是1 000 000元。

税法每年计提折旧额：2008年：300×（3/6）=150（万元）；2009年：300×（2/6）=100（万元）；2010年：300×（1/6）=50（万元）。

上述绿达公司每年末所得税账务处理如下：

2008年：

借：所得税费用   165 000

  贷：递延所得税负债   165 000

2009年：

借：递延所得税负债   15 000

  贷：所得税费用   15 000

2010年：

借：递延所得税资产   150 000

  贷：所得税费用   150 000

从本例可以看出，2008年末应纳税暂时性差异50万元，按所得税率33%计算，确认递延所得税负债余额16.5万元，计入本期所得税费用16.5万元；2009年末应纳税暂时性差异50万元，按所得税率30%计算，确认递延所得税负债余额15万元，计入本期所得税费用－1.5万元（15－16.5）；2010年末应纳税暂时性差异0万元，递延所得税负债余额为零，计入本期所得税费用－15万元（0－15）。从整个三年看，暂时性差异总和为零。

应纳税暂时性差异有两个来源：资产的账面价值大于其计税基础；负债的账面价值小于其计税基础。常见的应纳税暂时性差异可以由计提折旧、资产评估增值等形成。

形成应纳税暂时性差异后，期末应纳税暂时性差异余额与税率的乘积，就是递延所得税负债余额；将年末、年初的递延所得税负债相减，就得到本期所得税费用。

【案例】红星公司20×0年12月31日购入价值为50 000元的设备，预计可以使用5年，预计净残值为零。红星公司采用直线法提取折旧。税法允许企业采用双倍余额递减法计提折旧。未折旧前的利润总额为110 000元。适用的所得税税率为15%。相应的计算见表5-8：

表5-8　　　　　　　　　　　　　　　　　　　　　　　　　　单位：元

项目	20X0年12月31日	20X1年12月31日	20X2年12月31日	20X3年12月31日	20X4年12月31日	20X5年12月31日
账面价值	50 000	40 000	30 000	20 000	10 000	0
计税基础	50 000	30 000	18 000	10 800	5 400	0
差额	0	10 000	12 000	9 200	4 600	0
税率	15%					
递延所得税负债时点值（余额数）	0	1 500	1 800	1 380	690	0
年度	—	20X1年	20X2年	20X3年	20X4年	20X5年
各年度递延所得税负债发生额	0	1 500	300	-420	-690	-690
差异分录　借：所得税费用　　贷：递延所得税负债	—	1 500　　1 500	300　　300	-420　　-420	-690　　-690	-690　　-690
无差异分录　借：所得税费用　　贷：应交税费——应交所得税	1 500　　1 500	1 500　　1 500	1 500　　1 500	1 500　　1 500	1 500　　1 500	1 500　　1 500
综合分录　借：所得税费用　　贷：应交税费——应交所得税	—	15 000　13 500　　1 500	15 000　14 700　　300	15 000　15 420　-420	15 000　15 690　-690	15 000　15 690　-690

【案例】 升达公司情况如下：

（1）持有一项交易性金融资产，成本为500万元，期末公允价值为750万元，如计税基础仍维持500万元不变，该计税基础与其账面价值之间的差额250万元即为应纳税暂时性差异。

（2）升达公司因某事项在当期确认了50万元负债，计入当期损益。

假定按照税法规定，与确认该负债相关的费用，在实际发生时准予税前扣除，该负债的计税基础为零，其账面价值与计税基础之间形成可抵扣暂时性差异。

（3）假定升达公司适用的所得税税率为 33%，递延所得税资产和递延所得税负债不存在期初余额，对于交易性金融资产产生的 250 万元应纳税暂时性差异，应确认 82.5 万元递延所得税负债；对于负债产生的 50 万元可抵扣暂时性差异，应确认 16.5 万元递延所得税资产。

（4）假定除上述项目外，升达公司其他资产、负债的账面价值与其计税基础不存在差异，也不存在可抵扣亏损和税款抵减；升达公司当期按照税法规定计算确定的应交所得税为 300 万元；升达公司预计在未来期间能够产生足够的应纳税所得额用以抵扣可抵扣暂时性差异。

升达公司 12 月 31 日资产负债表中有关项目账面价值及其计税基础如下：

递延所得税负债 $= 250 \times 25\% = 62.5$（万元）

递延所得税资产 $= 50 \times 25\% = 12.5$（万元）

递延所得税费用 $= 62.5 - 12.5 = 50$（万元）

当期所得税费用 $= 300$ 万元

所得税费用 $= 300 + 50 = 350$（万元）

【案例】宏远公司在 2007 年至 2010 年每年应税收益为 $-1\,500$ 元、800 元、200 元、600 元，适用的所得税税率为 25%，该公司账务处理如下：

2007 年：

借：递延所得税资产   375

    贷：所得税费用——补亏减税   375

2008 年：

借：所得税费用   200

    贷：递延所得税资产   200

2009 年：

借：所得税费用   50

    贷：递延所得税资产   50

2010 年：

借：所得税费用   150

    贷：递延所得税资产   125

        应交税费——应交所得税   25